D0778032

JOUR SANS RETOUR

Kressmann Taylor (1903-1997) est américaine. Après des études de lettres et de journalisme, elle se consacre à l'écriture. Elle publie *Inconnu à cette adresse* en 1938 dans une revue, puis *Jour sans retour* en 1942, grâce au témoignage exceptionnel que lui livre, par l'entremise du FBI, un pasteur allemand résistant. Après la guerre, elle enseigne à l'université puis prend sa retraite en Italie.

KRESSMANN TAYLOR

Jour sans retour

TRADUIT DE L'ANGLAIS (AMÉRICAIN) PAR LAURENT BURY
ENQUÊTE DE CHARLES DOUGLAS TAYLOR
POSTFACE DE BRIGITTE KRULIC

ÉDITIONS AUTREMENT

Titre original :

UNTIL THAT DAY

Eagle Books, INC.

INTRODUCTION

L'histoire de Karl Hoffmann est ici relatée telle qu'il me l'a racontée. Elle est forcément vraie, car j'ai rencontré cet homme. Il a trente ans, les épaules larges, le visage joyeux ; il n'aime guère parler de lui, il se contient lorsqu'il évoque les violences et la tragédie dans lesquelles il a été pris, mais lorsqu'il aborde sa foi, les mots prennent dans sa bouche une importance nouvelle, comme s'ils n'avaient jamais été prononcés auparavant.

C'est un homme sincère. Ce n'est pas un naïf, c'est un homme raffiné, qui a fait des études, mais on ne voit que l'intensité de ses convictions. On se dit que si l'on pouvait retirer du personnage la foi qui l'anime, il ne resterait rien.

Si l'on vous dit qu'il vient de fuir l'Allemagne, où il a vécu des années de persécution, vous restez pantois. On ne trouve pas chez lui ce qui réunit tous les réfugiés arrivés en Amérique : la peur, les yeux hantés, l'esprit ébranlé. Ce jeune pasteur n'a pas appris la peur.

L'histoire de ce qu'il a vécu est une sorte de miracle moderne. Les nazis avaient préparé un plan parfait. Par une manœuvre habile qui ressemblait à une coopération, ils voulaient prendre le contrôle de l'Église luthérienne et l'utiliser à leurs propres fins. Ils placeraient leurs hommes à la tête d'une Église unie. Ils maîtriseraient toute l'organisation et il serait facile d'anéantir toute forme de résistance. L'Église deviendrait un outil de propagation de la doctrine nazie.

C'était un projet solide, dont les premières étapes rencontrèrent le succès prévu. Toutes les apparences du pouvoir de l'Église furent confisquées, et du point de vue matériel, la réussite était complète. Mais ils comprirent peu à peu que les choses n'étaient pas aussi simples. Ils dirigeaient l'Église luthérienne mais sans la contrôler. L'organisme dont ils s'étaient emparés continuait à leur échapper. Une force leur résistait, sur laquelle ils ne pouvaient mettre la main : une foi.

Parce qu'ils étaient matérialistes, les maîtres de l'Allemagne voulurent attaquer cette résistance avec des moyens physiques. Ils avaient toute la puissance ; ils avaient l'habitude de voir tout céder à la pression qu'ils savaient appliquer. Mais ils s'attaquaient à un ennemi insaisissable. Ils lisaient le défi dans le regard des hommes, mais ils ne pouvaient arrêter personne pour un regard. Ils voyaient l'espoir sur les visages patients, mais comment prouver que l'espoir est une trahison ? Ils entendaient dans l'air les ordres d'un leader invisible, et les contrordres des nazis n'avaient aucun effet. « Vous n'aurez point d'autres dieux que Moi. »

Le plus étrange, dans l'histoire de Karl Hoffmann, est qu'elle évoque la défaite des nazis en Allemagne. Il y a au cœur de leur pouvoir une citadelle qu'ils n'ont pu abattre ; vivent en Allemagne des gens qui leur ont résisté avec succès. Ceux qui croient à la force physique peuvent conquérir, mais ils ne gagnent pas. Ils n'ont pas d'arme qui puisse pénétrer les esprits.

Cette histoire est connue parce que le jeune Hoffmann ne pouvait plus la garder pour lui seul. Malgré le danger qu'il y a à révéler ce qu'il a vécu, il est si conscient de l'importance de la lutte qu'il a cru devoir tout raconter en Amérique. Pour des raisons évidentes, des noms fictifs ont été utilisés dans ce livre, sauf pour quelques personnalités bien connues. Mais le jeune homme qui est aujourd'hui pasteur dans un village de campagne aux États-Unis n'a pas voulu que la peur l'empêche de faire ses révélations.

En contemplant le visage tolérant et généreux de Karl Hoffmann, on voit qu'il n'a pas appris la peur, alors que beaucoup d'hommes qui ont traversé moins de dangers sont devenus craintifs. Il a cherché son chemin comme nous devons tous le faire, dans ces années amères, mais il n'a jamais été esclave. Il arbore la dignité d'un homme parce que sa force puise à la Source grâce à laquelle les hommes ont appris à marcher la tête haute. Dieu est la force de l'homme. Les forces matérielles ont eu sur l'histoire une influence négligeable, mais les idées l'ont transformée et la foi a poussé les hommes à accomplir l'impossible.

L'histoire est racontée à la première personne parce qu'il s'agit avant tout d'une histoire personnelle. Karl Hoffmann a vécu ces heures sombres, et ses réactions ont plus d'importance que les événements et les statistiques. Le choix qu'il a dû faire entre la foi et la complaisance est celui que doivent affronter tous les Américains, non pas tant que dure la guerre, mais tant que durera notre démocratie.

Kressmann Taylor, 1942

CHAPITRE I

Je suis né dans un pays et à une époque où deux forts
courants de pensée devaient se rencontrer et s'affronter.
Les larges eaux claires du christianisme coulaient paisiblement à l'arrière-plan de l'histoire depuis près de
deux millénaires ; les nations et les armées, les batailles
et les armadas ne venaient en troubler que la surface.
La plupart d'entre nous supposaient, comme si cela
allait de soi, que nous continuerions éternellement à y
voguer sans encombre, et c'est pour cette raison que
nous n'avons pas immédiatement pris conscience du
danger du fleuve noir qui arrivait à contre-courant. Je
fus pris dans la tourmente au point précis où la rencontre eut lieu ; j'ai combattu la nouvelle force, j'ai vu
sa vigueur et l'attraction qu'elle exerçait sur l'imagination des hommes. J'ai été catapulté hors du conflit
avant qu'il ne se déclare, mais je sais qu'il fait encore
rage et je crois que la vraie bataille des Titans se
déroule non pas entre des puissances militaires, mais
entre des croyances fondamentales. Malgré toutes les
catastrophes, malgré toute l'amertume et le découragement dont j'ai été témoin, je n'ai aucun doute sur
l'issue du conflit.

Je suis venu au monde en 1912, sept ans avant la fin
de la monarchie allemande, dans l'une des grandes
chambres d'un presbytère situé dans la belle et antique

cité de Magdebourg, sur l'Elbe. Je fus baptisé Karl Augustus. Mon père, Franz Hoffmann, était pasteur de la Domkirche, l'une des plus grandes églises luthériennes de la ville, source spirituelle où venaient puiser les habitants d'une grande banlieue prospère.

Ici, les avenues larges et droites contrastaient avec les rues étroites et tortueuses de la vieille ville, et les villas carrées étaient bien séparées, entourées de jardins paysagers. Lorsque je fus un peu plus âgé et que j'eus acquis quelques rudiments de connaissances architecturales, je vis que ces maisons n'étaient pas dépourvues de laideur et qu'elles se ressemblaient beaucoup trop, mais à mes yeux d'enfant c'étaient de belles et luxueuses résidences, dont les tourelles et l'uniformité semblaient la conséquence aussi naturelle des lois du bâtiment que la similitude des tilleuls était le résultat inévitable des lois de la nature.

J'ai grandi pendant la Première Guerre mondiale sans prendre vraiment conscience de ce drame car je n'avais que six ans lorsque la paix fut signée ; c'est après l'instauration de la république de Weimar que je découvris l'existence d'un univers en dehors des murs du presbytère. En politique, mes parents étaient farouchement conservateurs, comme tous nos voisins, qui habitaient des villas respectables. Puisque ni eux ni leurs amis n'aimaient la République, ils s'accordaient pour l'oublier, en continuant à vivre au jour le jour et à élever leurs enfants selon les stricts usages du passé, comme si la monarchie était encore là. Coupés du reste de la population et de son mode de vie en pleine évolution, nous évoluions dans un petit cercle fermé, prisonniers des barrières de classe qui, nous l'ignorions, étaient en train de disparaître partout ailleurs.

Pourtant, quelques signes de désastre et de décadence filtraient jusqu'à nous : plusieurs de nos connaissances perdirent leurs propriétés ancestrales ; un ancien camarade de classe de mon père se suicida après avoir fait faillite ; les fils de famille bardés de diplômes cherchaient vainement un emploi ; sans parler des discours aigris et des visages désespérés que l'on croisait dans la rue ou dans les magasins. Tout cela créait une curiosité gênée, par-delà le rituel intangible de notre quotidien. Les enfants devaient respecter des conventions démodées : on nous tenait à l'arrière-plan, nous devions apprendre à traiter nos aînés avec une politesse respectueuse. Lorsque je saluais ma mère, je lui baisais la main, ce qui me semblait la chose la plus naturelle au monde, de même qu'il était naturel de me tenir droit devant mon père et de lui serrer la main lorsque je descendais, le matin, ou quand je me retirais, le soir. Les petites filles devaient ajouter au baisemain une profonde révérence et passaient des heures à s'entraîner pour accomplir cet exercice à la perfection.

Apparemment, il ne vint à l'idée de personne que cette formation était anachronique, et que nous aurions pu acquérir des talents plus indispensables avant d'entrer dans ce territoire inconnu qu'était devenue la société allemande. Nous étions des jeunes gens de bonne famille et nous devions apprendre à nous comporter comme tels. Il n'y avait pourtant rien de froid, rien d'intimidant dans la vie que nous menions. Mes parents nous couvraient d'une chaleureuse affection, mais tous les enfants devaient apprendre les bonnes manières et être assez âgés pour avoir une contribution propre à apporter avant d'être admis dans la compagnie de leurs aînés. La politesse allait de soi, mais elle était censée refléter une dignité intérieure, et des manières trop policées auraient déplu.

Cette éducation nous préparait très mal aux coups de tonnerre qui nous atteindraient avant que nous soyons parvenus à l'âge adulte, mais le pire était que nous étions soigneusement tenus à l'écart des faits et gestes de tous ceux qui n'appartenaient pas à notre petit cercle social. Nous devions inévitablement découvrir, durant notre scolarité, la corruption et l'absence d'orientation qui marquaient notre ville et notre pays ; nous étions fascinés, mais sans être le moins du monde préparés à comprendre ou à évaluer ces phénomènes.

Nous voyions dans notre ville des visages émaciés et nous entendions parler d'enfants affamés, mais sans savoir pourquoi la faim existait ici. Nous voyions beaucoup d'ostentation et de gaieté frénétique, mais nous ne pouvions que pressentir l'insécurité que tout cela dissimulait.

Nous n'avions pas le droit de grandir trop vite. Les enfants ne participaient jamais aux réunions des adultes ; les garçons gardaient des culottes courtes jusqu'à quinze ans environ, jusqu'au jour de leur confirmation. C'était un moment capital pour nous car, outre l'accès aux pantalons, nous renoncions aux chemises ouvertes de l'enfance pour passer aux cols raides et aux cravates. Les pères avaient l'habitude de fêter cette occasion en nouant la cravate de leur fils, et comme il n'est pas facile de changer ses habitudes pour former ce nœud autour d'un autre cou que le sien, la sainteté de ce jour était souvent menacée par une explosion blasphématoire — que nous savourions en secret.

Garçons et filles étaient généralement séparés durant presque toutes leurs études. J'avais quinze ans lorsque je participai pour la première fois à une activité sociale d'importance : une série de cours de danse organisés chaque semaine dans une maison différente, destinés à nous conférer le vernis final exigé pour un jeune Allemand de bonne famille. Nous étions les fils et les filles des officiers et des banquiers, des professeurs d'université et des médecins ou avocats qui habitaient les villas du voisinage. C'est dans ce cercle de vingt-quatre jeunes gens que je fis la connaissance de la tribu féminine, dont les murmures constants et les regards joyeux ou craintifs me paraissaient aussi inquiétants qu'excitants.

Il ne serait pourtant pas juste de dire que je n'avais jusque-là côtoyé aucune femme. Erika Menz, une petite fille de mon âge, blonde et fraîche, avait été la compagne de mon enfance et nous avions pratiquement grandi chacun dans la maison de l'autre. Je me souviens parfaitement du jour où elle est arrivée à Magdebourg. Son oncle, Werner Menz, banquier retraité, était un ami de mon père ; il vint lui demander de l'accompagner à la gare, où il allait chercher sa nièce orpheline, qui venait s'installer chez lui. Ma mère, avec sa générosité caractéristique, déclara que nous devions y aller tous ensemble, afin que cette petite fille se sente moins seule en voyant une femme et un autre enfant.

J'avais alors sept ans, et je me rappelle l'enthousiasme suscité par cette gare que je ne connaissais pas et par l'énormité du monstre bruyant et fumant qui tirait le train. Mon ardeur était tempérée par la gravité des grandes personnes et par la terrifiante ambiguïté de leur conversation. Tout cela était lié au trouble, au malaise que je ressentais dès que je quittais l'harmonie de notre maison. Certains fragments des propos de Werner Menz sont restés imprimés dans ma mémoire et forment une toile de fond solennelle et effrayante de l'apparition d'Erika.

« ... La mère n'a pas résisté au choc de la mort de mon frère... Il avait survécu à la guerre... fait colonel... combattu glorieusement... maintenant il était de retour en Allemagne. La famille allait être réunie.

« Une bande de pillards... s'est introduite dans la maison la nuit et s'est mise à tout saccager. Mon frère s'est conduit en officier... essayé de défendre son foyer... abattu chez lui, dans l'escalier... Ah ! ces pillards... qui nous protégera tous ? Ils sont partout et il n'y a désormais plus personne pour protéger les honnêtes gens. C'est notre armée qui nous détruit.

« ... Il y a quelques mois à peine. À présent, ils sont partis tous les deux et il ne reste plus que la petite. Alors, elle vient chez moi. »

15

Alors, le train s'arrêta, la porte d'un compartiment s'ouvrit et une femme maigre, habillée en infirmière, aida une petite fille blonde à en descendre. Lorsque Werner Menz s'avança vers elle, je restai en arrière, mais la fillette me regarda et parut n'être que deux yeux gris terrorisés. Elle avait l'air si affreusement seule que j'en oubliai mon propre manque d'assurance : je fis quelques pas en souriant et lui adressai ma plus belle révérence. Ma mère, en étouffant un soupir de pitié, prit l'enfant dans ses bras ; les mains décharnées de la petite fille s'accrochèrent désespérément aux siennes.

— Qui sait auquel d'entre nous cela arrivera ensuite ? murmura ma mère.

De ce jour, ma mère se mit à adorer la petite Erika comme elle aurait chéri sa propre enfant. Elle passait chez nous une bonne partie de son temps et nous devînmes très vite amis. Je menais et elle suivait lorsqu'il s'agissait d'inventer des jeux, d'explorer des livres, de tapoter nos airs sur le grand piano sombre placé dans le salon de musique, de grimper aux arbres et de courir dans le jardin. Elle me permettait d'exercer une domination masculine bien au-delà du tolérable, mais quand je poussais trop loin ma tyrannie, elle réagissait avec une vigueur qui m'inspirait envers elle un nouveau respect pendant plusieurs jours. Lorsque les cours de danse commencèrent, elle était devenue une assez jolie fille aux joues roses, mais je la connaissais tellement que j'étais trop bête pour reconnaître son charme ; il ne me vint jamais à l'esprit qu'elle appartenait à cette catégorie des demoiselles troublantes dont je faisais enfin la connaissance.

Après le début de nos cours de danse, nous fûmes parfois invités à nous joindre à des adultes, par exemple pour des soirées musicales, mais jusqu'à la fin de nos études nous fûmes exclus des grandes réceptions. Même lors de ces réunions très modestes, nous n'avions guère l'occasion de nous asseoir car on nous demandait constamment de rendre de menus services : remplir les tasses de café, faire passer les grands plateaux de poisson fumé, de viande froide, de salade et les montagnes de gâteaux.

Notre cercle était en fait strictement limité et j'atteignis l'âge adulte sans vraiment imaginer qu'il existait des gens dont le mode de vie était différent du nôtre, ou même moins aisé. Dans notre petit milieu protégé, aveugles aux implications de l'agitation populaire, nous ne comprîmes rien quand la menace nazie apparut.

Lorsque j'étais enfant, j'entendais souvent parler politique à la maison car mon père discourait librement sur ces questions. Ma mère et moi, nous l'écoutions avec attention. Bien sûr, je n'avais pas le droit de lui adresser des questions ou des commentaires, et ma mère ne se le permettait que rarement. Lorsqu'elle interrompait le flux de son discours, c'était pour exprimer des idées formulées plus simplement, mais si semblables à celles de son mari qu'il en était toujours ravi. Il hochait la tête avec un sourire affectueux et, lorsqu'elle avait fini de parler, il lui disait que, pour une femme, elle faisait preuve de beaucoup de bon sens, ce qui la satisfaisait pleinement.

« — Tout ce désordre est le résultat de la propagation du socialisme, disait mon père. La monarchie avait ses défauts, mais elle n'aurait jamais permis ce règne de la criminalité que nous connaissons aujourd'hui, la faim omniprésente, la chute des industries, l'abandon de toute morale, la dépravation des dirigeants et l'immoralité des jeunes gens. Nous avons essayé de nous tirer d'une situation difficile en renonçant à toutes nos valeurs. Tant que nous ne retrouverons pas un gouvernement responsable, il est inutile de croire en l'avenir de l'Allemagne. »

Ma présence ne dissuadait jamais mon père de se

lancer dans ces discussions. Ses opinions étaient si tranchées que j'acquis bientôt la conviction un peu confuse que le socialisme était une sorte d'assassin rôdeur et que la monarchie était une personne qui nous reviendrait un jour, sous l'aspect d'un militaire très digne, afin de remettre notre monde d'aplomb.

Comme la plupart de ses paroissiens, mon père était conservateur et monarchiste fervent. C'est le Kaiser en personne qui l'avait nommé pasteur de la Domkirche, et il en était très fier. Ce n'était pas la procédure ordinaire pour un ministre de l'Église luthérienne. D'habitude, les évêques recommandaient un candidat qui, après un sermon prononcé en guise d'essai, pouvait être accepté ou refusé par ses ouailles. Il y avait pourtant quelques charges de la plus haute importance qui n'étaient attribuées que sur la recommandation du souverain pontife de l'Église luthérienne, c'est-à-dire le Kaiser. Le pastorat de la Domkirche était de celles-là. Et le jeune Franz Hoffmann avait été un étudiant si brillant, son érudition et sa sincérité le distinguaient à tel point que la recommandation impériale lui avait valu d'arriver à la Domkirche en début de carrière.

Il adorait raconter le jour de sa nomination. Le jeune pasteur avait été invité à dîner avec le Kaiser le soir même, mais il ne possédait pas de tenue de soirée. Il était très grand et svelte ; de tous les hommes qu'il connaissait, seul son beau-père était semblablement bâti. Or il était marié depuis trop peu de temps pour oser aller lui emprunter son habit.

« J'étais très fier, étant jeune », ajoutait-il, en jetant à ma mère un regard espiègle.

Après avoir passé la journée à chercher frénétiquement un habit de soirée, il en avait finalement été réduit à emprunter l'indispensable costume au père de son épouse. Au dernier moment, le nœud papillon s'était déchiré et il était arrivé au palais en tenant à la main un autre nœud acheté en hâte ; il avait persuadé l'un des huissiers stupéfaits de le lui attacher, juste à temps pour être annoncé. Des années plus tard, il raconta l'histoire au Kaiser, qui en rit de tout son cœur.

Mon père était régulièrement invité à la résidence impériale et il comptait parmi les personnalités de la cour. Une de ses grandes sources d'orgueil était qu'un jour, après avoir assisté à l'office à Magdebourg, le Kaiser était venu l'écouter à la Domkirche, alors que mon père devait confirmer tout un groupe d'enfants. L'apothéose était venue à la fin du service, tandis que les gens attendaient en silence le départ du Kaiser, lorsque le souverain avait interrompu la cérémonie pour venir serrer la main de mon père et le remercier chaleureusement pour son superbe sermon.

Mon père avait été chapelain dans l'armée pendant trois ans, durant la guerre; il avait été sous le feu de l'ennemi à maintes reprises et avait fini par être renvoyé chez lui après avoir reçu une blessure à la tête qui laissa des séquelles sur sa mémoire. Aussi loin que je me rappelle, il ne voulut jamais faire son prêche sans en avoir préparé le texte. Il se servait rarement de ses notes, car c'était un prédicateur convaincu, qui préférait s'exprimer sincèrement, avec vigueur, sur les thèmes qui lui tenaient à cœur, plutôt que de se livrer à des discussions dont il disait qu'elles « coupaient les cheveux en quatre ». De temps en temps, toutefois, la mémoire lui faisait totalement défaut et je l'ai vu s'arrêter à la fin d'une phrase, se mordre la lèvre inférieure, regarder par-dessus ses ouailles en fronçant les sourcils puis, avec un très léger soupir, se pencher sur les pages où était rédigé son sermon.

L'attachement de mon père envers la monarchie était la conséquence inévitable de son appartenance sociale; dans son cœur, il entretenait l'espoir d'une restauration. Il avait vu avec tristesse et colère l'Allemagne s'effondrer à la fin de la guerre et il suivait avec intérêt chaque marque d'un renouveau de la nation allemande. Il jugeait la révolution responsable de l'attitude défaitiste de ses concitoyens. Sans absoudre le gouvernement du Kaiser, il accusait les socialistes de la plupart de nos maux et il n'avait que mépris pour la république de Weimar.

Il aimait à évoquer ses souvenirs de guerre avec ses vieux camarades, en particulier avec le colonel Beck et les autres officiers qui fréquentaient notre maison. Je les ai entendus discuter pendant des heures : la flotte aurait-elle dû être envoyée en mer au lieu de rester tranquillement au port ? Les soldats restés loin du front avaient-ils été tellement favorisés qu'ils avaient refusé d'affronter la rigueur des tranchées ? Ces questions étaient débattues comme s'il s'agissait de points essentiels ; c'est ainsi que je les voyais moi aussi.

Il croyait que le Kaiser avait été mal conseillé, mais il reprochait au monarque de s'être entouré de mauvais conseillers. « Il n'a jamais pu tolérer aucun homme supérieur dans son entourage. On avait remarqué ce trait bien avant qu'il renvoie Bismarck. »

Il y avait une chose que mon père n'avait jamais pu accepter : la fuite du Kaiser en Hollande. Je l'ai souvent entendu dire, avec une profonde tristesse : « Nous ne nous serions jamais effondrés totalement s'il était resté avec son armée. C'est la seule chose que je ne peux pas lui pardonner. »

Pourtant, il avait beau critiquer souvent le Kaiser, il restait persuadé que la monarchie était la seule forme de gouvernement qui convienne au peuple allemand. Quand Hindenburg, le conservateur, avait été élu à la présidence, ses espoirs avaient refleuri, mais, comme tous les monarchistes, il avait dû déchanter quand Hindenburg avait prêté serment de loyauté envers la République. Depuis lors, je crois, son rêve d'une restauration était devenu plus passif et il avait appris à observer avec patience le cours des événements, tandis que les membres plus jeunes de la droite, déçus par Hindenburg, commençaient à envisager la refondation de l'Allemagne sur de tout autres bases.

C'est avec une bienveillante tolérance qu'il voyait croître le parti nazi. Il les appelait « ces jeunes têtes brûlées » et s'amusait de leur arrogance et de leur exaltation. Mais il ne les prenait pas au sérieux et il estimait qu'ils ne « représenteraient jamais rien ».

Nous étions incapables de percevoir les conséquences à long terme des événements qui s'abattaient sur nous, mais cela ne venait pas entièrement de l'obstination avec laquelle l'esprit allemand s'attache aux rites et aux usages du passé. Nous étions liés par une étrange insularité où se mêlaient orgueil et émotion. La nation allemande était coupée du reste du monde ; nous avions été exclus, nous étions les intouchables à l'intérieur d'un véritable système de castes. Si l'on nous traitait avec des égards, nous avions le sentiment que c'était par charité, et nous n'étions plus conviés à participer aux grands événements de la planète.

Avec l'inflation, notre système interne se désintégra complètement. Des fortunes disparurent du jour au lendemain. Tout à coup, une somme qui aurait assuré la sécurité de toute une vie ne permettait plus d'acheter un pain. Les ouvriers étaient payés au jour le jour et emportaient des paniers remplis de billets qu'ils couraient dépenser dans les magasins, avant que le prix des articles ne double. Puis on se mit à les payer deux fois par jour, et ils partaient avec des brouettes remplies de billets qui suffiraient à peine à acheter un chou lorsqu'ils seraient arrivés au marché.

Dans les professions libérales, tout le monde était ruiné. Les barons devenaient mendiants. Le vol devenait une activité courante et il était dangereux, pour un homme bien habillé, de se promener seul la nuit. On retrouva dans notre quartier le corps de quelqu'un dont on avait arraché les vêtements après lui avoir assené un coup de poignard dans le dos. Des troupes de soldats démobilisés, sans emploi, devenaient une menace pour les quartiers excentrés, et plus d'un fermier trouvait ses champs pillés ou son étable dévalisée de tout son bétail, dérobé pour nourrir les affamés.

La sécurité, la dignité à laquelle nous étions attachés, tout cela avait disparu. Nous bouillions d'une rage secrète et d'une haine du monde extérieur qui, nous disait-on, était responsable de nos malheurs. Fiers et désespérés, privés de la sécurité de la vie normale, les Allemands se complurent dans leur isolement forcé. Comme chacun sait, plus on a l'impression d'appartenir à une communauté vaste, moins on se laisse séduire par la prétendue supériorité d'un petit groupe. Inversement, les murs qui nous enfermaient dans notre orgueil et notre infamie transformaient l'Allemagne en une serre où le mythe de la suprématie aryenne put, hélas! s'enraciner.

Je ne devinais rien de tout cela, à l'époque, mais je sais que, dans mon jeune esprit, il me semblait que l'Allemagne avait le choix entre l'ancienne monarchie, impossible, et cette désastreuse république, indésirable; comme mes compagnons, j'espérais un miracle qui nous sauverait et rendrait son prestige à notre nation.

Si j'appris à la maison, durant ces années irréelles, des valeurs qui devaient plus tard me servir, elles provenaient de certaines qualités propres au caractère de mon père. Tout comme la Domkirche dominait les maisons de la plaine, avec son superbe clocher et sa masse de pierre sculptée, la personnalité de mon père surplombait toutes les influences que je subis dans mon enfance. C'était un homme d'une robustesse incroyable, dont la tête magnifique était couronnée d'une toison bouclée; lorsque je partis pour l'université, il avait cinquante-six ans et on ne lui voyait presque aucun cheveu gris. Sa mâchoire vigoureuse et ses sourcils épais étaient les marques d'un tempérament colérique, mais ses lèvres charnues étaient chaleureuses et pleines d'humour. Dans ses yeux bleus, on ne trouvait que la paix.

L'élément fondamental de sa nature était sa foi inconditionnelle en l'amour du Christ, et c'est de sa certitude de la bonté de Dieu qu'il tirait son énergie, tout comme d'autres attendent du soleil la chaleur et la lumière. Son dynamisme était tempéré par une tendresse affectueuse; son esprit de solidarité lui dictait son échelle de valeurs sur cette terre et dans l'autre monde. Lorsqu'il fallait appeler un vice par son nom, il était direct au point d'en être déplaisant.

Ses prêches étaient incisifs, directs et pleins de force; il disait toujours qu'il était sûr d'avoir fait un bon sermon lorsqu'il recevait des lettres d'insultes le lundi. Il ne supportait pas les hypocrites.

« Le seul moyen de se protéger de la vérité, c'est de l'aimer », me disait-il.

Sa force était contrebalancée par sa chaleur humaine et par la quiétude de sa foi profonde et inébranlable. Il marchait comme un homme éclairé par une lumière intérieure, et beaucoup de ceux qui étaient venus le voir lorsqu'ils traversaient de graves difficultés lui avouaient ensuite que, face à lui, face à son regard, leurs problèmes semblaient résolus avant même qu'ils les aient exposés.

Il avait une voix magnifique, et sa sincérité était si marquée que les paroles ardentes qu'il prononçait sous les poutres noires de l'église faisaient naître un silence respectueux parmi ses paroissiens. Quand j'étais enfant, je regardais la poussière danser dans les minces rais de lumière qui tombaient en oblique depuis les fenêtres renfoncées, jusqu'au moment où je sentais ce silence monter; j'avais beau savoir que cet homme en soutane près de l'autel et du crucifix était mon père, il me semblait que j'entendais la voix de Dieu.

Le pasteur Hoffmann ne supportait pas que l'on dérange le service. Un dimanche matin, la veuve

Gödel, l'une de nos paroissiennes les plus riches et les plus prétentieuses, arriva tellement en retard que le pasteur en était déjà à la moitié de son sermon. Au lieu de s'asseoir discrètement au fond de la nef pavée de marbre, elle se traîna lentement jusqu'à son banc habituel, en faisant résonner dans tout le bâtiment le bruissement de sa robe de soie brune, le tintement de ses innombrables chaînes d'or et le claquement de ses talons. Toutes les têtes se tournèrent pour contempler la source de tant de bruit. Mon père s'arrêta net au milieu d'une phrase et fixa son regard sur la retardataire.

— Je ne comprends pas comment l'on peut arriver en retard à l'église, dit-il d'un ton sévère. Je comprends encore moins comment, si l'on est en retard, on peut perturber la solennité du culte en faisant un pareil vacarme.

Après quoi il termina son sermon. Cette franchise lui valut à coup sûr bon nombre d'ennemis, mais c'était le cadet de ses soucis.

Avec les enfants, il était toujours à l'aise et toujours de bonne humeur. Il était resté très jeune d'esprit et n'avait rien d'un raisonneur. Ses relations avec ses jeunes paroissiens étaient si amicales que les esprits chagrins y trouvaient à redire. Il aimait particulièrement la petite Gretchen, fillette aux cheveux d'or, au visage délicat et à l'esprit vif, et le jeune Phillip, garçon placide qui prenait la vie très au sérieux et qui étonnait toujours mon père par l'originalité de ses réflexions.

Le pasteur avait l'habitude de faire une promenade avec son petit chien pour profiter de la fraîcheur matinale. Il voyait ses deux jeunes amis tous les jours : il les accompagnait jusqu'à leurs écoles respectives. À sa gauche, la petite fille gambadait en récitant d'une voix perçante la litanie de ses jeux, de ses leçons et de toutes les idées qui lui passaient par la tête, tandis que, à sa droite, le petit garçon cheminait la tête penchée de côté, en fixant ses grands yeux noirs sur le visage de mon père.

Ces deux enfants avaient des difficultés en calcul et ils réservaient pour cette rencontre matinale les problèmes qu'ils n'avaient pu résoudre. Tout en marchant, mon père expliquait et gesticulait jusqu'au moment où, apercevant ces deux petits visages intrigués, il demandait une feuille et un crayon. Planté sur un talus, oubliant complètement le lieu et l'heure, il résolvait le problème pour les deux enfants serrés contre lui. Les passants, voyant le trio assis là, sous un soleil brumeux, lui lançaient :

« Bonjour, Herr Pastor. »

Quand ces mots atteignaient sa conscience, le pasteur répondait par un signe de la main, sans quitter son papier des yeux, et il lui arrivait de ne pas du tout entendre ce salut, tant il était absorbé par ses explications.

« Maintenant, à vous de tout me réexpliquer », disait-il à ses jeunes auditeurs lorsqu'il avait terminé son exposé triomphal.

Cette innocente promenade matinale faisait jaser les esprits les plus mal tournés. On disait que le pasteur aurait dû être blâmé pour ainsi « rapprocher les sexes » ; à force d'en parler, l'affaire s'était envenimée, et après plusieurs semaines passées à voir le mal partout, on avait fini par exiger que trois membres du conseil de la paroisse aillent porter au pasteur une protestation officielle.

Ce n'était pas une délégation bien impressionnante. Simon Falk, le porte-parole, était un petit esprit qui se mêlait de politique locale ; Herr Lascher était un homme gros et gras qu'on soupçonnait de paillardise ; Kurt Schwartz, le cordonnier, était un grand simplet qui ne comprenait pas grand-chose en dehors de son métier et que sa femme et sa sœur avaient persuadé de se joindre à la délégation.

Mon père les reçut dans son bureau. Avec force grommellements, Herr Falk lui apprit que sa conduite était suspecte, et qu'il en résulterait, dans le meilleur des cas, des désordres parmi la jeunesse; en bref, on exigeait qu'il mette un terme à ses promenades avec les enfants.

À mesure que le pasteur écoutait, la colère montait en lui. Il dévisageait l'orateur et, sous ce regard de flamme, l'homme sentit sa langue faiblir et conclut son discours en bafouillant. Il y eut un silence embarrassé.

— Je dois donc recevoir mes instructions de ces esprits pervers.

Un éclat d'amertume traversa le regard du pasteur.

— Mieux vaudrait que vous purifiiez vos pensées, mes amis. C'est dans votre esprit que réside l'obscénité. Vous devez bien connaître le vice pour voir le mal dans l'amitié de votre pasteur pour vos fils et vos filles.

Son ton se fit caustique.

— Comme vos cœurs doivent être innocents de tout désir condamnable pour que vous veniez ici vous poser en juges de ma conduite !

Il frappa la table de son poing musclé.

— Qu'un homme au cœur pur vienne répéter ces accusations éhontées et je l'écouterai. Maintenant, allez-vous-en ! Vous me donnez envie de vomir.

Les calomnies disparurent aussi vite qu'elles étaient apparues. Mon père n'encouragea jamais l'étroitesse d'esprit des paroissiens. Il avait en horreur toute mesquinerie. Ses ouailles éprouvaient pour lui une véritable vénération, mais il ne cherchait pas à être craint; on l'aimait pour la façon dont il mettait tout le monde à l'aise lorsqu'une menue indiscrétion était commise en sa présence.

Ma mère était une femme très pieuse, petite et blonde, toute ronde, franche comme l'or. Son principal souci était le confort de mon père. Ses meubles luisaient, ses fenêtres étincelaient, ses rideaux étaient raides comme des tutus de ballerine. Mieux encore, elle avait l'art de veiller à toutes les questions matérielles sans jamais laisser voir à son mari les problèmes que dissimulait le fonctionnement sans heurts d'une maisonnée économe. Elle savait que mon père n'était pas un esprit pratique et que, sans elle, il serait absolument perdu ; elle aimait se savoir indispensable à son bien-être. Être l'épouse du pasteur était l'élément essentiel de sa vie. Elle avait un profond respect pour son érudition et, tout en partageant le prestige lié à sa position, elle gardait une certaine humilité. Jour après jour, année après année, elle continuait à s'étonner de ce qu'elle, Hedwig, si limitée intellectuellement, puisse être la maîtresse du presbytère. Elle était pourtant faite pour y présider. Étant jeune fille, elle avait été formée à la stricte discipline de l'étiquette. Mais sa principale qualité était la bonté. C'était une femme modeste dont la foi en Dieu était simple et inconditionnelle ; comme pour beaucoup de femmes de son genre, le pasteur était dans sa vie l'élément le plus proche du divin. Elle restait émerveillée à l'idée qu'il lui soit donné de repriser les chaussettes, de nettoyer le linge, de réchauffer les draps de celui dont la main pouvait ouvrir ou fermer la porte du royaume des cieux.

Ces deux êtres étaient unis par un amour intense. Je pense avoir pris conscience très tôt de la richesse de leur affection, alors que la désolante confusion d'un peuple brisé dans un pays brisé commençait à m'émouvoir et à troubler ma jeunesse, alors que les désastres allaient s'abattre sur nous avant que j'aie réellement atteint l'âge adulte ; la douceur de mon père envers ma mère et la confiance aimante qu'elle mettait en lui formaient une base inébranlable à laquelle je revenais toujours pour y trouver force et réconfort.

CHAPITRE II

Durant l'entre-deux-guerres, les villes d'Allemagne se remplirent d'une atmosphère fétide que respira toute la génération grandie sous la République, comme si le poids des catastrophes, de la défaite, de la paix honteuse, de l'inflation et de la pauvreté écrasante avait anéanti les qualités d'un peuple simple et tenace. Au milieu de la décadence sociale et du malaise politique, du scepticisme et de la débauche, les Allemands dansaient une ronde autour du corps en putréfaction de leurs anciennes croyances.

Il était impossible de se promener dans la rue sans être abordé par des mendiants au visage creusé. On apprenait à garder une main sur son porte-monnaie lorsqu'on était frôlé par les enfants rachitiques des pauvres. Le nombre des morts dues à la malnutrition était effrayant. Ceux qui avaient encore des ressources dépensaient sans compter pour les plaisirs les plus extravagants, comme s'ils voulaient s'accorder une dernière folie avant que leurs poches ne se vident; toute pudeur, tout souci d'autrui était perdu dans le désir frénétique de survivre. Mes camarades et moi nous voyions partout les effets de cette perte des valeurs morales, mais nous étions trop jeunes pour en comprendre les causes. Nous avions fréquemment l'impression qu'il n'existait plus aucun repère fiable, et nous ne savions plus où poser le pied dans ce bourbier malsain dont les îlots de sécurité changeaient d'un jour à l'autre.

J'étais encore jeune lorsque je me mis avec fascination à tâter ce terrain glissant, lorsque j'essayai de quitter la sagesse et le conservatisme de la maison familiale afin d'aller découvrir pour mon propre compte sur quelles valeurs je pouvais compter en tant qu'homme, quelle place je devais me faire sur cette scène agitée et confuse qu'était l'Allemagne dans les années 1920. Mes parents ne tentèrent nullement d'influencer mon choix d'une profession et je mis longtemps à l'épreuve leur sympathie et leur patience, mais, avant d'avoir dix-neuf ans, j'avais décidé de devenir pasteur luthérien.

Quand je revois les causes de cette décision, je suis sûr de n'avoir pas voulu consciemment suivre les traces de mon père. Il aurait méprisé ce choix si je l'avais fait par opportunisme ou même si j'avais été influencé par mon affection pour lui.

— Quiconque choisit de servir Dieu doit y être poussé par une force plus forte que lui, me dit-il pour me décourager, au cas où j'aurais voulu simplement l'imiter.

Comme la plupart des jeunes gens, je voulais trouver ma voie à travers le labyrinthe d'idées que représentaient les livres et les esprits qui m'entouraient; je voulais goûter certains dangers pour voir s'ils étaient vraiment dangereux; durant le tumulte et l'incertitude de l'adolescence, je me suis éloigné de mon père pour explorer ma propre personnalité. À mesure que je me lançais dans de nouvelles expériences, j'acquérais certains savoirs utiles et j'en rejetais d'autres en fonction de critères mystérieux qui n'étaient autres que mes goûts en pleine formation.

Mon esprit fut mis en branle par un événement sur-

29

venu alors que je sortais à peine de l'enfance. Je m'étais fait un ami de mon âge qui était un véritable païen. Unis par une étrange alliance, nous étions attirés l'un vers l'autre par tout ce qui nous séparait et cette amitié s'était prolongée pendant plusieurs années, à la fois orageuse et satisfaisante. C'était une contrée ensoleillée par de brillants moments de joie et de sentiments partagés, mais de plus en plus menacée par des ombres annonciatrices de la tragédie.

Je devais avoir quatorze ou quinze ans lorsqu'il entra dans notre classe du *Gymnasium,* cette école qui combine lycée et université. Je l'appellerai Orlando von Schlack (son nom était tout aussi original et encore plus sonore), et il fut pendant de nombreuses années l'être le plus réel dans ma vie. C'était le fils illégitime d'une aristocrate et d'un de nos grands écrivains, à présent en exil, homme très célèbre en Allemagne, même si ses œuvres ont été très peu traduites. Il n'avait fallu que quelques jours à ce jeune garçon très doué pour nous fasciner tous ; lorsqu'il fut chassé, bien des années plus tard, il avait entièrement bouleversé notre vie et avait bien failli mettre l'école sens dessus dessous.

Orlando vivait avec sa mère, femme à la mode et talentueuse dont il portait le nom. La comtesse von Schlack était elle-même une sorte de génie. Elle aurait pu être concertiste et écrivait des morceaux extraordinaires dont on parlait énormément ; elle connaissait à la perfection la littérature de tous les temps car elle avait des diplômes universitaires et avait beaucoup travaillé dans ce domaine. Elle paraissait très jeune, elle était très belle, avec un charme froid en partie lié à son orgueil. Nous la trouvions ensorcelante lorsque nous étions invités chez Orlando car elle appréciait nos hommages et aimait à flirter avec les jeunes gens. Quelques-uns tombèrent désespérément amoureux et elle les fit languir chacun pendant une année, bien plus longtemps qu'elle ne l'aurait dû si elle avait été aussi généreuse qu'elle était belle.

Elle avait élevé Orlando dans la haine et le mépris de son père; il parlait de lui dans les termes les plus brutaux et les plus vils, ce qui était curieusement choquant pour nous tous qui avions appris à respecter nos pères depuis l'enfance.

Mais si Orlando nous choquait, il nous charmait bien plus encore. Jour après jour, on voyait ses boucles brunes au centre d'un groupe d'admirateurs qui écoutaient sa conversation brillante. Il nous enchantait comme un troubadour du temps jadis car il avait l'art de jongler avec les mots, et les classiques de la littérature ou de la philosophie allemandes lui étaient aussi familiers que les contes d'Andersen nous l'étaient. Il était tellement plus avancé dans son développement intellectuel et son érudition qu'il était pour nous un être presque incroyable.

Son visage avait la même beauté que celui de sa mère, rehaussée par un port de tête élégant; il avait de même qu'elle l'habitude de traiter les individus comme des cobayes pour les expériences de sa vanité insouciante, et la même indifférence pour le sort de la victime lorsque l'expérience tournait mal ou devenait lassante à ses yeux. Son nez, petit et presque dépourvu d'arête, se terminait par une extrémité carrée, délicieusement ciselée comme dans le marbre. Il avait l'œil noir et vif. Son nom romantique, ses origines mystérieuses, sa beauté et son intelligence combinés faisaient de lui un être à part, de sorte que peu nous importait sa façon de nous parler, curieusement, quand son regard étonné semblait se demander de quelle pâte nous étions faits. La désinvolture narquoise avec laquelle il testait ses idées auprès de nous semblait proclamer combien nous étions rustres et balourds, nous qui ne pouvions jamais suivre l'élasticité de son esprit. Et, de fait, nous nous sentions rustres et balourds face à lui. Nous sentions entre lui et nous une différence de nature. Il était unique, surprenant, et pourtant si affable et aimable que tous, maîtres et élèves, succombaient à son charme.

Lorsque Orlando me choisit comme son ami, je ressentis une ivresse supérieure à tout ce que j'avais pu éprouver. Il venait me chercher et posait son bras sur mon épaule, nous marchions, nos têtes l'une contre l'autre, nous élançant en paroles vers des horizons intellectuels toujours nouveaux, toujours plus exaltants. Je me mis à dévorer des livres dont, jusque-là, je connaissais vaguement le titre, car j'étais très en retard sur lui et je me sentais désavantagé. Il pouvait me troubler par des raisonnements alertes tandis que je peinais lourdement pour déterminer si mon jugement était valide, et pourquoi. J'étais complètement fasciné et je ne voyais rien à lui reprocher. J'éclatais de rire quand je me surprenais à rester bouche bée face à son insolence en classe, car il était sans merci et ne respectait personne.

Nous avions pour professeur de latin un vieux casse-pieds qui se perdait au beau milieu de ses cours et restait parfois plusieurs minutes sans rien dire, la tête baissée, la lèvre pendante. Un jour, Orlando se glissa sous le nez du vieillard et cria : « On fait dodo, docteur ? » en imitant la bouche de poisson du maître et en dodelinant de sa tête superbe. Pour n'importe qui d'autre, ç'aurait été l'expulsion. Il maintenait l'école en effervescence, mais les professeurs étaient incapables de le réprimander, et nous ne pouvions que suivre ses actions d'éclat avec une admiration reconnaissante.

Il était sans pitié face à notre ignorance et il se moquait de notre admiration puérile pour Schiller, dont nous récitions avec enthousiasme les œuvres depuis des années. Mais, après nous avoir fait rougir de honte et nous avoir mis dans l'embarras, il nous ravissait et nous subjuguait en déclamant les nobles cadences de Goethe jusqu'à ce que nous prenions nous-mêmes conscience de tout ce qui séparait les deux poètes. J'absorbais tout ce qu'il avait à m'apprendre et je m'engouffrais dans les innombrables voies du savoir qu'il ouvrait pour moi.

De toutes les idées d'Orlando, la plus stimulante était pour moi son athéisme total. Il était violent dans son incroyance, possibilité si nouvelle pour mon esprit que je bafouillai lorsqu'il m'interrogea pour la première fois à ce sujet. Je me rappelle qu'il m'avait accompagné à l'église, où je devais répéter des morceaux sur l'orgue dont les vieux tuyaux polis par les années étaient, de toutes les sources de musique, celle que je préférais. Orlando était curieux car il était lui-même une sorte de virtuose du piano, mais il n'avait encore jamais vu un orgue de près; je lui montrais les claviers et les différents jeux, et il se penchait au-dessus de moi, les yeux brillants.

— Laisse-moi essayer, murmura-t-il, et après quelques tâtonnements, il se lança dans une fugue de Bach qui remplit bientôt le volume voûté de l'église vide de ses sonorités majestueuses.

Je suis certain qu'il tricha sur plusieurs passages, mais son sentiment de la mélodie et du mouvement était si sûr, si beau que je ne pouvais qu'admirer et m'émerveiller car je savais qu'il n'avait jamais touché cet instrument. Tandis que les derniers accords résonnaient encore dans les tuyaux, il se retourna vers moi, le visage étrangement radieux.

— Ce que j'aime chez toi, Karl, me dit-il, c'est que je n'ai pas besoin de t'expliquer certaines choses, comme la musique et la poésie. Tu les comprends instinctivement.

Il eut un éclat de rire mélancolique.

— Je voulais t'impressionner par mon numéro, mais je vois à ton visage que tu n'as pas été bluffé.

Bach t'a ensorcelé tout comme il m'ensorcelle. Il me fait regretter de ne pas être plus sérieux, de ne pas avoir la patience de devenir un vrai musicien.

Il porta sur moi son curieux regard perçant puis désigna la vaste nef de l'église, les bancs déserts qui remplissaient l'obscurité, à peine troublée par la lueur colorée des vitraux du transept, les statues de Luther et des douze apôtres tapies dans l'ombre...

— Là aussi, tu *dois* avoir les mêmes sentiments que moi. Karl, regarde donc cet énorme temple de la superstition primitive. Depuis combien de siècles marmonne-t-on la même liturgie lugubre, les mêmes formules barbares sous ces voûtes moyenâgeuses ? C'est le temple de l'obscurantisme. Ne le comprends-tu pas ?

— Que veux-tu dire ?

— Cher enfant, ne vois-tu pas ce qu'est la religion ? C'est une drogue pour le peuple, concoctée à base de vieille mythologie et de craintes périmées. Elle n'est bonne que pour les faibles. Karl, il faut que tu lises Nietzsche ! Tout ce qu'on t'a appris ici est né d'une imagination faible et débile.

— Je ne te crois pas, ripostai-je. Luther n'avait rien de faible ou de malade. Bismarck non plus.

Mais il me rit au nez et se mit à citer ses philosophes préférés. Je n'avais rien à lui répondre. Pourtant, il avait déclenché en moi une nouvelle réflexion.

— Comment peux-tu croire en Dieu ? me demanda-t-il, et pour la première fois je vis que c'était une question qu'il était permis de poser.

Jusque-là, j'avais confusément perçu qu'il existait au sein de l'Église des divergences d'opinion et j'avais entendu mon père débattre de points de doctrine, mais l'idée qu'on puisse mettre en doute le fondement de toute foi, l'existence même d'un créateur, m'était si étrangère que la question d'Orlando me choqua réellement. C'était comme s'il avait ouvert une porte interdite dont l'existence m'avait toujours été dissimulée.

Les coudes appuyés sur les genoux, reposant dans ses mains son visage intense, il se pencha vers moi et se mit à me parler de l'immensité des étoiles lointaines, de la lumière qui voyageait à travers l'espace depuis que notre planète existait, et me dit que la Terre était un minuscule fragment du cosmos, sur lequel les hommes n'étaient que des vers microscopiques.

— S'il existait un Dieu créateur de toute cette immensité, crois-tu qu'Il s'intéresserait à la vie des créatures infinitésimales qui habitent cette petite boule insignifiante ?

— Mais Dieu est Esprit, m'exclamai-je, le cerveau brûlant. Pourquoi devrait-Il se soucier de notre *taille* ? Même nos cheveux sont comptés. (J'avais l'impression de combattre pour ma propre survie, et mon instinct était juste.) Pourquoi la taille serait-elle si importante ? Tu t'estimes moins important que Heinrich Neu parce qu'il est plus gros que toi ?

Heinrich Neu était un handicapé qui habitait près de l'école, un homme à l'esprit complètement éteint qui devait passer la plupart de son temps dans un fauteuil roulant et qui, du fait de cette inactivité forcée, était devenu énorme, le corps couvert de bourrelets, le visage chargé de bajoues.

— Crois-tu qu'une opérette vaut mieux que ce morceau de Bach que tu viens de jouer parce qu'elle est plus longue ?

— Brillant raisonnement, mon cher Karl, répondit Orlando en souriant. Ton Dieu ne peut pas être indifférent à notre sort simplement à cause de notre taille. Et c'est pour la même raison, j'imagine, que si tu marches dans la rue, tu écrases des fourmis et des chevaux sans faire de différence. Mais laissons cela. Je t'accorde qu'il n'y a pas de différence entre la manière dont tu vois une fourmi et un cheval. Je veux te donner une idée de la manière dont un être cosmique voit les hommes. Regarde les générations successives d'êtres humains ; chacune n'occupe qu'un centimètre à l'échelle de l'histoire du monde, mais le remplit de querelles absurdes avant d'être brutalement anéantie pour céder la place à une autre, préoccupée des mêmes sottises. Parmi les millions de morts, à présent réunis dans la putréfaction, de combien nous souvenons-nous ? Peut-être de quelques dizaines, qui seront à leur tour oubliés d'ici un millénaire. Et pourtant tu me parles d'un Dieu capable de mémoriser les moindres détails de ces milliards d'inconnus disparus et qui se soucie de leurs moindres faits et gestes ! Tu te vois, toi l'écolier assis à ton pupitre, avec le seigneur de l'univers penché sur ton épaule, inquiet de savoir si le chiffre que tu t'apprêtes à écrire sera un cinq ou un six ?

— Mais Dieu s'intéresse à nous parce qu'Il nous a faits...

— Alors, Il a vraiment bâclé son travail. Même moi, j'aurais pu mieux faire. Toi, cher enfant, tu aurais conçu un monde bien plus aimable. N'essaie pas de faire avaler ton Dieu juste et bon comme le créateur de ce pêle-mêle affreux. Si Dieu était bon, pourquoi la souffrance et le mal régneraient-ils ? Pourquoi aurait-Il fait en sorte que toutes les créatures vivantes passent leur temps à s'entre-tuer et à s'entre-dévorer à seule fin de survivre ?

Orlando me regardait d'un air moqueur.

— S'il existe un Dieu bon, alors prouve-moi Son existence. Montre-Le-moi.

— Mais Il est invisible.

— Cher Karl, ton Dieu est un conte de fées.

Une fois rentré à la maison, je pris plusieurs volumes dans la bibliothèque de mon père et les emportai dans ma chambre. Je passai plusieurs nuits à lire, étendu sur mon lit, sous la lampe ; je finissais par prendre froid, par avoir mal aux bras, ma nuque se raidissait. Je lus Luther et Nietzsche, Schopenhauer et des livres de théologie. Je me mis à explorer les philosophes, je parcourus Kant, Fichte et Hegel, auteurs redoutables pour un aussi jeune disciple. Il m'arriva plusieurs fois de lire jusqu'au moment où l'aube projetait sa lumière grise par mes fenêtres sans volets.

Ces discussions avec Orlando se prolongèrent pendant de longs mois. Je revenais de l'école avec lui ; je m'étendais sur le canapé et il jouait au piano la musique que j'aimais, avec des improvisations brillantes de son cru. Je me laissais hypnotiser par la mélodie, puis ses mains quittaient les touches, il m'adressait son sourire énigmatique et charmant, puis me piquait tout à coup par une de ses questions de sceptique.

Je voyais s'éloigner tout le monde familier que j'avais jusqu'alors connu, et je ne me sentais vivre qu'en présence d'Orlando, dans son paysage kaléidoscopique, où la réalité de Dieu apparaissait tantôt comme une grande vérité, enracinée comme un arbre, tantôt comme une chimère scintillante. Les objets quotidiens devenaient irréels et, en voyant la rivière, les minces couches de nuages, la porte de ma maison, je doutais de leur existence. J'avais perdu tout moyen d'évaluer la réalité et je n'avais plus conscience du passage du temps.

Mais peu à peu, grâce à nos conversations tumultueuses, le jour, et à ma quête nocturne, où je cherchais l'espoir à travers les ténèbres, il commença à se former en moi une conviction profonde : si Dieu n'existait pas, la vie n'avait aucun sens. Comme un enfant qui veut mesurer une montagne avec un double décimètre, je demandai à ce Mystère quels étaient Ses attributs, je voulais être rassuré, je voulais appréhender le Très-Haut. Chaque fois que, découragé, je me détournais de ce visage caché, j'y étais ramené par la superbe symétrie de l'univers ou par l'étrangeté d'un organisme banal. La délicate beauté des feuilles et des branches nues, la perfection avec laquelle le plus petit animal était conçu, le retour régulier des saisons étaient les phénomènes qui s'emparaient de mes sens en disant : « Nous avons une Cause, quelque part. »

J'en vins à perdre du poids, du fait de cette tension et de ces efforts disproportionnés. Plus je tentais de sonder le Mystère, plus grand Il devenait ; plus je tentais de m'approcher de Lui pour L'interroger, plus vaste et plus impénétrable Il paraissait. Je vis enfin que je n'avais aucun instrument pour Le mesurer et je compris pourquoi la foi doit accepter sans vouloir comprendre.

Un jour, je me tenais près de la rivière, sur un quai où les bateaux débarquaient, et je me mis à penser : « Si je vois un arbre et si je suis incapable de comprendre comment ou pourquoi il pousse, comment puis-je espérer comprendre la Cause de cet arbre ? Si je ne peux pas comprendre pourquoi mon esprit recueille des impressions, les trie et les dispose, comment puis-je espérer atteindre la Source d'où provient mon esprit ? » Cette idée s'accompagnait d'une paix claire et soudaine, comme si quelqu'un m'avait donné la réponse à toute cette agitation ; et je sus que je croyais en Dieu.

Je restai l'ami d'Orlando et je devins de plus en plus son confident. Il avait été déçu de ne pas pouvoir me convertir à son mode de pensée, sans vraiment comprendre ce qui, en moi, refusait ses idées, mais cette incapacité à établir sa domination accrut son respect envers moi. Avec le temps, son parcours scolaire s'obscurcit. À nos yeux, son charme restait intact et il avait sur ses compagnons un pouvoir qui le rendait exceptionnellement dangereux.

Je remarquai bientôt chez lui une nouvelle tendance qui m'emplit de dégoût, mais il refusait d'écouter mes avertissements et se moquait de mon côté moralisateur. Je fus écœuré, notre amitié en souffrit, mais son intelligence de vif-argent restait l'aiguillon dont mon esprit avait besoin et notre camaraderie persistait, même si l'intimité avait disparu.

Il choisissait un nouvel ami, l'emmenait partout, le faisait profiter de toute l'ardeur de sa personnalité, lui faisait presque la cour, pendant environ trois mois, et lorsqu'il s'était complètement emparé de l'esprit de ce nouveau disciple, il l'entraînait délicatement de débauche en débauche, jusqu'au moment où nous voyions les marionnettes d'Orlando dégénérer d'un jour à l'autre. Il aimait faire des expériences dans l'art de corrompre autrui, et toute l'atmosphère de l'époque allait dans ce sens; tous ces adolescents, privés de la saine compagnie de jeunes filles, étaient troublés par la maturation naturelle de leur corps, ce qui les rendait particulièrement réceptifs aux activités scandaleuses auxquelles il les incitait à se livrer. Après les avoir réduits à ce degré d'infamie, Orlando se désintéressait d'eux et se détournait d'eux brusquement, en laissant éclater son mépris moqueur pour ses vils sycophantes. Pour ceux-ci, la chute était terrible; beaucoup ne s'en relevaient pas. Ils avaient perdu toute assurance, toute énergie, et ils s'accrochaient aux vices qu'il leur avait inculqués parce qu'ils ne pouvaient admettre l'idée qu'un être qu'ils avaient tant aimé ait pu les blesser à ce point. Orlando ne s'en souciait guère.

— Je prends leur âme, me dit-il un jour avec une emphase d'adolescent, j'absorbe ce qui est bon, et quand ils sont vides, je les chasse.

— Que vas-tu devenir, Orlando?

— Si je vis, je serai un criminel ou un génie.

Tout le monde finit par avoir peur de lui malgré sa fragilité physique. Il fit un jour courir le bruit qu'un de ses anciens protégés risquait de perdre la raison à cause de ses obsessions, et quand cette rumeur parvint aux oreilles de l'intéressé, elle faillit devenir réalité. Au total, il dut faire au moins huit victimes et je commençai à le maudire tout bas quand je le voyais envoûter un nouvel innocent.

L'un de nos professeurs, M. Kamps, âgé d'une cinquantaine d'années, homme très respecté dans notre école, plein de bon sens et pétri d'humanité, avait une certaine tendresse pour Orlando. Il parlait de lui, tristement, comme de son « enfant de tristesse », il était le seul à oser le blâmer, en le grondant pour tout le mal qu'il faisait en voulant jouer avec les âmes. Orlando adorait M. Kamps et ne se moquait jamais de lui. Mais les années passaient et il ne s'amendait pas.

Vers la fin de nos études au *Gymnasium,* alors qu'il devait avoir dix-neuf ans, Orlando devint l'ami d'un jeune élève très doué qui venait d'arriver à l'école. Le petit Hugo était l'un de ces enfants fragiles, éthérés, chez qui le génie musical se développe avec une précocité étonnante, et à douze ans c'était un superbe violoniste. Orlando devint son dieu. L'enfant le suivait partout. Ils jouaient ensemble pendant des heures, le chant du violon planait par-dessus les graves tonitruants du piano, et chaque jour le beau visage et la belle voix d'Orlando plaçaient Hugo plus complètement sous sa coupe.

Puis, pour la première fois depuis des années, quelqu'un osa s'opposer à son attitude. Rudolph Beck, fils d'officier, alla trouver son père. Son histoire était si lamentable que tous les parents d'élèves s'en indignèrent et exigèrent que la direction de l'école renvoie Orlando. La position de sa mère, qui l'avait protégé jusque-là, ne lui servit alors à rien. Il fut expulsé.

Le petit Hugo courut de l'un à l'autre d'entre nous, en demandant :

— Où est Orlando ?

— Il a quitté l'école.

— Quand revient-il ?

— Il ne reviendra pas.

— Il ne reviendra *jamais* ?

— Non. Jamais.

L'enfant blêmit et partit se réfugier dans un coin. Quelques jours après, nous apprîmes qu'il était malade, puis que les docteurs étaient incapables de diagnostiquer son mal et que son état empirait rapidement.

— La vie n'a plus d'intérêt pour lui, dirent les médecins à ses parents, en leur conseillant si possible de découvrir quel était son plus vif souhait afin de le satisfaire.

— Je n'ai envie de rien, leur répondit Hugo, fiévreux.

Chaque jour, à l'école, nous attendions de ses nouvelles, terrifiés mais sans oser intervenir, jusqu'au jour où nous apprîmes qu'il était mort. C'est une chose dont nous n'avons plus jamais parlé ensuite.

Pendant tout ce temps, Orlando fut retenu prisonnier chez sa mère. Il n'avait pas le droit de sortir et quand je vins le voir, le jour où Hugo mourut, la comtesse me dit qu'il était enfermé dans sa chambre et elle refusa de me laisser monter.

Peu après, je reçus une lettre de lui, une longue plainte amère, pleine du malheur de vivre, si lourde de désespoir que j'en fus effrayé.

Comment justifier ma vie, comment racheter ce gâchis que je suis? Je m'étudie et je ne vois qu'un être grotesque, un bouffon; quand je regarde le monde, il me renvoie l'image choquante de mes traits les plus abjects. Pourquoi devrais-je expier en continuant à souffrir à cause de l'erreur commise par la main qui m'a façonné...?

Je montrai cette lettre à Rudolph Beck, le responsable de l'expulsion d'Orlando. Rudolph et moi avions travaillé ensemble en grec et en latin. Il se préparait à entrer à la faculté de droit, mais le niveau exigé était très élevé. C'était lui qui avait suggéré cette collaboration. « Comme tu trouves le latin facile, tu risques de le négliger, alors que moi, j'ai besoin d'aide. Travaillons donc ensemble. »

Rudolph et moi étions amis de longue date ; après le départ d'Orlando, cette amitié devint une solide camaraderie, peut-être parce que je trouvais dans la franchise et la retenue de Rudolph un contraste et un soulagement après le charme exotique d'Orlando. Rudolph lut la lettre avec le plus profond sérieux.

— Il envisage le suicide, déclara-t-il, et c'était aussi ce que je craignais.

Nous décidâmes d'aller trouver la mère d'Orlando afin de la mettre en garde à propos de l'état d'esprit de son fils et de voir si elle pouvait l'aider. La comtesse von Schlack nous reçut avec froideur ; conscients d'être des visiteurs indésirables, assis sur le bord de ses hautes chaises dorées, nous essayions tant bien que mal d'exprimer la terreur que nous avait inspirée la lettre de son fils.

— Nous sommes sûrs qu'il veut attenter à sa vie, lui dis-je en bafouillant.

Elle nous souriait d'un petit air ironique, comme si nous avions suggéré qu'Orlando risquait de trébucher sur ses lacets.

— Je ne crois pas, dit-elle d'un air détaché. Mon fils n'est pas du genre à se suicider. Il est trop orgueilleux. Il regretterait de ne pouvoir être là ensuite pour observer la réaction de son entourage.

Tout à coup, elle changea de figure. Sous son masque impassible, l'émotion fit cruellement surface ; je n'ai jamais vu une haine aussi intense se peindre sur un visage.

— Vous êtes deux garçons trop bien pour vous soucier de lui. Il est pourri jusqu'à la moelle.

— Mais il est en danger, glissai-je, sachant que mes propos n'avaient sur elle aucun effet. Sa lettre est si désespérée... Je crains le pire.

— Fort bien, ajouta-t-elle en recouvrant son sourire

dur. Si vous le jugez nécessaire, je garderai un œil sur lui.

Et c'est ainsi que nous fûmes congédiés. Stupéfaits, nous descendîmes en silence les grands escaliers de pierre, avec le sentiment d'être restés trop longtemps assis sur de la glace, comme si le froid avait pénétré nos os.

— En me mêlant de ce qui ne me regarde pas, j'aurai finalement provoqué deux morts, dit Rudolph alors que nous étions presque rentrés. Celle de Hugo et celle d'Orlando.

Et je ne sus que dire pour le réconforter.

Une semaine après, Orlando fit une fugue. Sa mère téléphona aussitôt à M. Kamps en le suppliant de retrouver son fils et de le persuader de rentrer chez elle. Ce soir-là, Orlando se présenta chez son professeur bien-aimé, hagard et fiévreux, et le brave homme recueillit le jeune homme en larmes, le consola, lui remit des lettres de recommandation pour ses amis à Berlin et l'aida même à partir en lui offrant un peu d'argent. Moins d'un mois plus tard, sa mère l'avait débusqué et, puisqu'il était encore mineur, elle le ramena, cette fois pour le confier à son père. Celui-ci, ne sachant que faire de ce fils encombrant, envoya Orlando dans l'une des nouvelles « écoles socialistes », totalement dépourvues de discipline, où on laissait les élèves s'épanouir selon leurs inclinations, sans la moindre restriction. En trois mois, Orlando avait mis l'école sens dessus dessous ; son père dut le placer dans une maison de redressement.

Il ne lui fallut pas longtemps pour trouver à nouveau l'occasion de s'échapper. Cette fois, ce fut vers mon père qu'il se tourna, comme je ne l'appris que bien après. J'avais jadis persuadé Orlando de m'accompagner à l'église, et sa nature poétique avait alors été frappée par la beauté et la solennité du service. Ses yeux s'étaient remplis de larmes, il avait semblé transporté. La forte personnalité de mon père et la vigueur du sermon l'avaient ému.

« Maintenant je te comprends, Karl, parce que tu es le fils de cet homme. »

Mon père m'avait longtemps défendu de fréquenter Orlando. Il se méfiait de lui, jugeant son influence néfaste pour moi. C'est par défi envers la loi paternelle que j'étais resté son ami et que j'avais continué à passer le plus clair de mon temps avec lui; j'en étais venu ainsi à m'éloigner de mon père, et le fossé qui se creusa entre nous devait durer jusqu'à la fin de mon adolescence.

Dans son désespoir, c'est vers mon père qu'Orlando se tourna. Il ne reçut de lui aucun conseil apaisant, mais mon père lui dit que sa vie était entre ses mains, que l'intelligence n'était pas tout et qu'il était loin d'être aussi sage qu'il le croyait. Orlando le quitta, songeur, et l'on ne le revit plus jamais à Magdebourg. Nous apprîmes plus tard qu'il vivait à Berlin et qu'il avait sombré dans la débauche. On disait qu'il appartenait à une bande de jeunes fêtards; il avait été emprisonné pour un vol commis pour un pari. Son génie si prometteur semblait bien loin.

Mais je ne l'oubliai pas. Avec le temps, nos goûts nous avaient séparés, mais je regrettais de plus en plus la stimulante contradiction que son esprit offrait à mes opinions. C'était grâce à son athéisme que mes propres convictions s'étaient formées, que j'avais si tôt exploré l'œuvre des philosophes et que je m'étais épris des âpres cadences de la Bible allemande. La traduction de Luther est rédigée dans la langue vulgaire, parfois si crue qu'elle en devient grossière, et cela en fait un texte particulièrement vivant. La Bible accompagnait mes nuits, c'était devenu la référence où je puisais toutes les illustrations de mes raisonnements.

Une fois Orlando parti et notre longue controverse

achevée, je ne savais plus vers où tourner la force ardente de ma foi. Bientôt viendrait le temps où je devrais choisir un métier, et le pastorat m'attirait de plus en plus. Pourtant, j'étais un être indépendant, isolé. Mais face aux liens essentiels qui unissent les hommes au sein de la société, je commençais à comprendre que tout homme doit nécessairement servir, même s'il est libre de choisir son maître...

Je pensais constamment à un vieux conte populaire que ma mère me racontait quand j'étais enfant : un homme était parti en voyage, décidé à servir le plus grand de tous les seigneurs. Il avait commencé par servir les rois, jusqu'au jour où il avait découvert que le diable était leur maître, sur quoi il s'était mis au service du diable, convaincu d'avoir découvert le souverain suprême. Puis un jour, il vit son seigneur s'écarter, terrifié, d'un crucifix en bois, au bord d'une route ; il avait donc quitté le diable pour se mettre à la recherche du maître de la Croix, qui était assurément le plus grand des seigneurs. C'est ainsi qu'il en était venu à servir le Christ, dans sa bonté et son humilité.

Cette histoire dominait mes réflexions. S'il m'était permis de servir la Puissance suprême de l'univers, je savais que je serais malheureux dans tout emploi subalterne. Je me réjouissais de pouvoir devenir un missionnaire ou un grand prédicateur qui forcerait les hommes à s'attacher à la vérité ; en mon for intérieur, je me croyais miraculeusement prédestiné puisque j'étais le fils de celui par la bouche duquel la parole de Dieu se transmettait. Je fis part de ma décision à mon père et, dès qu'il fut assuré de ma sincérité, dès qu'il vit que cette profession m'apparaissait comme une nécessité, la longue gêne qui nous avait séparés se dissipa spontanément.

Mes études au *Gymnasium* allaient prendre fin ; en recevant nos diplômes, nous accédions à une dignité nouvelle. Chacun était appelé « Mulus », la mule, et nous étions très fiers de ce titre, qui signifiait notre sortie de l'enfance et marquait une brève période de transition avant l'entrée à l'université, quand nous deviendrions adultes.

La remise des diplômes était une grande cérémonie. C'était notre première vraie fête. Nos professeurs y assistaient, et le vin coulait à flots, parmi les jeux et les rires, les toasts, les discours improvisés et l'allégresse générale. Chaque orateur était vigoureusement applaudi. Quand M. Kamps prit la parole, nous fîmes aussitôt cercle autour de lui.

— Vos études sont terminées. J'espère que l'étude vous occupera toute votre vie, que vous apprendrez toujours... que vous aurez toujours l'esprit ouvert.

Il s'interrompit et une gravité douloureuse se peignit sur son visage.

— Je ne peux m'empêcher de mentionner l'enfant de ma tristesse, ajouta-t-il.

Comme si ses mots avaient été un soudain antidote à l'alcool, toute notre gaieté s'évanouit. La soirée se termina rapidement, sans tapage. Mon dernier jour au *Gymnasium* fut ainsi marqué par la vision de la physionomie brillante et moqueuse d'Orlando et par la tragédie que je craignais pour lui, où qu'il aille.

CHAPITRE III

Ce fut une décision considérable que celle de devenir pasteur. Elle allait m'impliquer personnellement dans les terribles événements qui devaient ébranler et transformer l'Allemagne dans les années qui suivirent immédiatement ; elle allait me faire voir de l'intérieur l'une des persécutions les plus subtiles, les plus calculées, qu'ait subies l'Église de Dieu depuis qu'elle est devenue l'une des puissances de ce monde.

Je n'avais aucune idée du drame qui m'attendait lorsque, à l'automne 1931, j'étais l'un des milliers de « nouveaux » rassemblés dans l'Aula, la grande salle de réunion de l'université de Berlin. J'y avais retrouvé mon camarade de Magdebourg, Rudolph Beck, et, à ma grande joie, Erika Menz, la compagne de mon enfance, qui m'avait surpris en décidant d'entrer à la faculté de théologie en même temps que moi. Nous étions tous les trois fort embarrassés, conscients de notre provincialisme, alors que nous regardions l'énorme estrade où se tenait l'imposante silhouette du recteur, à la tête de cette grande institution réunissant seize mille étudiants. Le recteur est choisi chaque année parmi les doyens des diverses facultés ; tout en suivant leurs conseils, il est en quelque sorte le souverain incontesté de l'université.

Drapé dans une toge majestueuse, le recteur portait

autour du cou une chaîne d'or dont chaque maillon était grand comme la moitié d'une soucoupe, et au bout de laquelle pendait une énorme médaille. Un par un, on nous amenait jusqu'à l'estrade pour serrer la main de cet homme impressionnant; lorsqu'il nous saluait, nous murmurions : « Je remercie Votre Magnificence », car tel était son titre éclatant, et on ne lui parlait jamais à la deuxième personne.

Le recteur offrait à chacun d'entre nous un certificat d'environ un mètre carré, dimension tout à fait adaptée à l'importance du document, entièrement rédigé en latin (même notre nom était transcrit sous une forme latine), qui attestait que nous étions devenus « citoyens de l'université » et que nous résidions désormais en ses murs.

Cette citoyenneté était à prendre au sens strict et elle accordait d'immenses privilèges. Les universités allemandes étaient (et je regrette d'avoir à utiliser le passé) des institutions puissantes, indépendantes des lois gouvernant les autres organisations civiles. Elles créaient et faisaient appliquer leurs propres règles. La police et même les membres du gouvernement n'avaient pas le droit de mettre un pied à l'intérieur de l'université autrement que sur invitation du recteur. Être étudiant dans une université, c'était appartenir à un groupe doté d'un grand pouvoir sur la vie de la nation. C'est là que naissaient les tendances de la société et les doctrines politiques.

Il est difficile de comparer ces institutions avec les universités du reste du monde, étant donné notre rôle politique et l'importance de notre lien avec la vie de la nation. Les universités allemandes offrent la meilleure formation pour les professions libérales et quiconque y entre est déjà diplômé. Mes camarades avaient presque l'âge de voter et, en tant que groupe, exerçaient un réel pouvoir dans la politique nationale. Les débats qui faisaient rage au sein de l'université ou entre universités rivales étaient évoqués par la presse à travers tout le pays, parfois à la une ; les rédacteurs en chef prenaient parti et il s'ensuivait souvent des controverses fameuses.

À l'époque où j'entrai à l'université de Berlin, les questions politiques agitaient l'opinion. Tous les professeurs, l'un après l'autre, s'en prenaient à la République pour ses bévues. Il leur semblait que nos dirigeants s'étaient presque entièrement mépris sur les potentialités de la démocratie ; ils exigeaient que le gouvernement agisse. C'était faire preuve de courage que de s'attaquer ainsi à ceux dont dépendaient la nomination des professeurs et le versement de leur salaire. Durant ma première année à l'université, de nombreux enseignants perdirent leur poste, martyrs de leurs convictions. Puis les étudiants entrèrent dans la lutte et par deux fois nous organisâmes des manifestations si soutenues et si convaincantes que les professeurs licenciés retrouvèrent leur chaire. Dans cette atmosphère, je fus bientôt amené à reconsidérer mes premières impressions en matière de politique. Je vis que l'Allemagne n'était une démocratie que de nom, que le nouveau gouvernement n'avait pas fait l'objet d'une réflexion claire et que la population n'avait pas encore conscience de ses responsabilités dans les orientations à donner à la République. Trop d'éléments anciens avaient été conservés de la monarchie. Trop d'intérêts particuliers utilisaient la jeune République pour servir leurs propres fins. Mais il ne fut pas simple de trouver mes repères. Il existait autant de nuances en matière d'opinion politique qu'il y a de couleurs dans le linge qu'on voit sécher sur un fil. Les communistes étaient très bruyants, mais le groupe qui attirait un grand nombre d'adhérents parmi les étudiants était le tout nouveau Parti national-socialiste, mené par un remarquable orateur nommé Adolf Hitler.

Notre nouvelle dignité en tant qu'étudiants se traduisait par mille détails. Pour la première fois de ma vie, je pouvais me promener une canne à la main. Au lieu de me crier mon nom de famille à travers la classe comme si on me lançait un projectile, « Hoffmann ! », ainsi que c'était l'usage au collège, on s'adressait à moi avec circonspection, en m'appelant « Herr Hoffmann » ; les professeurs comme mes camarades faisaient preuve d'une courtoisie solennelle. Je sentais dans l'air une émulation stimulante. De grandes découvertes scientifiques, des inventions révolutionnaires étaient en train de naître dans les salles qui m'entouraient. Tout notre travail était constructif, moderne, vivant. En médecine, en droit, en théologie, de nouvelles idées transformaient la vie de la nation, et les étudiants jouaient en cela un rôle presque aussi décisif que les professeurs.

Aucun parcours ne nous était imposé. Nous pouvions nous inscrire à autant de cours que nous le souhaitions, dans l'ordre que nous voulions. Entre autres projets, je voulus participer à l'élaboration d'un grand dictionnaire du Nouveau Testament, alors en préparation. Les professeurs exigeaient de leurs collaborateurs une solide érudition et je sentis que j'avais beaucoup de chance d'être admis dans leur cercle. Des années de recherche étaient investies dans un seul mot. Il faudrait lire tous les textes, sacrés ou profanes, produits durant trois siècles avant et après le document original ; à chaque occurrence du mot que nous cherchions à définir, il faudrait analyser son utilisation, son contexte et son sens dans de longues notes laborieuses. Toutes les grandes universités européennes participaient à cette vaste compilation. Quand j'ai quitté l'Allemagne, le dictionnaire n'était pas encore terminé après quatorze ans de travail, et j'ignore s'il sera jamais publié.

Nous assistions aux conférences selon nos envies. Personne ne vérifiait notre présence, sauf lors de la première et de la dernière séance du trimestre, lorsque nous apportions notre *Testatbuch* au professeur, qui apposait sa signature sur la liste des étudiants inscrits à son cours.

Certains cours étaient nécessaires à l'obtention d'un diplôme, mais l'étudiant décidait lui-même du cursus qu'il suivrait, il était seul à déterminer quand il était prêt à affronter l'examen. D'une difficulté redoutable, les épreuves s'étendaient sur six mois et couvraient tout le travail de l'étudiant depuis son arrivée à l'université. Après ce long supplice, le candidat au doctorat devait préparer dix thèses qu'il était obligé de soutenir en public contre trois adversaires désignés. Au terme du débat, il serait attaqué par l'auditoire, généralement par les professeurs, et le malheureux jeune homme devait improviser des arguments pour se défendre contre la dialectique retorse de ces esprits aguerris. Et comme ceux-ci prenaient plaisir à lui donner du fil à retordre ! Lorsqu'il s'en tirait avec succès et était salué comme « Herr Doktor », il acceptait avec fierté les félicitations de ses amis, car il savait combien il les avait méritées.

Dans une telle atmosphère, les discussions occupaient tout le temps que nous ne passions pas dans nos livres. Les professeurs ouvraient les portes de leur domicile aux étudiants qui suivaient leurs séminaires, lesquels étaient en fait des classes de discussion ; un sujet était annoncé et le débat se prolongeait jusqu'au milieu de la nuit à travers un nuage de fumée bleue, après quoi nous nous détendions en allant souper et en écoutant de la musique. Ces soirées étaient presque nos seules distractions. Nous n'étions pas à l'université pour nous amuser mais pour apprendre, et, après une conférence en classe, nous formions de petits groupes, sur le campus ou dans une salle vide, et nous discutions avec animation pendant des heures. Ces réunions avaient un nom : on les appelait le *Steh-Convent,* qu'on peut traduire approximativement par

« convention permanente. » Nous y cherchions la compagnie de ceux avec qui nous étions le plus violemment en désaccord.

Quand nous nous joignions à un groupe où nous n'étions pas connus de tous, nous étions officiellement présentés à tout le cercle. Toutes nos relations étaient des plus cérémonieuses et nous tirions une certaine fierté de notre solennité, la moindre infraction à la courtoisie étant considérée comme une insulte pour toute l'université. Avec les étudiantes, nous faisions preuve d'une politesse étudiée, même si leur rôle dans la vie universitaire était négligeable : elles étaient très peu nombreuses et leur présence paraissait plutôt amusante. Il s'agissait pour la plupart de jeunes femmes sérieuses et pas très belles qui travaillaient aussi dur que possible. Celles, rares, qui étaient jolies prenaient généralement leurs études à la légère et se lançaient dans de petits flirts avec les étudiants.

On considérait peu ou prou que les filles n'avaient rien à faire à l'université, et un professeur qui s'adressait à sa classe en disant « Messieurs » au lieu de « Mesdemoiselles, Messieurs » recevait un tonnerre d'applaudissements.

Erika Menz faisait incontestablement partie des jolies filles, mais le sérieux qu'elle manifestait dans l'étude de la théologie la rendait tout à fait charmante à mes yeux. Je la vis beaucoup durant les premiers mois d'adaptation à ce cadre peu familier. Elle m'aida à lutter contre mes assauts de nostalgie et je trouvai en elle une auditrice très réceptive à toutes les nouvelles théories que j'échafaudais. Nous quittions la routine de l'université pour aller faire du bateau sur le Wansee, un grand lac aux rives boisées non loin de Berlin. Erika était un vrai petit mousse : cheveux au vent, elle adorait manœuvrer la barre, hisser les voiles ou attacher les cordages. N'ayant jamais attaché aucune valeur à l'effort physique, je la laissais s'activer tout en paressant sur des coussins. J'observais la transparence de l'eau lorsque nous glissions à sa surface, je suivais d'un œil distrait les carrés blancs des yacht-clubs, les curieux chalets et les cimes hérissées des pins qui faisaient au lac une bordure rustique. Je ne me levais que si elle criait pour m'avertir d'un brusque changement de la direction du vent qui rendait ma coopération nécessaire.

Avec son sourire frais et ses grands yeux gris, Erika attirait une foule d'admirateurs, mais elle avait toujours une soirée à passer avec moi, pour des visites ou pour le spectacle merveilleux d'un film américain. Elle était subjuguée par toutes les nouveautés venues des États-Unis, et nous nous faisions une idée exagérée du luxe insolent dans lequel évoluaient au quotidien toutes les classes de la société américaine.

Je passais l'essentiel de mon temps libre avec Rudolph, qui était devenu membre d'un club prestigieux ; je le retrouvais tous les jours à ce club, à l'heure où il avait terminé son cours d'escrime. Des groupes d'hommes se rencontraient dans ces salles magnifiques et se lançaient dans des débats politiques. C'est là que je rencontrai beaucoup de mes nouveaux amis, qui m'acceptèrent bien que je fusse étudiant en théologie.

La plupart des étudiants en théologie étaient pratiquement exclus de la vie sociale de l'université. Ils ne participaient guère aux discussions politiques, car ils se destinaient à une profession où leur seul souci serait le royaume de Dieu et non les intérêts profanes de leurs contemporains. Les autres étudiants tendaient à adopter envers nous une attitude plutôt dédaigneuse, même s'ils n'étaient jamais vraiment hostiles. La principale raison de cette discrimination était que l'Église nous interdisait de nous battre en duel : nous ne pouvions donc ni appartenir à un club ni pratiquer les activités que ces organisations réputées donnaient en modèle à tous les étudiants.

On appelle *Korps* ces clubs très fermés, qui ne recrutent jamais. Pour en devenir membre, il faut prouver que l'on appartient à une famille de membres distingués des professions libérales depuis trois générations, du côté maternel comme du côté paternel ; il faut également trouver au moins deux parrains au sein du club. On est alors admis à l'essai pour six mois. Un candidat approuvé est ensuite reçu dans le *Korps* et devient membre actif pendant deux ou trois semestres, période pendant laquelle il est obligé de participer à au moins sept *Mensuren,* les duels traditionnels. Lorsqu'il cesse d'être un membre actif, il reste membre à vie, et ce sont ces *Alte Herren* qui versent au club de généreux subsides. Chaque *Korps* a ses couleurs distinctives, et ses membres portent tous le béret et arborent les couleurs chaque fois qu'ils pénètrent dans l'enceinte de l'université, coutume qui rend fort pittoresque la vie estudiantine.

Mon ami Rudolph devint un duelliste insatiable peu après avoir rejoint le *Franken Korps.* Il était mécontent du *Mensur,* affrontement relativement inoffensif, et il lui fallait pour se satisfaire un duel au sabre tous les quinze jours. Comme chaque provocation en duel devait passer devant la cour d'honneur, organe qui réunissait des représentants de tous les *Korps* et jugeait s'il y avait bel et bien eu insulte, en déterminait la gravité et établissait le type de duel nécessaire à la réparation, Rudolph devait déployer des trésors d'imagination pour se battre aussi souvent qu'il le désirait.

Sous la République, les duels étaient interdits, mais il n'était pas dans le caractère germanique de renoncer à une coutume si chère à nos jeunes coqs batailleurs, et les autorités fermaient généralement les yeux. Il m'est arrivé un soir d'assister à l'un des duels de Rudolph, dans une petite taverne proche de l'université. Ce n'était pas un *Mensur* amical mais un duel au sabre, car Rudolph avait réussi à se faire grossièrement insulter. Les lourds sabres étaient prêts, les adversaires s'apprêtaient à ôter leur chemise lorsque la porte s'ouvrit pour laisser entrer trois robustes agents de police. Nous prîmes un air penaud, le visage de Rudolph s'allongea presque autant que le museau d'un lévrier car il s'était fait une joie de ce combat. Le plus gradé des trois s'approcha de notre table et nous salua.

— Messieurs, commença-t-il d'un air grave, nous avons été prévenus qu'il se préparait ici un duel. Nous viendrons enquêter. Nous serons ici dans une demi-heure.

Il salua de nouveau et sortit avec ses collègues. Nous poussâmes tous un cri de joie, tandis que Rudolph et son adversaire se préparaient en hâte pour leur duel. Ils se tenaient face à face, torse nu, la tête et le corps sans aucune protection, leurs muscles luisant à la lumière des lampes. C'était assurément un duel des plus dangereux. Le *Mensur* était un jeu d'enfant en comparaison, un rapide assaut où les escrimeurs portent de lourdes protections pour le corps, la gorge et les yeux ; seuls le visage et le crâne sont exposés, et le danger est moindre quand les hommes se tiennent jambes écartées, assez près l'un de l'autre.

Les seconds de Rudolph prirent place, l'un à sa gauche, l'autre à sa droite, et le troisième derrière lui. Les trois juges s'installèrent, le docteur ouvrit sa trousse, et tout à coup les duellistes se mirent à entre-choquer leurs sabres dans un silence tendu. Les deux hommes se tenaient loin l'un de l'autre et poussaient leurs bottes brutalement. Dans ce genre de duel, il n'existait qu'une restriction : on pouvait frapper de taille et non d'estoc, et user du sabre pour balafrer mais non pour percer. Le corps trapu de Rudolph était aussi agile que fort, mais il avait choisi un adversaire redoutable, un membre du *Korps* qui avait comme lui accumulé les combats. Ils se fendaient et esquivaient, puis se fendaient encore, mais seul le métal touchait le métal; à la fin de la première manche, ils étaient tous deux en nage, haletants. Le second qui se tenait à gauche se plaça devant pour protéger son homme, celui de droite lui soutenait le bras pour qu'il se repose — mais tout en restant en position de combat —, tandis que le dernier désinfectait la lame.

Pour la seconde manche, Rudolph changea de tactique. Il souleva son sabre très haut puis l'abattit à plat sur la tête de son adversaire. Le jeune homme chancela mais reprit vigueur et porta une botte furieuse contre Rudolph, qui para, leva son sabre et le frappa de nouveau au sommet du crâne. L'autre lança son sabre en avant et Rudolph l'atteignit encore à la tête. C'est alors que le docteur dut intervenir.

Le coup était légitime, déclara-t-il; Herr Beck n'avait enfreint aucune règle, mais comme le jeune homme était visiblement incapable de parer, il fallait en interdire l'usage dans ce duel puisque l'on risquait une fracture du crâne. Rudolph salua le docteur et le combat reprit, mais son adversaire, pris de vertige ou de peur, lui opposait désormais une résistance moins habile. En quelques instants, il reçut une blessure profonde; le sang lui coulait sur la poitrine. Le docteur vint étancher la plaie et le combat prit fin. Les duellistes se rhabillèrent; on apporta des chopes de bière mousseuse, et quand les policiers revinrent, à l'heure qu'ils avaient indiquée avec tact, les deux adversaires, à présent inoffensifs, étaient assis à une grande table et se rafraîchissaient en chantant de vieilles chansons d'étudiants.

Les cicatrices s'arboraient bien sûr avec fierté, mais il faut se rappeler que, malgré la cruauté apparente de cet exercice, les blessures graves étaient très rares (elles étaient presque impossibles dans les *Mensuren*). Les duels ne firent pas plus d'un mort par siècle dans l'ensemble des universités allemandes.

Vers le milieu de l'année, je fus invité à devenir membre d'un club de second ordre, la *Brüderschaft*. Ces « fraternités » imitaient autant que possible les *Korps*. Leurs duels étaient bien plus brutaux que le *Mensur* cérémonieux, mais cette pratique n'était pas imposée aux membres, et beaucoup d'étudiants en théologie appartenaient à la *Brüderschaft*. J'assistai à l'une de leurs soirées, mais j'avais vu trop de celles du *Korps* de Rudolph pour y prendre beaucoup de plaisir. On aurait dit qu'ils voulaient singer, bien médiocrement, ces clubs prestigieux, et je déclinai leur invitation.

Je crains bien d'avoir été à cette époque un épouvantable jeune snob, un petit prétentieux. Je ne fréquentais que des gens issus d'une seule classe sociale, et il me restait encore à découvrir la chaleur humaine, la qualité et la fascinante diversité que les individus de toutes sortes offrent à un esprit ouvert. J'étais intensément individualiste, très égoïste, et je dédaignais les autres étudiants en théologie, en partie parce que je ne voulais pas être identifié avec un groupe considéré comme déclassé, en partie parce que je les considérais réellement comme des êtres tout à fait différents de moi ; je n'aurais pas su comment les aborder même si j'en avais eu envie. D'un autre côté, ils faisaient preuve du même snobisme inversé, car la plupart d'entre eux étaient les fils de pasteurs pauvres ou les fils aînés de familles de la petite bourgeoisie qui espéraient favoriser l'ascension sociale d'un jeune homme brillant en lui faisant adopter le pastorat ; à leurs yeux, mon père, en tant que pasteur de l'une des grandes églises allemandes, occupait une position si éminente qu'ils ne pouvaient pas même rêver de l'atteindre. Les frontières sociales sont très nettes en Allemagne, mais à l'université, on tentait réellement de les oublier et l'on insistait sur l'égalité de tous les étudiants. Lors des discussions sur le campus, on ne faisait aucune distinction ; seule notre vie privée reproduisait les divisions de castes.

Otto Schmidt, grand garçon simple, m'invita un jour chez lui à Berlin. J'acceptai, non sans hésitation. Mais je me rappelai la manière dont mon père s'entendait avec des hommes de tous milieux et l'art avec lequel il maîtrisait des situations auxquelles je ne comprenais rien. Ce fut sans doute avec une très haute idée de ma vocation que j'accompagnai Schmidt jusqu'à l'humble résidence de sa famille. J'étais trop jeune et trop délicat pour garder mon aplomb. Cette petite maison misérable grouillait d'enfants dépenaillés et, fait le plus choquant pour moi, la mère d'Otto se hâta d'avancer une chaise pour son fils, ce fils chéri qui se destinait au pastorat. J'eus une vision fugitive de ma propre mère s'humiliant ainsi pour moi au lieu d'attendre avec sa dignité habituelle que je lui prépare sa chaise ; cette idée était si étrange que je ressentis une légère nausée en voyant la pauvre Frau Schmidt s'abaisser devant son fils. J'aurais voulu partir aussitôt.

Alors que la majorité des étudiants en théologie se tenait à l'écart du débat politique, mes enthousiasmes naissants m'entraînèrent très vite dans les mouvements politiques qui se formaient constamment à l'université. Il y avait un étudiant qu'on trouvait toujours là où les discussions étaient les plus véhémentes, un jeune homme aux cheveux noirs, à la peau jaune, très prussien dans son aspect et ses manières, qui s'appelait Heinrich Gross. Je l'avais remarqué aux cours et je m'étais souvent demandé ce qu'il faisait à la faculté de théologie. Il était à la fois bruyant et arrogant, et ses opinions avaient fort peu en commun avec le christianisme tel que je le comprenais. Il parlait de la « fierté du sang nordique » et n'avait rien de l'humilité qu'on attend généralement d'un pasteur chrétien. Il était partisan d'une nation allemande forte, et beaucoup de mes amis étaient d'accord avec lui sur ce point.

Tous sans exception, quelle que soit notre origine, nous détestions la position infamante qui avait été imposée à notre patrie après la Grande Guerre, et nous espérions tous que renaisse une Allemagne nouvelle et plus glorieuse.

Selon mes propres théories récentes, telles que je les exposais au groupe, cette gloire à venir passerait par un nouveau sentiment républicain. Chacun serait libre d'employer ses mérites pour le bien de la nation. Je prévoyais un État où l'égalitarisme intellectuel de l'université se propagerait dans toute la société ; chacun choisirait le bien ou le mal en son âme et conscience, ainsi qu'au royaume de Dieu.

Erich Döhr, un grand blond très maigre, qui avait toujours un sourire dans le regard, m'écoutait avec détachement, comme s'il entendait une musique qui s'adressait aux sens et non à la raison. Un jour, quand j'eus fini d'échafauder mon État idéal, il demanda d'un air narquois :

— Comment peuplerez-vous cette merveilleuse nation, Herr Hoffmann ? Les hommes ordinaires y auront-ils leur place, avec leurs petites envies, leurs mesquineries et leurs ambitions, ou prévoyez-vous d'élever une race d'anges pour l'habiter ?

De fait, j'étais un idéaliste incorrigible, et mes contacts avec des êtres moins privilégiés que moi m'avaient convaincu que seul l'embarras financier empêchait que se développent chez autrui cette noblesse et ce sens du devoir dont je croyais mon âme pénétrée. L'idéal monarchique de mon père m'apparaissait à présent comme un rêve séduisant mais condamné de longue date ; son espoir d'une restauration semblait aussi absurde que le désir d'un retour à la féodalité. J'aspirais à quelque chose de neuf, de meilleur que tout ce que l'on connaissait.

— Pourquoi, demandai-je lors d'une discussion, l'Allemagne, si riche d'esprits philosophiques et scientifiques, ne deviendrait-elle pas une puissance spirituelle parmi les nations ? Si nous pouvons construire une société en accord avec les idées de nos plus grands esprits, nous pourrons remodeler le monde mieux que toute force militaire.

— Vous êtes l'un des lâches qui veulent accepter la honte de l'Allemagne, qui lui refusent la puissance et la gloire militaire qui lui reviennent de droit, aboya Heinrich Gross, le jeune Prussien. Un jour viendra qui vous montrera de quoi l'Allemagne est capable. Regardez les nationaux-socialistes. C'est Hitler qui conçoit les plus grands rêves.

— Ce qu'il nous faut, c'est un dirigeant fort, affirma un nommé Jansen, individu taciturne que je savais à la tête des étudiants nationaux-socialistes. Si vous avez déjà écouté Adolf Hitler, vous savez que nous en avons trouvé un.

C'était parmi les étudiants qui espéraient que l'Allemagne recouvre sa puissance militaire et politique d'autrefois que le mouvement nazi, en plein essor, recrutait de plus en plus d'adeptes; c'était un parti actif, vivant, si prometteur!

Le côté spectaculaire du nazisme nous apparut lors d'un événement que j'attendais depuis longtemps. Chaque année, tout le pays honorait avec gravité la mémoire du bataillon d'étudiants fauchés dans les Flandres durant le conflit mondial. À Magdebourg, j'avais souvent entendu parler des festivités magnifiques organisées à l'université de Berlin. Cette année, alors que j'allais y assister pour la première fois, les cérémonies se déroulaient au Palais des Sports, capable d'accueillir cinquante mille personnes. Tous les *Korps* y portaient leurs *Wichs,* leurs superbes uniformes, et une place d'honneur était réservée aux *Korps* dont certains membres avaient péri lors de l'illustre bataille. Tandis que des fanfares militaires jouaient un chant funèbre, ces étudiants défilaient solennellement sur l'immense estrade, en formation colorée et brillante; les spectateurs, debout, les regardaient tête nue.

Il y eut plusieurs discours, tenus par d'éminents professeurs et les dirigeants étudiants, par des membres du gouvernement et des hauts fonctionnaires. Les évêques des Églises luthérienne et catholique offrirent leurs prières. L'évêque catholique leva la main droite en un geste majestueux, et je n'oublierai jamais sa voix lorsqu'il cria : « Par ce geste je bénis le sol où mourut la fleur de l'Allemagne. »

Un général lut un communiqué et l'évêque luthérien prononça une prière lugubre. Puis les tambours retentirent et la mélodie simple et émouvante du *Guter Kamerad* se fit entendre. Tout le monde était debout. Les étudiants tenaient leur béret sur le cœur. On baissa les drapeaux. Les étudiants en uniforme des *Korps* dégainèrent leur sabre, se placèrent face à face et marquèrent le rythme de la chanson en faisant tinter les lames au-dessus des têtes, tandis que des milliers de voix chantaient :

> *Ich hatt'einen Kameraden*
> *Einen bessern find'st du nit...*

(« J'avais un camarade/Il n'en est pas de meilleur... »)

Vint ensuite le défilé dans les rues ; les étudiants, en voitures décapotables, déployaient leurs drapeaux. Cette année, pour la première fois, on vit apparaître parmi nous plusieurs voitures remplies d'étudiants en chemise brune, qui tenaient bien haut leurs énormes croix gammées, noir, blanc et rouge, qui claquaient au vent. Jamais auparavant cet étendard ne s'était mêlé aux autres.

— Que fait ici ce drapeau de politiciens à deux sous ? demanda Rudolph avec mépris.

Mais la vue des svastikas assemblés n'en était pas moins frappante, et beaucoup d'étudiants contemplaient le spectacle, éblouis.

Dès lors, on vit se développer, comme on voit monter la marée, les sympathies nazies parmi les étudiants. Je commençais à craindre pour mon rêve républicain et je reprochais au gouvernement son incapacité à adopter une vraie politique démocratique. Je m'étais fait un ami, un jeune peintre extrêmement doué, qui avait adopté, dans sa quête de la beauté, un détachement très adulte face à toute cette agitation ; je lui confiai mes craintes.

— C'est une réaction naturelle, me répondit Wolfgang. Tout s'est effondré autour de nous. Rappelle-toi, Karl, que tout le monde ne peut partager tes espoirs face à ce que l'on voit aujourd'hui. Promène-toi dans Berlin. Essaie de comprendre jusqu'où nous sommes tombés. Dans les meilleurs quartiers, si tu t'arrêtes à un coin de rue, tu pourrais compter au moins cinquante prostituées. Par quel désespoir ces femmes en sont-elles arrivées là ? Ludwig connaît une maison où il dit qu'il pourrait emmener sa grand-mère : elle n'y verrait que du feu alors que ce sont des garçons qui s'y pavanent déguisés en femmes. Est-ce là notre Allemagne ? Tu te rappelles *L'Opéra de quat'sous* ? L'histoire se passe dans une maison close, les paroles sont tellement grivoises que ça pue ! Pourtant, le compositeur a eu le culot de réutiliser sa musique pour une messe solennelle de Noël qu'on a jouée devant le pape en personne. Voilà le genre de débauche que l'on voit partout. Personne n'en est exempt. Pas étonnant que les gens se tournent vers ce qui leur paraît sain et compréhensible, comparé à la puanteur dans laquelle ils vivent. Hitler dit qu'il leur offrira une nouvelle Allemagne. Tout le monde travaillera pour son prochain et tous pourront de nouveau croire en leur propre bonté ; nous retrouverons beauté, noblesse, morale, nous serons de nouveau un peuple élu. Je ne crois pas ce que dit Hitler, et toi non plus. Selon nous, il ment. Nous avons vu assez de monarques et il est évident que cet homme-là veut le pouvoir. Mais que vas-tu proposer au peuple? Si tu parles de république, ils pensent que c'est ce qu'ils connaissent en ce moment, un régime dont les vices répugnent au ciel.

Je me suis souvent demandé s'il aurait été possible d'empêcher le raz de marée. Les étudiants voyaient dans les promesses des nazis le retour de l'Allemagne à sa grandeur passée. À Berlin, où le patriotisme avait toujours été fort et l'opinion conservatrice, le rêve d'une renaissance germanique poussait tous les regards et tous les espoirs vers le nouveau mouvement. Les professeurs se laissaient moins facilement persuader, et ils essayèrent de nous alerter sur les dangers que dissimulaient les théories nationalistes et antisémites des nazis, mais beaucoup refusaient de les écouter et tout le corps étudiant était pris d'une terrible effervescence.

Quand les élections approchèrent, au printemps 1932, de grands rassemblements furent organisées pour soutenir les candidats nazis. Les étudiants communistes s'opposaient violemment au national-socialisme, et jour après jour, dans le campus comme dans les salles, on entendait des discours enflammés pour ou contre le nazisme. Wolfgang et moi, nous assistâmes à l'un des rassemblements nazis et, à la lueur des torches, nous vîmes la police faire irruption et ordonner aux participants de se disperser. Les étudiants se ruèrent vers les policiers en hurlant, et l'affrontement se déroula dans la pénombre. Près de moi, je vis la matraque d'un agent assommer un étudiant, et quand la foule disparut, deux jeunes gens étaient morts.

— Voilà donc le processus démocratique à l'œuvre! lançai-je à Wolfgang.

En outre, cette action du gouvernement transforma les deux étudiants morts en martyrs de la cause nazie. Aux élections, les nationaux-socialistes firent un score impressionnant.

Les troubles s'intensifièrent peu à peu. Des émeutes éclatèrent à l'université et les réunions d'étudiants se terminaient dans le tumulte. En entrant sur le campus, un jour de novembre, je croisai Rudolph qui courait, tout rouge et très énervé, vers un petit groupe de membres du *Korps*.

— On se bat au deuxième étage, me cria-t-il.

Quelques instants après, on entendit un bruit de verre cassé et l'on vit un homme tomber par la fenêtre brisée. Très vite, un second étudiant fut catapulté à travers les vitres épaisses. Pendant un instant interminable, les deux corps semblèrent tourbillonner, les bras tendus, puis ils heurtèrent le dallage de la cour et ne bougèrent plus. Une foule silencieuse s'assembla aussitôt autour d'eux, mais l'on entendait encore les hurlements du deuxième étage.

Cinq minutes après, une brigade de police arriva et se précipita dans le bâtiment. Une masse d'étudiants était venue aux nouvelles, et nous apprîmes bientôt que les deux défenestrés étaient morts et que le recteur, désespéré, avait appelé la police sans consulter les doyens ou les représentants étudiants. L'heure était grave. C'était une violation de l'« asile académique », privilège jalousement gardé qui faisait de l'université un univers coupé de toute intervention gouvernementale. Avant la nuit, tout le corps étudiant s'était mis en grève.

Le recteur fut incapable d'apaiser l'indignation estudiantine. Pendant deux semaines, tous les cours furent suspendus en attendant le retour au calme. L'hiver passa comme un affreux cauchemar. L'université, comme tout le pays, vit se succéder les crises.

Puis, en janvier, le régime nazi arriva sans crier gare. Hindenburg, acculé, nomma Hitler chancelier. Le Reichstag se réunit et lui accorda les pleins pouvoirs. Les croix gammées fleurirent à travers le pays et les rues se remplirent des défilés des chemises brunes.

À l'université, la première réaction fut une liesse quasi générale. Heinrich Gross, le jeune nazi arrogant, paradait dans les salles en chemise brune et même ceux qui le détestaient personnellement avaient tendance à le féliciter parce qu'il se trouvait sur la crête de la nouvelle vague. Les chemises brunes apparurent par dizaines parmi nous. Même ceux qui se méfiaient du nouveau dirigeant avaient le sentiment d'entrer dans une ère nouvelle. L'indécision d'autrefois avait disparu, même si personne ne savait quel avenir nous attendait. Nous allions de l'avant, nous allions quelque part, au lieu d'errer vainement ou de tourner en rond.

Puis un matin, sur le panneau d'affichage officiel, nous découvrîmes un petit écriteau. Deux ou trois représentants élus par les étudiants avaient été « renvoyés », et parmi ceux que le ministère de l'Éducation et de la Culture avait nommés pour les remplacer figurait Helmuth Jansen, le leader opiniâtre des étudiants nazis. Nous apprîmes bientôt que les autres étaient également des membres du parti. Un par un, tous nos représentants élus furent chassés et remplacés par des nazis. L'université serait désormais gouvernée selon le « principe du Führer ». Le pays avait abandonné la faible démocratie, nous dit-on, et nous devions en faire autant. Le gouvernement désignait des étudiants nazis pour « guider » chaque faculté ; en théologie, nous fûmes placés sous la tutelle de Heinrich Gross, le jeune Prussien agressif dont je pensais depuis longtemps qu'il aurait fait un piètre pasteur. À présent, nous étions obligés de suivre ses directives, et il nous traitait comme un sergent qui rudoie ses troupes. Il dénonçait sans perdre un instant quiconque refusait de lui témoigner le respect qu'il croyait dû à sa nouvelle position.

Discrètement, sans faire de bruit, le gouvernement avait pris le contrôle des universités, et notre libre citoyenneté appartenait désormais au passé. Les jeunes nazis choisis avec soin pour nous encadrer étaient particulièrement arrogants. Nous devions les saluer, ne jamais les critiquer, et leur obéir sous peine d'expulsion ou d'arrestation.

Un matin, je me trouvais dans un petit groupe qui parlait du nouveau gouvernement, lorsque Gross s'approcha de nous.

— Toute discussion politique est interdite, glapit-il.

— Que vaut à présent notre libre citoyenneté ? me demanda un camarade tandis que le petit groupe se dispersait.

Nos discussions animées formaient auparavant la base de toute la vie universitaire. Une étrange paralysie régnait désormais dans les grandes salles, et la pensée agressive d'autrefois s'était tue. Ce silence qui nous était imposé était si nouveau, si étranger à toutes nos traditions que nous ne savions guère comment faire face. Même les doctrines nazies ne pouvaient faire l'objet d'aucun débat. La suprématie de la race nordique, l'antisémitisme, la prépondérance de l'État et l'insignifiance de l'individu, tout cela devait être accepté, appris et adopté sans discussion.

Il semblait à la fois ridicule et quelque peu effrayant de voir toute une classe se lever d'un bond et tendre le bras en avant simplement parce que Gross, que nous détestions tous, était entré vêtu de sa chemise brune. Chaque fois que l'on voyait passer l'un de ces responsables, on entendait de tous côtés résonner des « Heil Hitler », mais à mesure que notre désillusion grandissait, ces saluts devenaient plus bruyants qu'enthousiastes.

De nouvelles conditions furent instaurées pour le recrutement des étudiants. Il ne suffisait plus de prouver ses compétences intellectuelles. Les postulants devaient se présenter devant un comité d'étudiants nazis et les convaincre de la pureté de leurs convictions et de leur parcours politiques, et justifier de leur appartenance à la race aryenne.

Puis apparut le Service du travail. C'était une nouvelle branche d'activité nazie qui se développait dans les universités. Les étudiants devaient s'engager pendant six mois dans la construction de routes, de barrages ou de terrains d'atterrissage, et l'on nous promettait, pour nous attirer, que le temps occupé à ces travaux serait validé comme des mois d'études.

— C'est dommage que des hommes comme Lietzmannn et tous les grands aînés qui ont consacré des années à leurs études et à leurs recherches n'aient pas eu accès à nos nouvelles méthodes d'acquisition des connaissances, ironisa un étudiant en théologie. Ils auraient pu gagner leurs diplômes en maniant la bêche et la pioche.

Ce système était l'objet de bien des moqueries, et les volontaires n'étaient pas nombreux.

Puis, un jour, tout le corps étudiant fut convoqué à une assemblée où devait discourir Bernhard Rust, l'instituteur qui avait été nommé ministre de la Culture et de l'Éducation pour la Prusse. Nous n'étions pas invités, comme cela avait toujours été la coutume ; nous avions l'ordre d'être présents. Il y avait à la même heure une conférence à laquelle je désirais assister, car c'était mon cours préféré, mais je décidai d'être prudent et de participer au rassemblement. Mon individualisme ne me poussait pas à me démarquer de la masse par un comportement anticonformiste ; je ne voulais pas attirer l'attention et je ne recherchais pas les ennuis inutiles. Tel était le raisonnement que je tenais, mais en même temps, ma curiosité m'inspirait un vif désir de savoir ce qui allait se passer lors de la grande réunion.

Tandis que je me dirigeais vers le lieu de rendez-vous, je croisai Walther Vogler, l'un des étudiants en théologie les moins brillants, qui courait dans la direction opposée.

— Vous ne venez pas ? lui demandai-je.

— Pour écouter ces démagogues, quand j'ai l'occasion d'entendre Lietzmannn? répliqua-t-il avec mépris. Allons, venez avec moi, Herr Hoffmann. À quoi bon laisser ces nazis vous transformer en mouton?

— Ne croyez-vous pas qu'il soit dangereux de ne pas y aller?

— Comment le saurais-je? Je ne leur ai pas vendu mon âme au point de régler ma conduite en fonction de leurs souhaits ou de passer mon temps à me demander si ce que je fais leur déplaît. Quand leurs châtiments s'abattront sur moi, alors je commencerai à m'inquiéter, mais pas avant.

Je ressentis comme un pincement par lequel ma conscience me signifiait que j'aurais dû prendre la même décision que Vogler, mais je ne voulus pas changer d'avis simplement parce que ce garçon que je regardais de haut avait fait un choix meilleur que le mien.

— Je pense que ça sera intéressant, biaisai-je. Et puis j'ai envie de voir ce Rust. À mon avis, il se prépare quelque chose.

— À votre guise, dit Vogler avant de disparaître.

Les étudiants s'étaient réunis en masse sur la place de l'Opéra, et l'on entendait le bourdonnement des voix qui spéculaient sur la signification de ce rassemblement. Nous ne savions jamais alors ce qui allait nous arriver d'un jour à l'autre. Comme lors des cérémonies du Palais des Sports, la foule était parsemée d'uniformes, mais cette fois ils étaient tous de couleur brune. Comme ce jour-là, les grands drapeaux claquaient au vent, mais ils portaient tous la croix gammée. Le ministre arriva dans une grosse voiture luisante. Il s'adressa aux étudiants, « bâtisseurs de la nouvelle Allemagne », et leur promit de grandes choses pour l'avenir.

Puis il se redressa et annonça, très raide :

— Le Führer n'est pas satisfait du nombre de

volontaires pour les bataillons du travail. Je suis venu aujourd'hui proclamer que désormais le Service du travail sera obligatoire. Six mois de travail seront exigés de chaque étudiant qui aspire à un diplôme.

Tous les membres de l'assemblée se lancèrent des regards obliques. Quand le ministre Rust partit dans sa voiture luisante, on le salua, mais sans grand enthousiasme ; aucun édit n'aurait pu faire taire le vacarme des conversations animées qui s'ensuivirent.

Ceux d'entre nous qui devaient aller en cours se dirigèrent, moroses, vers leurs salles respectives. J'étais l'un des plus abattus, car je commençais à comprendre que j'avais été manipulé pour gonfler l'auditoire de la propagande nazie et, humiliation suprême, pour accueillir avec joie la condamnation au Service du travail, alors que j'aurais pu écouter notre illustre professeur Hans Lietzmann parler de l'Épître aux Romains. Je dus reconnaître que beaucoup d'entre nous avaient justement été ces moutons que Vogler voyait en eux.

Environ deux cents personnes arrivèrent en retard au cours et nous découvrîmes que beaucoup de nos camarades avaient préféré venir écouter leur maître plutôt que de se rendre au rassemblement. Plusieurs se retournèrent et froncèrent les sourcils ou nous reprochèrent de déranger la conférence, mais le professeur Lietzmann afficha un sourire sur son visage maigre et ascétique et dit :

— Ces temps-ci, je suis déjà bien content de voir mes étudiants venir en cours, même en retard. Ne leur en veuillez pas, messieurs.

Et il poursuivit d'une voix tranquille son éloquente interprétation des paroles antiques : « Car enfin si quelques-uns d'entre eux n'ont pas cru, leur infidélité anéantira-t-elle la fidélité de Dieu ? Non certes. Dieu est véritable, et tout homme est menteur. »

Nous étions de nouveau dans la salle de cours familière, le soleil entrait par les fenêtres, une mouche se heurtait obstinément à l'une des vitres. Les mots d'une lettre écrite tant de siècles auparavant résonnaient avec une importance hors du temps ; tout mon univers semblait remis d'aplomb. J'oubliais l'ampleur du rassemblement nazi et les années de ma vie à venir semblaient se déployer devant moi, aussi indifférentes au bourdonnement hitlérien que le professeur Lietzmannn était indifférent à la mouche ; toutes ces années étaient emplies de phrases aussi belles et intemporelles que celles qui sortaient de ses lèvres fermes et honnêtes.

Quelques jours après, en traversant la large place qui s'étendait devant l'université, j'entendis quelqu'un crier mon nom. Deux mains se posèrent sur mes épaules et je me retrouvai nez à nez avec le visage jovial d'Orlando von Schlack. Nous restâmes un moment à nous serrer vigoureusement la main en riant de plaisir. En le regardant, je vis qu'il n'était plus le jeune débauché dont j'avais entendu parler. Son œil était vif, sa poignée de main solide. Je trahis ma surprise.

— Je ne m'attendais pas à te voir ainsi.

Il saisit aussitôt l'allusion.

— Tu as entendu des choses sur mon compte.

— Je suis désolé. Ce n'étaient que des rumeurs. Tu as toujours beaucoup fait parler de toi, Orlando.

Il m'adressa un sourire juvénile.

— Tu n'en entendais pas le quart !

Puis il reprit son sérieux.

— J'étais allé trop loin. J'avais pourri ma vie avec tout ce que tu peux imaginer, et surtout avec tout ce que ton bon esprit simple est incapable d'imaginer. J'ai même touché à la drogue, Karl. Finalement, j'ai compris que la seule expérience que je n'avais pas essayée était la mort. Mais quelqu'un m'a tendu la main et m'a maintenu en vie, un officier très haut placé. Je ne savais pas qu'il existait tant de bonté et d'honnêteté parmi les hommes.

Le visage d'Orlando s'éclaira; c'était la première fois que je remarquais en lui un véritable sentiment d'affection sincère.

— Ma mère lui a demandé de me reprendre en main et de m'aider si possible; même cela, je le lui pardonne!

Il éclata de rire avec une saine exubérance.

— Il a complètement changé ma vie, Karl. C'est devenu un père pour moi. Je ne pense pas que cela te dise grand-chose, mais tu ne peux pas t'imaginer ce que cela représente pour moi. Il m'aime comme son propre fils. Et sa femme s'est montrée tout aussi généreuse envers moi. Il n'y a rien que je ne ferais pour lui. Trouver un père quand tu n'en as jamais eu, quand personne ne s'est jamais soucié de ce que tu faisais de ta vie, tu ne peux pas savoir ce que c'est.

Puis, par l'une de ses brusques sautes d'humeur, comme s'il craignait de m'avoir laissé lire en lui à livre ouvert, il s'écria :

— Mais je suis tellement heureux de te revoir! Viens, nous allons prendre un café et parler du bon vieux temps.

Une fois assis dans un bar, Orlando me demanda ce que je faisais. Quand je lui eus répondu, il me regarda d'un air horrifié

— Mon cher Karl! Tu n'as pas changé. Même ce vieux Dieu poussiéreux que tu adores n'a pas changé!

Puis il se pencha par-dessus la table et je vis ses yeux s'animer d'une flamme que je ne leur avais jamais connue.

— Karl, j'ai la foi, je suis sauvé.

— Que veux-tu dire? lui demandai-je.

Quelque chose m'étonnait dans ses propos : son ton moqueur semblait avoir disparu au profit d'une nouvelle ardeur.

— Je suis épris d'un nouveau dieu, me dit-il en pressant mes mains dans les siennes, et son nom est Hitler.

— Je ne te crois pas.

— C'est vrai, Karl. Tu te rappelles comment j'étais, comment le monde m'écœurait parce que j'étais trop intelligent, parce que tout me semblait déjà vieux alors que j'étais encore jeune?

— Oui, je me souviens.

— Le général von Schleicher ne croit pas en ma foi nouvelle, mais il ne m'en dissuade pas parce que je suis pour lui comme un fils et parce qu'il est si magnanime... Mais j'ai la foi.

Son regard s'attendrit et sa bouche se mit à trembler comme celle d'une jeune fille qui n'ose avouer son amour.

— C'est extraordinaire, cher Karl. Il y a quelque chose de neuf en ce monde, après tout. Je n'aurais jamais pu supporter d'adopter une religion brumeuse du passé; mon sang se révoltait parce que j'appartiens à un âge nouveau. Je crois en une religion qui vient de naître, qui va de l'avant. Je m'embourbais dans le vieux marais. Je ne savais pas de quelle pulsation mon sang était agité. Maintenant j'ai des amis. Maintenant j'ai un chef. Il reste en moi de vives émotions dans lesquelles je peux mordre à belles dents : la haine, l'orgueil, toutes les vertus farouches...

— Orlando, pauvre idiot, m'écriai-je, tu ne peux pas croire en toutes ces fadaises nazies.

— Cher Karl, répliqua-t-il avec dans les yeux l'éclat moqueur d'autrefois, qui es-tu pour me reprocher mon mysticisme? Pendant combien d'années m'as-tu répété qu'il est possible de croire sans poser de questions? Aujourd'hui mon chef l'exige et je crois sans poser de questions.

— Mais ce que tu crois est tellement stupide, tellement irrationnel!

— Eh oui, c'est ce que je te disais quand nous parlions de foi, n'est-ce pas? Vois comme nos deux religions sont mystérieuses, comme elles se ressemblent. Elles sont exactement parallèles ! C'est cette proximité qui me fascine. Tu crois au salut par le sang du Christ et je crois au salut par ce sang noble qui coule dans les veines de tous les Aryens. Nous devrions nous agenouiller devant le même autel...

— Orlando, espèce d'impie...

Mais il était hors de lui, il riait et parlait à tue-tête.

— Toi et moi, Karl, hurlait-il, toi et moi... et qui l'aurait cru ? Nous serons tous deux sauvés par le sang !

Il martelait la table du poing ; la tasse de café déborda et une tache brune se répandit lentement sur la nappe.

CHAPITRE IV

Les paroles d'Orlando me hantaient; à mesure que les mois passaient, elles prirent peu à peu l'aspect d'une prophétie. Je découvris une menace dans tout ce en quoi je croyais le plus. L'Allemagne traversait de violents bouleversements politiques, bien entendu, mais, sur bien des points, ces crises suivaient un modèle historique propre au tempérament national. S'incliner devant une autorité centrale était presque un instinct pour les Allemands, et pour beaucoup, c'était un soulagement que de perdre cette responsabilité personnelle qu'exigeait un gouvernement républicain. On avait promis aux gens que leur plus cher espoir serait réalisé : une Allemagne puissante renaîtrait, en échange de leur acquiescement et peut-être à condition qu'ils ferment les yeux sur les actes du nouveau régime qu'ils n'approuvaient pas totalement.

La centralisation du pouvoir entre les mains des nazis se confirmait de mois en mois. L'opposition politique fut éliminée par un moyen bien simple : l'incarcération des leaders trop éloquents et l'interdiction de tous les partis traditionnels, à l'exception de celui des nationaux-socialistes. Les gouvernements des provinces allemandes furent soit dissous, soit placés sous le contrôle d'un *Reichsverweser,* un représentant du gouvernement central. La soudaineté de ces changements, jointe à l'instinct d'obéissance germanique, les fit accepter sans réaction. Il était difficile de dire alors si les nouveaux projets réussiraient. Quand les persécutions devinrent systématiques, elles rencontrèrent la même passivité, mais c'était alors surtout par instinct de conservation. Celui qui entendait des cris de terreur chez le voisin, la nuit, ou qui voyait un juif battu devant son magasin pouvait du moins se dire qu'il n'était pas menacé et que son acquiescement était le prix de sa sécurité. Les nazis purent ainsi, sans opposition, choisir un groupe isolé comme cible de leurs purges et de leur oppression. Aucune des catégories de la population qui avaient été exemptées n'était prête à dire un mot en faveur de ceux qui souffraient, de peur de subir à son tour le sort des victimes. Quand ils voyaient leur prochain gémir à terre, beaucoup répondaient avec l'insensibilité de Caïn : « Suis-je le gardien de mon frère ? »

Cet égoïsme croissant chez mes compatriotes me troublait et m'inquiétait. J'y voyais le résultat du matérialisme déclaré de la philosophie nazie ; mais je n'avais jamais douté du pouvoir du christianisme, une fois que la population aurait eu sa dose de cette nouvelle doctrine. À présent que les propos d'Orlando me hantaient, même cette certitude était ébranlée ; je commençais à voir une nouvelle menace dans la mainmise de ce Hitler sur le peuple. Le nazisme même était en train de devenir une religion.

Orlando avait d'abord incarné à mes yeux cette foi ; pourtant, j'avais mis son exubérance sur le compte de sa nature si émotive. Mais plus je le voyais, plus je comprenais la force de son fanatisme. Dans la violence de sa foi, il ressemblait aux moines missionnaires de jadis. Il parlait de restaurer les vieux dieux germaniques, mais son propre dieu était Hitler. Désormais, à l'université, je commençais à remarquer une étrange glorification du Führer, d'une nature presque religieuse. Je me demandais quand cette nouvelle religion en viendrait à affronter ouvertement l'ancienne.

Au printemps 1933, lors des vacances de Pâques, je revins chez mes parents dans un bien triste état d'esprit. J'avais écrit à mon père pour lui décrire la tournure religieuse que prenait le nazisme, mais il n'avait pas compris mes craintes. Il m'avait répondu que j'accordais apparemment trop de considération à la politique, qu'il était bien naturel chez un jeune homme d'attribuer une importance excessive au premier bouleversement politique qu'il rencontrait, mais que, pour sa part, il avait vécu plus d'un changement de gouvernement et que, en tant que pasteur, il estimait que tout cela ne le concernait pas directement. Il m'incitait à prêter plus d'attention à mes études, plutôt qu'aux machinations du gouvernement.

Sa réponse ne fit que redoubler mes craintes. Si, comme je le prévoyais, une ombre menaçait l'Église, ce genre d'apathie offrirait aux nazis l'occasion dont ils avaient besoin, de même qu'ils avaient exploité la lassitude politique engendrée par la République pour arriver à leurs fins. Mais, partout, je rencontrais la même placidité, même parmi les étudiants en théologie, qui estimaient visiblement que c'était s'aventurer en terrain dangereux que d'anticiper sur les ennuis que pourraient créer les nazis.

Wolfgang Kleist, mon ami peintre, était le seul à partager mon point de vue. Mais son attitude envers le nouveau gouvernement se limitait au mépris et il ne me réconfortait guère.

« Pauvre Cassandre Hoffmann, disait-il. Tu as peut-être raison, bien sûr. Ta foi est menacée par une rivale, très puissante d'ailleurs, mais on n'a jamais vu l'Église être attaquée dans un pays vraiment civilisé, surtout chez une nation protestante. J'ai bien peur que personne ne te croie tant qu'il ne se sera rien passé. »

Bien sûr, beaucoup d'autres, en Allemagne, sentaient le danger, mais je n'en connaissais aucun, et je ne m'étais jamais senti aussi seul. J'avais désespérément besoin d'avoir une longue conversation avec mon père.

Pour les vacances de Pâques, j'avais invité Wolfgang chez nous puisque ses parents étaient alors à l'étranger; l'accueil chaleureux que ma mère lui réserva, la simplicité de notre mode de vie me mirent aussitôt à l'aise. Dans cette grande maison où j'avais grandi, mes peurs paraissaient un peu ridicules et les spectres moins menaçants à l'horizon.

Dès mon arrivée, j'essayai de parler à mon père, mais il était occupé par son sermon de Pâques et ses préparatifs des fêtes, de sorte qu'il ne put m'accorder que quelques minutes. Il me donna une tape sur l'épaule, comme autrefois, et me dit que j'allais passer d'excellentes vacances. Mes parents avaient prévu deux réceptions pour mes amis et nous devions également être invités à un grand dîner chez le maire, dont le fils, Fritz, l'un de mes plus vieux amis, venait de revenir de Paris, où il étudiait à la Sorbonne. On comptait sur moi pour prononcer un discours, et mon père voulait que je m'en tire avec les honneurs.

Cette coutume des discours lors des dîners était suivie avec soin. Dès que j'eus douze ans, mon père commença à m'instruire dans l'art oratoire. Il me proposait un thème facile, sur lequel je devais composer un discours de cinq minutes que je prononcerais devant mes parents sans l'aide de mes notes. Le texte devait en être bien composé, truffé d'allusions littéraires et de citations poétiques, avec une conclusion assez théâtrale; il fallait le dire d'une voix expressive, en s'accompagnant de gestes appropriés. C'est seulement à la fin de l'adolescence que je reçus la permission de discourir en présence d'invités, mais je devais tenir des discours tout prêts pour mes parents en certaines occasions, et j'avais l'habitude d'entendre à table de beaux morceaux d'éloquence. Je me rappelle que c'est le jour de ma confirmation que l'on me consacra un discours pour la première fois; comme j'étais jeune, je fus obligé d'écouter debout, ce qui me gênait au plus haut point.

Mon père était un orateur érudit et charmant, et je désirais lui faire plaisir lors de la fête chez le maire, mais ma tête était ailleurs, et je sentais que le temps passait sans que personne songe à agir. Au lieu de rendre visite aux amis que je n'avais pas vus depuis si longtemps, je passai deux jours sans sortir, dans l'espoir de surprendre mon père dès qu'il aurait une heure à me consacrer. Erika vint plusieurs fois voir ma mère; le lendemain de mon arrivée, elle et Wolfgang m'attirèrent dans le salon de musique, où le piano m'attendait comme un vieil ami. Wolfgang emprunta le violon de mon père et Erika disposa les partitions pour nous. Tandis que nous jouions, elle chanta de sa voix légère et ravissante.

Elle se tenait appuyée contre la cheminée de marbre, le visage troublé, tandis que je plaquais les derniers accords. Je me détournai vivement du piano.

— Karl, dit-elle, tu es tellement grave que tu gâches toutes tes vacances. Ne pourriez-vous le persuader, Herr Kleist, de prendre les choses un peu moins au sérieux pendant quelques jours?

— Le problème, répondis-je, c'est que je suis censé prendre au sérieux les choses légères, et les choses sérieuses à la légère. S'il faut que je sois léger, je le serai pour mon discours.

Wolfgang et elle éclatèrent de rire, en agitant la tête comme si j'étais un cas désespéré.

C'est seulement après la fête du maire que je pus voir mon père en tête à tête. La fête elle-même ne me laissa pas vraiment un bon souvenir. Mon ami Fritz était ébloui par les fastes du national-socialisme. À peine revenu de France, il ne voyait en Allemagne que des visages heureux, des défilés, des uniformes : le nouveau régime l'impressionnait, et même l'enthousiasmait.

J'appréciais d'ordinaire les grands dîners, la procession solennelle dans la salle à manger, où chacun emmenait sa voisine de table, le premier discours, juste après la soupe, discours de bienvenue prononcé par l'hôte, puis les réponses après chaque plat, tandis que les domestiques attendaient pour servir que la petite cérémonie soit terminée. Le dîner proprement dit fut excellent : de la truite, que j'aime beaucoup, un rôti de gibier, pour lequel mon père avait apporté en cadeau son meilleur vin rouge, un saint-émilion 1927. Les discours furent moins agréables. L'atmosphère n'était plus celle des jours heureux, quand aucun nuage ne pesait sur nos têtes, quand aucune gêne n'existait entre nous.

Finalement, le maire se leva lourdement, son visage rougeaud brillant comme s'il avait été astiqué, son vaste plastron barré par le ruban propre à ses fonctions. Il gloussa et ajusta sa veste autour de sa large taille tout en contemplant la table bien garnie. Il avait le tempérament jovial qui semble aller de pair avec l'embonpoint chez certains hommes et il nous regardait d'un air radieux qui semblait émaner de ses entrailles mêmes.

— Mes bons amis, je n'ai aucun mot de bienvenue assez chaleureux pour exprimer le plaisir que votre compagnie m'a procuré ce soir.

Il poursuivit en remerciant mon père et les autres notables, avant de bénir le ciel pour le charme des belles dames présentes et de féliciter les jeunes invités revenus en vacances.

— C'était jadis la coutume de complimenter les jeunes sur leur innocence et le bel avenir qui les attendait. Mais aujourd'hui, nous avons une meilleure raison de féliciter la jeunesse.

Je crus alors voir son visage changer et s'assombrir.

— Aujourd'hui, le destin est entre leurs mains. Grâce à eux, l'Allemagne que nous aimons pourra conquérir une nouvelle place au soleil. Il faut les féliciter de n'avoir pas vieilli avant l'arrivée de notre guide. Ils ont leur force à lui donner ; ils ont toutes leurs années pour le servir, ce guide que Dieu nous a envoyé. Que Dieu le bénisse.

Il se rassit et les applaudissements se mirent à crépiter tout autour de la table. Nous frappions tous des mains, car il était notre hôte ; nous devions faire bonne figure et avoir l'air d'approuver, que ses paroles nous plaisent ou non. Mais ce discours jeta un certain froid.

Mon propre discours, que j'avais préparé avec tout le soin dont j'étais capable, décrivait le plaisir de rentrer chez soi après une longue absence et de retrouver de vieilles connaissances. Sans oser évoquer les tensions politiques qui nous avaient tous atteints, je ne pus m'empêcher de glisser finalement, parmi les flatteries, une allusion à ce que je ressentais.

— Revenir, c'est toujours prendre conscience de ce que l'on a perdu. De même qu'il est impossible de remonter dans le temps vers un passé qu'on se rappelle avec joie et qu'on aimerait revivre, de même il est impossible de revenir exactement au même lieu. Ce cadre parfaitement connu auquel on aspirait a disparu. Des changements sont intervenus. Les visages de l'an dernier ne sont plus tout à fait les mêmes ; l'atmosphère s'est transformée. Nous nous sentons tellement égarés lorsque nous regagnons des lieux qui nous sont chers mais qui nous accueillent avec un aspect inconnu. L'ami vers qui je cours ne pense plus comme autrefois. Il n'est plus le même, et à ses yeux, je suis aussi devenu un autre. Dans notre poignée de main, nous comprenons tout ce que nous avons perdu, sachant que la maison, l'ami, la nation de l'année précédente n'existent que dans notre souvenir, tout comme le printemps dernier, et qu'on ne les retrouvera plus.

Quand je me rassis, je craignis d'avoir bafoué, par ces mots, les règles de l'hospitalité. Le sourire du maire me semblait à présent limité à ses muscles faciaux, et c'est peut-être par une sensibilité excessive que je crus percevoir une certaine gêne parmi les invités. Je gardai la tête haute, et, sous la nappe, Erika, ma voisine, me pressa la main ; j'en fus aussitôt réconforté car cela signifiait que je n'étais pas seul, même si mon alliée n'était qu'une jeune fille.

Je fus plus rassuré encore quand, après le repas, mon père me complimenta sur l'arrangement de ma petite prestation, avec une sorte d'amusement sagace dans le regard qui semblait dire qu'il avait saisi mes sous-entendus mais qu'il n'en était pas mécontent.

Ainsi encouragé, puisque je m'étais plutôt attendu à une réprimande, j'eus le courage d'aller le trouver dans son bureau, le lendemain, de bonne heure. La grande pièce garnie de livres était remplie d'un nuage bleu car il fumait constamment lorsqu'il travaillait à son bureau, au grand dam de ma mère. Il leva les yeux en me voyant entrer ; il n'aimait jamais être dérangé.

— Papa, s'il te plaît, il faut que je te parle.

Il se retourna complètement, en rejetant les coudes derrière le dossier de son fauteuil.

— C'est important, bien entendu ?

— C'est si important que je ne peux plus attendre. Je ne t'aurais pas interrompu si...

— Très bien, dit-il sèchement. Assieds-toi.

Il repoussa à regret son manuscrit et j'avançai une des chaises confortables qu'il avait pour ses invités.

— Papa, j'observe les nazis depuis...

— Ah ! m'interrompit-il. Finalement, tu n'as pas suivi mes conseils de ne plus te soucier de politique.

— Si ce n'était que de la politique, je ne m'en préoccuperais guère. Je commence à craindre pour l'Église, pour le christianisme. Je pense qu'une menace pèse sur eux et que nous risquons de nous réveiller trop tard.

— Mon cher fils, dit-il gravement, je n'aime pas te voir t'inquiéter de ces questions. Ce que tu as dit hier soir ne m'a pas déplu, mais je préférerais que tu restes plus neutre à l'avenir. La grande protection de l'Église tient à ce qu'elle ne se mêle pas de politique, à ce qu'elle ne prend jamais parti dans ces controverses. Elle reste au-dessus de tout cela, coupée des affaires du siècle. Le gouvernement dirige les gens dans une direction, l'Église les dirige dans l'autre. C'est une tolérance mutuelle, et chacun est libre de parvenir à ses fins. C'est la position traditionnelle de l'Église, et c'est cela qui la protège.

— Papa, je regrette, mais je ne peux pas être de ton avis. J'observe ce qui se passe à Berlin et je suis très inquiet. Je ne pense pas que nous ayons affaire à un gouvernement qui respectera notre protection historique. Regarde comme ils ont concentré le pouvoir entre leurs mains depuis quelques mois. Ils ont anéanti beaucoup des privilèges anciens. Qui sait si les nôtres ne seront pas les prochains à disparaître ? Et s'ils réunissaient les Églises en établissant une autorité centrale, comme ils l'ont fait pour les provinces ?

Mon père éclata de rire.

— Mon garçon, l'Église est fondée sur une tradition très ancienne. Si le gouvernement changeait tout cela, qu'aurait-il à y gagner ? Même s'il en avait l'idée, l'Église n'y consentirait jamais.

— Ils me font peur, insistai-je. Ils sont contre toutes les organisations qui ne sont pas d'accord avec la leur. L'Église est en danger parce que c'est une puissance spirituelle forte, et le problème du nazisme, dont j'essayais de te parler dans mes lettres, c'est qu'il ne se développe plus désormais en tant que puissance politique ; c'est en train de devenir une religion. Et ils ne toléreront aucune religion rivale.

— Attends un peu, Karl. J'ai l'impression que tu laisses tes craintes l'emporter sur ta raison. Il y a une profonde différence entre religion et politique. Autant que je puisse en juger, les buts des nazis sont clairement politiques. Ils veulent briser les chaînes du traité de Versailles, rendre à l'Allemagne son statut de grande nation et construire une armée forte pour protéger cette grandeur. Ces ambitions politiques sont associées à des objectifs purement socialistes : un meilleur niveau de vie pour la classe ouvrière, une répartition égale des richesses, et ainsi de suite. Même les méthodes qu'ils veulent employer pour y parvenir dérivent du modèle socialiste. Ils se dirigent vers une économie contrôlée par le gouvernement. Ce programme ne te paraît peut-être pas satisfaisant; comme moi, tu doutes peut-être des bienfaits qu'apporterait le système socialiste. Par exemple, tu pourrais dire qu'une économie contrôlée par le gouvernement tuera l'initiative privée et nuira donc au développement économique au lieu de le favoriser; mais je ne vois aucun rapport entre ces choses et la religion, je n'y vois aucune menace dissimulée à l'encontre de l'Église.

— Très bien, papa. Ce sont leurs objectifs, bien sûr. Mais ne comprends-tu pas que les nazis ne les poursuivent pas de manière rationnelle? Ils déclarent que leur nouvelle forme de gouvernement est l'effet de la volonté divine, comme si c'était par un acte de Dieu qu'ils étaient arrivés au pouvoir. Ils ne défendent pas le programme politique d'un parti. Leurs actions sont enveloppées de ferveur religieuse : les gens doivent les accepter comme on accepte un dogme religieux, sans douter... Ils n'admettent pas d'autre vérité. Accepter leurs résultats n'est pas assez. Il faut aussi accepter leur philosophie. À Berlin, on commence à voir apparaître une sorte de persécution religieuse qui frappe quiconque a le courage de mettre leur doctrine en question. Je connais personnellement des cas où des hommes ont été emprisonnés simplement parce qu'ils se sont exprimés contre la théorie nazie de l'État de droit divin. Même l'inspiration divine de Hitler ne doit pas être remise en cause. L'État est Dieu. C'est la religion qu'ils prêchent.

— Mon cher Karl...

Mon père s'interrompit pour remplir sa pipe et la rallumer.

— Le désir d'un gouvernement central fort, d'un État fort, existe en Allemagne depuis longtemps. C'est une tendance purement politique, en accord avec une forte tradition germanique. À présent, un État fort a été mis en place et il se consolide peu à peu. Je n'aime pas certaines des méthodes qu'ils emploient. J'ai été choqué par certains actes cruels dont j'ai entendu parler. Mais je doute que ces brutalités soient aussi répandues qu'on le prétend. Ce sont des moyens malheureux pour asseoir la position du gouvernement. De même pour cette tendance à révérer l'État à laquelle tu attaches tant d'importance. Mais tu te trompes si tu crois que la vénération de l'État pourrait un jour remplacer la religion. Le christianisme satisfait notre besoin humain d'un culte, il met les hommes en contact avec l'Inconnaissable, l'ultime mystère de Dieu.

— J'ai bien peur, répondis-je lentement, que le danger ne soit plus grand que tu ne le penses. Il existe *en effet* un besoin de religion, mais ce besoin est toujours associé à l'espoir d'une vie meilleure, plus parfaite. Je me dis parfois que le rêve de l'âge d'or est lié à ce « royaume de Dieu » qu'on décrivait, à l'aube du christianisme, comme un monde nouveau et parfait dans lequel la douleur et les larmes auraient disparu. Aujourd'hui, combien de milliers d'Allemands, brisés, ruinés, découragés, aspirent à une vie meilleure ? Et c'est précisément ce que leur promet le national-socialisme : une vie meilleure, une vie plus heureuse, à condition de suivre le Führer *avec la foi dans nos cœurs*. Hitler sait fort bien qu'il prêche une religion. Te souviens-tu de son grand discours de janvier, celui qui a fait de lui l'homme providentiel, grâce auquel il est devenu chancelier ? Et te rappelles-tu la fin de ce discours ? Il a repris la fin du *Notre Père* ! Après être arrivé à de tels sommets oratoires, sa voix a fait résonner les saintes paroles : « le règne, la puissance et la gloire », et dans sa bouche ces mots prenaient un sens différent, comme s'il était Moïse debout sur la montagne, nous désignant la Terre promise. Et il ne parlait pas du royaume de Dieu, de ce *Gottesreich* que nous évoquons tout bas dans nos prières ; Hitler parlait de sa propre terre promise : « Le Reich, la puissance et la gloire pour les siècles des siècles, *amen*. » Il se posait en prophète, pas en leader politique. Ou vas-tu me dire que ce n'était là qu'un discours politique ?

Mon père agita la tête.

— Je pense que tous les mouvements nouveaux, surtout les mouvements radicaux, se présentent au peuple comme enflammés d'un grand zèle. Ce Hitler est un excellent orateur. Il sait faire appel aux émotions, il sait manier les mots ; il connaît le pouvoir des citations bibliques. Mais la position que l'Église a sagement adoptée face à l'autorité du gouvernement est de la soutenir, et de ne prendre parti que si le libre cours de la parole de Dieu est menacé. Je n'ai remarqué aucun danger de ce genre. N'oublie pas, mon fils, que nous sommes des hommes d'Église, et que nous n'avons à nous préoccuper ni de la situation économique de la population ni de ses choix politiques. Ces derniers temps, beaucoup d'entre nous ont fait cette erreur, moi y compris. Nous nous sommes laissé entraîner par le rêve d'une évolution de la société suivant les lois divines de justice et de pitié, jusqu'à un point proche de la perfection divine. C'était un beau rêve, mais nous en avons été brutalement tirés par les années de misère qui ont suivi la guerre. Nous nous sommes trompés. Au lieu de croire en l'accomplissement du projet suprême, nous avons voulu en élaborer un meilleur de notre cru. On nous a reproché, avec raison, d'avoir transformé la religion en sociologie. L'Église a eu tort de ne pas assez guider les âmes pour satisfaire leur attente religieuse. Si l'Église est si faible qu'elle peut être attaquée, si elle a perdu de son influence et si des gens s'en sont détournés, c'est à cause de notre propre mollesse durant cette époque matérialiste. La seule force de l'Église consiste à placer la lumière divine devant les yeux du peuple. Et maintenant, guéris de notre cécité, nous sommes revenus à la foi, nous avons réappris à prononcer ces paroles qui sont les plus difficiles au monde : « Seigneur, que Votre volonté soit faite, et non la mienne. »

— Je sais que tu as raison, dis-je avec émotion. Mais voici la seule question que je me pose : combien de temps encore aurons-nous le droit de suivre la volonté divine et de l'enseigner? Les nazis ont une nouvelle Bible et une nouvelle Révélation. Si tu lis *Le Mythe du XXᵉ siècle* de Rosenberg, tu découvriras la justification surnaturelle qu'ils se sont fabriquée. Le sang aryen est divin! Le salut du monde passera par le sang aryen! C'est une doctrine religieuse et les hommes qui la prêchent sont des prêtres païens plutôt que des leaders politiques. Ils l'affirment eux-mêmes. Penche-toi sur l'histoire de l'Église, si tu veux, et tu verras que deux religions aux doctrines antagonistes se heurtent toujours. Les nazis prétendent qu'ils seront sauvés par le sang aryen. Combien de temps nous laisseront-ils encore dire que c'est le sang du Christ qui nous sauvera?

— Tu accordes trop d'importance à cette controverse, je le crains, trancha mon père en ramassant sur son bureau le lourd crucifix d'argent qui était la seule décoration de la pièce, et en le soupesant dans ses mains. Tu es jeune, et tu es impressionnable. Le christianisme est très vieux et très profondément enraciné. Je serais surpris que le gouvernement essaie de prêcher une doctrine religieuse, qu'il ose priver le peuple d'une tradition religieuse ancrée depuis des siècles. Si tu me permets à mon tour de te renvoyer à l'histoire de l'Église, tu y verras que les peuples sont prêts à être privés de beaucoup de choses, mais pas de leur foi. Ils acceptent beaucoup de choses, mais pas qu'on s'en prenne à leur religion. Je n'ai pas le souvenir que Hitler s'en soit jamais pris à l'Église, et je ne crois pas qu'il le fasse un jour.

— J'aimerais pouvoir être de ton avis. (Je me sentais de nouveau accablé par un vieux sentiment de solitude.) Mais je crains bien que ce ne soit pas si simple. La doctrine nazie ne prétend pas priver le peuple de sa foi, mais substituer une nouvelle religion à l'ancienne. Beaucoup de gens, j'en ai peur, sont prêts à embrasser une foi nouvelle. J'en ai rencontré une quantité. Ils ont perdu tout espoir ; tout ce qu'ils connaissaient, tout le passé s'est écroulé, les vieux idéaux ne signifient plus rien. Et voilà qu'apparaît une promesse d'avenir radieux, et je redoute que beaucoup ne la suivent, d'autant plus qu'on leur promet plus de nourriture dans leurs assiettes, plus d'argent dans leurs poches, et plus de puissance pour leur pays.

— Elle ne sera jamais assez forte, déclara mon père.

Il remit le crucifix en place et le contempla. Je me levai.

— Merci, papa, conclus-je d'un ton lamentable.

En me voyant partir, il voulut me rassurer par un long sourire. Mais je n'étais pas rassuré.

CHAPITRE V

Le premier coup tomba le jour de mon retour à l'université. J'avais accompagné Erika avec ses bagages depuis la gare jusqu'à son logement en ville, j'étais rentré chez moi et j'avais défait mes valises, avec la satisfaction que je ressentais toujours lorsque je retrouvais mes livres et les menus trophées de mon enfance. Je courus ensuite à l'université, que je découvris en pleine agitation. La cour grouillait d'étudiants qui parlaient à tue-tête. Le décorum habituel était oublié ; tout le monde prenait la parole en même temps, les gens s'interrompaient constamment.

Je vis aussitôt que tous ces visages rouges et ces mains qui gesticulaient étaient ceux des étudiants en théologie et je sus que quelque chose s'était produit dans ma faculté. Je me joignis au premier groupe que je connaissais et je remarquai qu'ils étaient trop excités pour échanger des saluts policés. Walther Vogler, qui était en train de parler, fut content de me voir.

— Herr Hoffmann sait peut-être si c'est vrai ou pas. Avez-vous entendu les rumeurs ?

— Que s'est-il passé ? demandai-je. Je ne sais rien.

— Nous venons d'apprendre que le gouvernement a ordonné l'unification de toutes les Églises luthériennes.

« Ça y est », pensai-je, avant de dire tout haut :

— Cela ne m'étonne pas. C'est la première étape.

— Cela ne me paraît pas si grave, intervint un autre étudiant. L'Église ne sera sûrement pas affaiblie si elle est unifiée.

— Je n'aime pas ce que cela sous-entend, ajoutai-je. Il suffit de savoir que les nazis ont commencé à intervenir dans l'Église. S'ils peuvent imposer une première mesure, ils en essaieront bientôt une autre.

— On ne peut être sûr de rien, déclara prudemment un grand blond. La rumeur n'a pas été vérifiée.

— Il me semble, reprit le deuxième, que si le gouvernement veut rassembler toutes les Églises, c'est un cadeau qu'il nous fait. L'Église deviendra plus forte. Cela ne peut pas nous faire de mal.

— Je crains les Grecs, répliqua Vogler, même quand ils apportent des cadeaux.

Je quittai le petit groupe pour aller écouter ce qui se disait ailleurs. Il y avait à l'université près d'un millier d'étudiants en théologie, et ils formaient une masse impressionnante. Presque toutes les autres facultés étaient également représentées. Dans cette foule bruyante, on remarquait aussi des membres des *Korps* et des « étudiants salariés ».

L'« étudiant salarié » était une nouveauté à l'université, apparue après la guerre, dans la débâcle des valeurs tant financières que morales. Auparavant, aucun étudiant n'avait dû travailler pour payer ses études, mais après l'inflation, c'était devenu un expédient très répandu. Le diplôme d'une université allemande restait une distinction prestigieuse, et les emplois étaient devenus si rares que le seul espoir de trouver du travail était d'être détenteur de titres universitaires. Il n'était pas pour autant possible de se faire embaucher dans le domaine auquel on s'était destiné. Il y avait peu d'espoir dans les professions libérales, mais l'étudiant prêt à devenir employé dans un magasin et à vendre des chaussettes avait une chance d'être pris s'il était diplômé. Les enseignants s'intéressaient beaucoup à ces « étudiants salariés » et tiraient parti de leurs propres relations pour favoriser la carrière de ces jeunes gens. Nous prenions toujours soin de les traiter avec les mêmes égards que nos autres camarades, sans attirer l'attention sur leurs vêtements élimés. L'intelligence et la vivacité des étudiants salariés devinrent un élément appréciable dans la vie des universités ; leur fréquentation était riche d'enseignements, y compris pour moi, dont le snobisme avait été jusque-là plus un effet de mon éducation que d'une réflexion concertée. D'ordinaire, les étudiants salariés ne participaient guère au *Steh-Convent*. Ils accordaient moins de temps aux discussions que ceux d'entre nous qui avaient plus de loisirs.

Aujourd'hui, pourtant, ils étaient présents en force et prenaient une part active à presque tous les débats que je pus entendre. On aurait dit que tous les étudiants, toutes origines confondues, étaient rapprochés par cette nouvelle menace qu'on sentait dans l'air. Je me faufilai à travers la foule, les poings serrés dans les poches, en m'immisçant dans toutes ces discussions animées.

La principale rumeur disait que Hitler avait lancé aux Églises un ultimatum, en leur demandant de se réunir en un seul organisme, faute de quoi le gouvernement s'en chargerait à leur place. Les étudiants, agités et fébriles, présageaient une attaque contre notre liberté religieuse. Pour moi, même si mes craintes semblaient sur le point d'être avérées, j'étais soulagé de voir mes compagnons enfin conscients du danger que j'avais redouté.

Plusieurs fois, j'entendis demander :

— Que dira Lietzmannn ?

— Il sera pour. Il y a douze ans, Lietzmannn était favorable à la réunion des Églises.

— Ne croyez pas ça ! Lietzmannn est un indépendant. Il n'acceptera pas que l'Église reçoive les ordres des nazis.

Quand retentit la sonnerie qui annonçait la reprise des cours, la foule regagna les bâtiments et la majorité des étudiants de ma faculté se dirigea vers le grand amphithéâtre où le professeur Lietzmannn allait parler. C'était l'un de ceux dont nous respections le savoir et l'intégrité, et nous étions sûrs qu'il ferait une déclaration de nature à confirmer ou à infirmer la rumeur. Quand le professeur aux cheveux blancs monta sur l'estrade, il fut salué, comme c'était la coutume, par le piétinement de plusieurs centaines de pieds sur le plancher. Aujourd'hui, l'excitation était si grande que le bruit était assourdissant.

Dès que le vacarme s'estompa, Lietzmannn commença la conférence qu'il avait préparée sur le Nouveau Testament, mais à peine les premiers mots avaient-ils passé ses lèvres que sa voix fut noyée dans un piétinement renouvelé. Le professeur tenta résolument de poursuivre, sans se soucier de notre désir d'être éclaircis sur un autre sujet. Il prit son texte dans une main et tâcha d'élever sa voix d'ordinaire si calme afin de couvrir le bruit. Le tohu-bohu redoubla seulement. Il finit par reposer ses papiers, puis vint se placer à l'avant de l'estrade. Le silence se fit aussitôt. Il nous observa un moment, de ses yeux froids, gris-bleu.

— Il semble, messieurs, que votre état d'esprit ne vous permette pas en ce moment d'apprécier la conférence prévue. La meilleure solution serait peut-être que je vous explique ce qui s'est passé afin que vous ne vous laissiez pas entraîner par des hypothèses sans fondement. Le gouvernement a exprimé le désir de conclure un accord, un concordat avec l'Église. Cependant, pour simplifier cette procédure, il souhaite ne traiter qu'avec un organisme au lieu de passer par les vingt-huit différentes Églises, et c'est pour cette raison que Herr Hitler a demandé que soit formée une *Reichskirche,* une Église unifiée.

Un frisson parcourut l'amphithéâtre lorsque nous comprîmes que la rumeur disait vrai.

— Ce que je souhaite, reprit la voix érudite, pour vous, futurs pasteurs, qui serez bientôt les serviteurs de l'Église, c'est que vous considériez cette question de sang-froid, d'un point de vue historique, sans passion. Il y a quarante millions de luthériens en Allemagne et vous êtes de ceux auxquels on s'adressera pour comprendre ce qui se passe. Vous devez donc connaître à fond le cadre historique dans lequel s'inscrit la décision actuelle. Quand Martin Luther fonda le protestantisme en Allemagne, il n'avait nulle intention d'établir des Églises séparées. Il envisageait une seule Église, dont il formula le dogme, une organisation unique dirigée par les évêques. Il croyait en l'efficacité d'une telle structure et il s'attendait que les évêques romains rejoignent la hiérarchie de l'Église réformée. Pourtant, ils ne quittèrent pas l'Église mère et Luther fut obligé de modifier ses projets. Rome exerçait une énorme pression pour que la population abandonne le protestantisme ; sans hiérarchie propre, l'Église réformée était dans une situation difficile. Luther s'adressa donc aux princes des États allemands et les nomma « évêques d'urgence », car il avait bien compris que leur goût pour cette autorité religieuse renforcerait leur adhésion à sa cause et servirait à lier davantage au nouveau système le peuple, qui considérait déjà ses seigneurs comme la référence en matière d'autorité civile. Les princes adoptèrent avec zèle leur nouvelle fonction et chacun créa une Église indépendante dans son État. Puisque ceux-ci étaient au nombre de vingt-huit, on vit apparaître vingt-huit Églises. Mais il y avait encore *une Église luthérienne,* fermement attachée au grand dogme énoncé par Luther, ce que nous appelons notre Confession. Luther pensait que les princes renonceraient à leur épiscopat dès que la nouvelle Église serait solidement établie. C'est là qu'il se trompait. Les princes refusèrent d'abandonner leur autorité religieuse et restèrent attachés à leurs fonctions à travers plusieurs générations, jusqu'à ce que la révolution de 1918 les en prive. Néanmoins, *l'Église,* en Allemagne a toujours désigné *une seule* Église luthérienne. Les différences d'interprétation, même en matière de doctrine, se sont toujours inscrites « dans le giron de l'Église ». C'était une Église d'État, et une fois les provinces allemandes réunies, l'unité des Églises fut encore confirmée lorsque le Kaiser prit le titre de souverain pontife. C'était le gouvernement qui collectait l'impôt ecclésiastique et qui subventionnait les Églises. Avec la révolution de 1918, les Églises furent « libérées », comme celles des États-Unis d'Amérique, si ce n'est que l'État continuait à collecter l'impôt pour leur compte. Beaucoup d'ecclésiastiques jugèrent alors qu'il était temps de former un organisme unifié, comme l'avait voulu notre grand fondateur. Comme vous le savez, j'ai moi-même été membre de la commission chargée d'établir un projet de constitution d'Église unie. Cette entreprise échoua, ou du moins elle ne porta aucun fruit immédiat, parce que toute évolution de l'Église est très lente. Il y avait des obstacles à surmonter. Il y avait des divergences entre les Églises, et beaucoup parmi les plus orthodoxes estimaient que l'Union prussienne était trop libérale pour s'adapter au système envisagé. On tenta d'imposer une nouvelle liturgie que toutes les Églises accepteraient, mais l'opposition fut vive. Certaines des difficultés semblaient dérisoires mais n'en étaient pas moins réelles. Les Églises qui avaient à leur tête un « évêque » souhaitaient conserver ce titre ; celles qui préféraient l'appellation « surintendant » affirmaient que le mot « évêque » ne convenait qu'à l'Église catholique. Malheureusement, ces détails l'emportèrent. Permettez-moi néanmoins de vous rappeler qu'un progrès en direction de l'unité a toujours été jugé souhaitable parmi les Églises. Ce n'est pas l'unité en soi, mais la méthode employée pour y parvenir qui soulève des objections. À présent, le gouvernement demande que nous menions à bien une tentative dont l'Église est elle-même l'auteur.

Le professeur Lietzmannn se tut pendant une minute entière, et nous regarda, les lèvres serrées, comme s'il évaluait notre réaction.

— L'Église, reprit-il, a décidé de se soumettre à la demande du gouvernement.

L'amphithéâtre se remplit de murmures de stupeur et de protestation, tandis que chacun regardait son voisin d'un air interrogateur. En quelques secondes, le murmure se changea en vacarme, mais le grand vieillard nous fit taire d'un geste impérieux.

— Veuillez me laisser terminer, messieurs. L'Église, en acceptant la demande du gouvernement, a nommé à sa tête un ecclésiastique très respecté, qui portera le titre de *Reichsbischof*. Vous connaissez cet être droit, plein de force et de dignité, partisan de toutes les valeurs qui sont les plus chères à notre Église : le Dr Friedrich von Bodelschwingh, directeur des instituts de charité à Bethel, en Saxe.

Il y eut un soupir de soulagement dans l'assemblée, car c'était un nom que nous révérions. Si les nazis avaient accepté von Bodelschwingh comme « évêque de l'Empire », la situation était peut-être moins dangereuse que nous ne l'avions cru. À mes yeux, pourtant, la nomination d'un homme aussi éminent ne réduisait en rien cette calamité qu'était la perte de l'indépendance de l'Église.

En quittant l'amphithéâtre, nous fûmes vite rejoints par de nouveaux groupes d'étudiants impatients, auxquels nous apprîmes la nouvelle. Je partis à travers la foule avec Vogler pour tâcher de découvrir dans quel sens penchait l'opinion.

Le nom de Bodelschwingh était sur toutes les lèvres,

mais l'agitation semblait moins intense qu'avant la conférence. Le sentiment général était que l'Église ne s'en était pas si mal tirée en concluant un accord avec le gouvernement, et que le tableau n'était pas si noir, après tout.

Erika Menz nous croisa dans la cour, Vogler et moi, et nous partîmes tous les trois prendre un café.

— Karl, dis-moi, ce n'est pas si grave ? me demanda Erika. Tu ne crois pas que l'Église aura vraiment à en souffrir ?

— Ce n'est qu'un début.

— Il a entièrement raison, Fräulein Menz, dit Vogler. Le premier pas a été franchi. Et il n'y a eu aucune résistance. La prochaine fois, il sera encore plus difficile de résister, et qui sait à quoi nous devons nous attendre, la prochaine fois ?

— Au moins, ajoutai-je, cela nous a ouvert les yeux. Même si cette bataille a été perdue, nous pourrons peut-être gagner la prochaine.

— Mais, Karl, protesta Erika, l'Église ne se serait-elle pas attiré de plus graves ennuis si elle avait résisté cette fois-ci ? Les évêques ont plus d'expérience que nous ; ils ont dû bien réfléchir avant de prendre une décision. N'aurait-ce pas été pire s'ils avaient dit non aux nazis et si le gouvernement était devenu l'ennemi de l'Église ? Après tout, cette unification était depuis longtemps un projet de l'Église.

— Alors l'Église aurait dû elle-même choisir son heure, insistai-je. Les nazis ont imposé leur volonté à l'Église, qui s'y est pliée. C'est là l'essentiel. À la première occasion, l'Église a cédé son autorité au gouvernement. Elle avait un pouvoir qu'elle n'utilisait pas. Maintenant, elle n'en a plus. Honnêtement, je m'inquiète pour l'avenir et je n'hésite pas à le dire.

Vogler se tourna vers moi avec une sincère expression de regret.

— Je suis désolé, Herr Hoffmann, de ne pas vous

avoir écouté plus tôt. Je ne voyais dans vos propos que des jérémiades. Mais beaucoup d'entre nous se sont réveillés aujourd'hui. On ne nous prendra plus par surprise.

Erika rejeta en arrière ses longs cheveux blonds et nous sourit.

— Ne soyez pas pessimistes, vous deux. Les nazis ont peut-être commis une erreur. En unifiant l'Église, ils nous auront peut-être rendus plus forts.

— Espérons qu'il en sera ainsi.

— Espérons-le, conclus-je.

La semaine suivante, je pris le train pour parcourir les cent cinquante kilomètres qui me séparaient de Magdebourg. J'arrivai le vendredi en début d'après-midi et je trouvai ma mère, portant ses gants de jardinage et un large chapeau de paille, en train de nettoyer l'un de ses chers parterres.

— Va tout de suite voir ton père, Karl. Je suis bien contente que tu aies pu revenir. Il a reçu une lettre qui l'a beaucoup troublé.

Mon père m'attendait dans son bureau; il marchait de long en large en tirant de grosses bouffées de sa pipe. Il prit un papier posé sur son bureau et me le tendit.

— Qu'est-ce que tu dis de ça?

Cette lettre à en-tête de la nouvelle Église unifiée apprenait au pasteur que, sous la pression amicale du gouvernement, le Conseil ecclésiastique avait consenti que la nomination de von Bodelschwingh au poste de *Reichsbischof* soit confirmée par un vote général. L'élection aurait lieu fin juillet. Nous étions le 1er mai.

Nous nous regardâmes.

— Je n'aime pas ça, dit mon père, furieux. Mais si l'Église y a consenti, que puis-je faire?

— Pourquoi le gouvernement repousse-t-il l'élection jusque juillet? Pourquoi pas tout de suite?

— Ils ne le disent pas.

Mon père reprit la lettre et la relut, sans doute pour la vingtième fois.

— Cette requête a l'air bien simple, mais pourquoi cette élection est-elle indispensable ? La population a été assez agitée par cette histoire d'unification. Les journaux en sont pleins. À présent, j'ai l'impression qu'on s'en prend à l'autorité des évêques, des surintendants et des laïques distingués qui dirigent l'Église. Comme si leur capacité à choisir un *Reichsbischof* adéquat était mise en cause.

— Ne peut-on refuser l'élection ?

— Si le Conseil ecclésiastique y a consenti, je ne vois pas ce que nous pouvons faire.

Mon père mit sa pipe de côté.

— J'ai convoqué le conseil de la paroisse pour ce soir. Je pense que tu pourrais m'accompagner.

Ce soir-là, le conseil se réunit au grand complet. Les événements de la semaine avaient grandement agité la paroisse et pas un membre ne manquait au rendez-vous. Herr Oldorf, le notaire, était assis à côté de notre ami le maire. Le colonel Beck, le père de Rudolph, discutait avec le Dr Braun, l'éminent chirurgien. Herr Schenk, le maître d'école, qui avait toujours l'air enrhumé, était emmitouflé dans son manteau à col de fourrure alors que nous étions en mai. Herr Falk, le politicien, Herr Rosenthal, le tailleur, Herr Schmidt, le cordonnier, Herr Wegner, le contremaître des aciéries, ils étaient tous là.

Quand mon père prit la parole, tous se turent pour l'écouter avec attention. Il leur parla de l'élection prévue afin de confirmer la nomination de von Bodelschwingh par un vote de toute la population.

— Il paraît souhaitable que cette élection ait lieu afin de convaincre le gouvernement, par un vote massif, de la confiance que le peuple place en l'autorité spirituelle.

Mais en entendant mon père, je trouvai que son

assurance habituelle lui faisait défaut, comme s'il avait voulu se persuader lui-même, et pas seulement les membres du conseil.

— Beaucoup d'entre nous ont été troublés par l'ingérence du gouvernement dans des questions qui sont propres à l'Église. Pourtant, la réputation du Dr von Bodelschwingh garantit assez que l'Église n'a pas failli à ses principes. L'élection d'un chrétien aussi admirable, dont le sérieux et l'érudition ont impressionné tout le pays, doit nous rassurer sur l'avenir d'un Conseil ecclésiastique conservateur et chrétien.

Il y eut un murmure d'approbation générale. Le colonel Beck suggéra la mise en place d'une campagne pour veiller à une pleine représentation lors du vote.

Tout à coup, le maire se leva.

— Docteur Hoffmann ! s'exclama-t-il. Membres du conseil ! Un grand événement domine aujourd'hui la vie de tous les Allemands, et c'est la glorieuse union de notre peuple sous l'égide de notre chef sublime, Adolf Hitler. À l'indécision a succédé une nation unie, qui se réjouit de renouer avec la gloire. Nous avons tous un devoir : soutenir le pays, soutenir notre guide, soutenir les nouveaux principes. Mais est-ce le cas de tout le monde ? Qui sont ceux qui voudraient priver l'Allemagne de sa place au soleil ? Je pourrais en nommer plusieurs parmi vous, mais vous les connaissez, les conservateurs, et nous venons d'apprendre que l'homme qui veut devenir *Reichsbischof* est un conservateur ! Quels sont ceux qui n'ont rien fait pour soutenir le grand idéal du national-socialisme ? Les ecclésiastiques conservateurs. Il y a des milliers d'Allemands qui appartiennent à l'Église et qui savent que notre bien-aimé Hitler apportera une nouvelle vie et une nouvelle force à la nation allemande. Vous verrez qu'ils sont la majorité.

Le visage du maire était couvert de sueur, et son discours se faisait plus véhément à mesure qu'il devenait plus confus.

— L'Église est animée par un nouveau mouvement, les chrétiens allemands. L'Église les a dédaignés, mais vous verrez bientôt combien ils sont puissants. Les chrétiens allemands exigent d'être reconnus. Ils parlent au nom de la majorité. Ils n'approuvent pas ce conservateur, ce von Bodelschwingh. Pour le Parti chrétien allemand, je présente à la charge de *Reichsbischof* le révérend Hermann Müller.

Il se rassit au milieu de la consternation générale, et trois ou quatre personnes prirent aussitôt la parole. Qu'est-ce que cela voulait dire ? Qui était ce Müller ?

Le maire avoua que Müller était l'obscur chapelain de quelque régiment en Prusse orientale. La discussion se changea en cacophonie. Mon père reprit la parole.

— M. le maire aurait-il la bonté de m'expliquer qui sont ces « chrétiens allemands » ? C'est un terme que je ne comprends pas. Nous sommes tous Allemands et je suis sûr que nous sommes tous chrétiens. Comment expliquez-vous ce nom de « chrétiens allemands » ? Quel est ce groupe que vous prétendez si nombreux et dont nous n'avons pourtant jamais entendu parler ? Quelle est sa place au sein de l'Église ?

Sous le regard courroucé de mon père, le maire se mit à bafouiller.

— Eh bien, il est pour la nouvelle Allemagne. C'est un grand groupe qui veut suivre les idéaux de notre guide même au sein de l'Église. Nous pensons que l'Église est restée à l'écart de la nouvelle marche des choses et nous voulons une attitude différente. Nous exigeons d'être pleinement représentés dans le Conseil ecclésiastique.

— Je n'ai jamais entendu parler de ce groupe, insista mon père. Si le premier acte de ces chrétiens allemands est de nommer un parfait inconnu à la tête de la grande Église luthérienne, alors je suis obligé de dire que ce parti est dirigé par des fous irresponsables.

Plusieurs voix crièrent : « Bravo ! », « Vous avez raison ! »

— C'est une impertinence, explosa le colonel Beck, de suggérer que l'Église pourrait voir d'un bon œil un homme issu d'un tel cadre.

Le maître d'école se frotta les mains pour les réchauffer, puis dit :

— Nous devons créer une organisation afin de mettre la population au courant de ce problème.

— Écoutons notre pasteur, trancha simplement le cordonnier Schmidt. Il nous dira quelle est la meilleure chose à faire.

— Le conseil de paroisse *doit* faire savoir qu'il récuse la nomination de ce Müller, lança le colonel Beck.

Le maire s'interposa de nouveau :

— Ce ne serait peut-être pas très judicieux de la part du conseil. Le gouvernement voit d'un œil très favorable le candidat des chrétiens allemands.

Trois ou quatre hommes se mirent à parler en même temps et la discussion dégénéra. Herr Wegner, qui avait applaudi le pasteur, perdit tout son enthousiasme dès qu'il fut question de la désapprobation des nazis. Herr Falk, dont le poste était lié aux choix politiques, soutenait le maire. Le notaire Oldorf suggéra que, puisque la nomination avait été faite conformément à la loi, la seule solution était de s'en remettre à la population pour l'élection et de permettre aux deux candidats de faire campagne. Le colonel Beck attaqua les chrétiens allemands et exigea que leur parti soit interdit. La discorde était à présent totale et aucune décision n'avait été prise.

Tandis que nous rentrions lentement à la maison, une question occupait tous les esprits. Qui étaient ces chrétiens allemands et que signifiait ce nouveau mouvement ? Nous allions bientôt le savoir.

Dans le vaste système luthérien, il était admis que plusieurs partis pouvaient coexister au sein de l'Église, comme dans la vie politique, chacun proposant sa propre interprétation de la doctrine religieuse. Les deux principaux partis étaient les orthodoxes, qui adhéraient strictement à l'enseignement du Verbe, et les libéraux, qui jugeaient que l'Église devait participer à l'évolution de la société. Les universités produisaient diverses écoles de pensée théologique, dont certaines purement locales, mais toutes étaient tolérées dans la mesure où elles incarnaient la liberté de pensée individuelle. Les disciples de Schleiermacher, théologien remarquable, allaient jusqu'à douter de la divinité du Christ, tout en faisant partie de l'Église.

Le Parti chrétien allemand était un groupuscule obscur formé dans les années 1920 à l'époque des activités nationalistes de Ludendorff. Celui-ci avait organisé la Ligue de Tannenberg, raciste et antichrétienne, qui fusionna ensuite avec le mouvement nazi et qui rendait les ecclésiastiques libéraux responsables de l'apparition du communisme. Certains membres avaient fondé un parti nationaliste à l'intérieur de l'Église, et les chrétiens allemands étaient nés comme une sorte de groupe ecclésiastique anticommuniste. Ils étaient passés inaperçus car leurs théories n'avaient rien de bien nouveau. Du temps de Bismarck, il y avait eu une flambée de nationalisme et le pasteur de la grande Domkirche de Berlin, le Dr Stöckel, avait été démis de ses fonctions à cause de ses déclarations nationalistes et antisémites. N'ayant attiré aucun esprit remarquable, le mouvement des chrétiens allemands était resté négligeable jusqu'à l'arrivée au pouvoir des nazis, et la majorité de la population n'avait jamais entendu parler d'eux.

Du jour au lendemain, ils étaient arrivés sur le devant de la scène. Les journaux publièrent de longs articles : dans toute l'Allemagne, les membres du « vaste Parti chrétien allemand » avaient acclamé le révérend Müller en tant que leur candidat au poste de *Reichsbischof*.

— Tout ça était programmé, dit mon père au petit déjeuner. Ils ont bien choisi leur moment, pour que ce mouvement de soutien à Müller prenne l'air d'un soulèvement spontané, apparu au même moment à travers tout le pays. Le « vaste Parti chrétien allemand ! », lança-t-il d'un air méprisant, en frappant du revers de la main le journal grand ouvert. Je me rappelle vaguement, à présent, une petite poignée d'hommes de Ludendorff, et pas un seul individu sensé dans la bande. Ils ont dû chercher loin pour trouver un pasteur qui veuille bien être leur candidat. Comment la presse peut-elle être aveugle au point d'encenser ainsi une organisation inconnue ?

— Je ne pense pas que les journalistes soient dupes, papa. Je crois qu'ils s'y attendaient. Ils ont dû recevoir des ordres. C'est par une manœuvre habile qu'on veut faire passer les chrétiens allemands pour une organisation importante.

— Alors, le gouvernement est derrière eux ?

— Je pense que le gouvernement a monté toute l'affaire. Cela paraît flagrant. Le gouvernement a insisté pour que l'élection ait lieu. Et, rappelle-toi, le maire a laissé entendre que Müller avait l'appui du gouvernement. Tu vois, avant même de venir à la réunion du conseil, le maire savait qu'une élection était prévue. Il n'a pas été surpris quand tu l'as annoncée. Il avait reçu l'instruction de choisir Müller et on lui avait appris ce qu'il devrait dire.

— Mais le gouvernement n'a pas le droit de se mêler des problèmes de l'Église.

— C'est bien pourquoi ils utilisent ce Parti chrétien allemand, en faisant croire que c'est un grand parti ecclésiastique, afin qu'on ne puisse pas accuser le gouvernement d'être intervenu directement.

— Tu as peut-être raison. (Mon père se frotta le menton.) S'ils ont vraiment fait ça, ils sont malins. Ils sont diablement malins. Ils ne se sont pas sali les mains. Tout a été fait pour que l'on croie qu'une partie de l'Église était favorable à Müller.

— Mais que vas-tu faire?

Mon père frappa des deux poings sur la table, faisant trembler les tasses en porcelaine.

— Je vais faire campagne pour von Bodel-schwingh! Le gouvernement se trompe s'il croit pou-voir pousser l'Église jusque-là. Ils peuvent nommer quelqu'un, mais seulement par un tour de passe-passe. Ils vont voir de quel côté se trouvent les sympathies des hommes d'Église s'ils s'imaginent pouvoir le faire élire.

Évidemment, le gouvernement se l'imaginait. En sortant de l'église après le service du dimanche matin, ma mère et moi trouvâmes plusieurs hommes qui dis-tribuaient des brochures et des prospectus. C'étaient de petits billets joliment présentés, ornés de croix et de svastikas, dont le texte était imprimé en gras. J'en pris plusieurs au distributeur le plus proche.

LES VRAIS ALLEMANDS VEULENT MÜLLER
POUR REICHSBISCHOF
POUR L'ÉGLISE, MÜLLER EST L'HOMME DU MOMENT.
VOTER MÜLLER, C'EST VOTER
POUR LA NOUVELLE ALLEMAGNE.

— Je me demande depuis combien de temps ces papiers étaient prêts, dis-je à ma mère.

Cet après-midi-là, quand je repris le train pour Ber-lin, l'antichambre du bureau de mon père était pleine d'hommes et de femmes au visage effaré, tenant à la main les superbes prospectus du gouvernement.

CHAPITRE VI

Durant les semaines qui suivirent, je tâchai de passer le plus de temps possible à Magdebourg avec mon père, pour l'aider à lancer sa campagne. Par chance, mes parents n'habitaient pas loin de Berlin, et il n'était plus guère possible d'étudier régulièrement. En ville comme à l'université, on ne parlait plus que du *Kirchenkampf,* du combat de l'Église. Les journaux en étaient pleins, les étudiants en discutaient sans cesse au lieu d'aller aux cours. Dans toutes les églises du pays, on retrouvait le même trouble, la même incertitude que chez nous à la Domkirche. Rien n'avait été prévu pour une campagne en faveur de von Bodelschwingh. Cela n'avait pas été jugé nécessaire car les autorités de l'Église n'avaient jamais envisagé l'éventualité d'une candidature rivale.

La campagne de Müller prit d'emblée une avance spectaculaire. Dès qu'on allumait la radio, on entendait brailler son nom. Les journaux publiaient les vociférations enflammées des chrétiens allemands, qui semblaient pousser comme des champignons. Toutes ces prophéties de victoire pour leur candidat se ressemblaient tant qu'un œil attentif reconnaissait aussitôt la plume du ministre de la Propagande, mais le grand public était berné par cet apparent élan de soutien populaire en faveur de Müller.

On voyait désormais apparaître des déclarations émanant d'ecclésiastiques importants qui dénonçaient les chrétiens allemands et leurs prétentions. Les journaux étaient épuisés presque dès leur parution. Mon père avait préparé deux vigoureuses brochures qui seraient distribuées à des milliers de « membres de l'Église » dans sa paroisse.

Afin de comprendre l'ampleur des répercussions de ce combat, il faut bien voir que, en Allemagne, chaque citoyen était considéré comme « membre de l'Église ». L'Église luthérienne était une *Volkskirche,* une « Église du peuple ». L'Allemagne était entièrement divisée en paroisses ; chaque maison, chaque âme vivant en Allemagne appartenait nécessairement à une paroisse. C'est par le baptême qu'on devenait « membre de l'Église », on devenait « membre adulte » lors de la confirmation, puis « membre électeur » à vingt-quatre ans. On commençait à payer l'impôt ecclésiastique dès que l'on avait un revenu. Les quarante millions de luthériens allemands étaient donc, sans exception, des membres de l'Église. L'Église catholique avait une organisation similaire pour ses vingt millions de fidèles.

Rares étaient ceux qui n'étaient pas membres de l'Église. Quitter l'Église n'était pas facile : il fallait remplir une déclaration chez un notaire. Cette déclaration ne prenait effet qu'au bout de trois semaines, pendant lesquelles, chaque dimanche, le pasteur évoquait le séparatiste comme un homme en danger de s'éloigner de l'Église, et une prière publique intercédait en sa faveur.

Le troisième dimanche, le réfractaire était officiellement excommunié, on le décrivait en chaire comme un hérétique apostat, et une longue prière solennelle était dite pour recommander son âme à Dieu. Dès lors, il n'avait plus aucun droit au sein de l'Église. Aucun pasteur n'accepterait de le marier ou de l'enterrer, et les sacrements lui étaient désormais interdits.

Il est vrai que durant la longue période de rationalisme et de matérialisme, entre 1870 et 1910, l'Église avait perdu de son influence, et beaucoup de fidèles avaient cessé de pratiquer, mais la guerre mondiale vint renforcer la foi du peuple et la grande majorité revint à la religion pour y trouver un peu de réconfort.

C'est pour cela que les deux tiers de la population allemande ressentaient comme un choc personnel tout ce qui touchait à l'Église luthérienne. Dans la paroisse de mon père, des milliers de personnes étaient membres de la grande Domkirche alors que mon père ne les avait jamais vus et ne pouvait les contacter personnellement.

Il rendit visite à tous les notables durant les quelques jours qui suivirent la réunion du conseil de la paroisse ; partout, il découvrit que la propagande en faveur de Müller envahissait le courrier. Il s'attela à un travail de contre-propagande. Dans un pamphlet virulent, il affirmait que la première préoccupation du peuple devait être de servir Dieu, qu'on trahissait le Seigneur en faisant de l'Église une marionnette politique. Pour régler les questions spirituelles, il fallait un chef spirituel et non un pantin dont l'ambition était de servir un homme d'abord, Dieu ensuite.

Il avait porté ce pamphlet chez un imprimeur et le texte en était composé lorsque arriva une nouvelle lettre du Conseil de l'Église unie.

Toute campagne en faveur de von Bodelschwingh était interdite par ordre du gouvernement. Mon père fut choqué mais aussi piqué au vif. On entendait sa grosse voix tonner dans toute la maison.

— Cette fois, ils veulent la guerre, et ils l'auront ! Pourquoi n'avons-nous pas vu ce danger venir dès le départ ? J'ai eu tort. Je croyais la position de l'Église si forte que les nazis n'oseraient pas s'attaquer à elle. Je veux maintenant dire la vérité et tous les pasteurs en feront autant. Nous montrerons d'où vient cette lâche tentative de poignarder l'Église, et le peuple nous suivra.

De fait, de plus en plus de gens se tournaient vers leur pasteur pour comprendre. Chaque jour, le bureau de mon père était rempli d'une foule de paroissiens inquiets.

Pourtant, il n'était pas facile de lancer une campagne active contre le candidat nazi. Mon père savait combien ses ouailles seraient timorées s'il leur demandait de s'opposer ouvertement à la volonté du gouvernement. Il y avait déjà eu plusieurs arrestations parmi les hommes politiques locaux, suivies d'emprisonnement sans procès ni appel, et les gens étaient terrifiés à l'idée de ne plus pouvoir compter sur la justice. On avait pillé la maison de tous ceux auxquels les nazis avaient quelque chose à reprocher, des malheureux avaient été battus dans la rue par les chemises brunes pour quelque crime anodin ou imaginaire, et nous avions appris qu'il n'y avait, là non plus, aucun recours. Les grands bourgeois économes et raisonnables qui venaient à la Domkirche n'étaient pas favorables à Hitler. Mais leur position au sein de la communauté comptait beaucoup à leurs yeux. Leurs intérieurs impeccables et bien tenus, ainsi que leurs tables couvertes de victuailles, étaient les marques de leur caste, et ils étaient habitués à ce confort. Ils n'osaient se prononcer contre les nazis car ils craignaient de perdre leurs chers privilèges.

« Ce sont de braves gens, disait mon père. Ce pourraient être des martyrs si on les y poussait vraiment. Ils se laisseraient fouetter sans gémir, mais c'est une autre affaire que de leur demander de mettre en danger leur argenterie. »

Mon père avait compté sur ses pamphlets pour affermir les sentiments des fidèles. Il dut renoncer à les diffuser car il était trop dangereux d'en confier l'impression à une grande entreprise.

Avec la plus grande exigence, il choisit une quinzaine de ses paroissiens les plus fiables et les invita à se réunir au presbytère pour organiser une campagne secrète. Le colonel Beck fut le premier à accepter. Werner Menz, l'oncle d'Erika et grand ami de mon père, arriva plein de résolution; c'était un petit bonhomme plutôt coquet, à la voix tranquille, mais têtu comme une mule lorsqu'on le contrariait. Parmi les visages tendus mais familiers, on remarquait ceux du maître d'école Schenk, emmitouflé dans son manteau, et de notre cher professeur Kamps. Le chirurgien Braun avait à regret décliné l'invitation : ayant du sang juif, il n'osait pas s'associer à une pareille machination. Quatre membres du groupe étaient des jeunes gens d'une vingtaine d'années que j'avais désignés comme d'efficaces rebelles contre le mouvement pro-Müller. Grâce à eux, nous espérions accomplir le gros du travail nécessaire à une mobilisation secrète. Leur leader serait Johann Keller, un de mes meilleurs amis à l'école et à l'université. Johann était rentré de Berlin lorsque son père, homme indomptable et robuste, directeur d'une scierie, était tombé malade. L'énergie de ce jeune homme mince et sarcastique s'enflammait lorsqu'il entendait parler mon père.

— Nous savons désormais à quel point le gouvernement se mêle des affaires de l'Église, dit le pasteur à ses troupes. Voilà qu'on nous interdit par un édit de faire campagne pour le Dr von Bodelschwingh. L'Église a toujours soutenu l'autorité du gouvernement, sauf sur les questions purement spirituelles qui sont de notre ressort. Mais quand nous voyons un gouvernement antireligieux tenter de prendre le contrôle de l'Église du Christ, il est temps pour nous d'agir. Ce Müller doit être contrecarré.

Des exemplaires du pamphlet, imprimés par une petite officine digne de confiance, furent remis à tous les membres du comité secret, qui se chargèrent de les distribuer dans une zone précise. Des trublions (Johann s'avéra être l'un des meilleurs) furent envoyés dans les grands rassemblements que les chrétiens allemands organisaient en ville afin de lancer à tue-tête, protégés par l'anonymat de la foule, des questions embarrassantes.

À Berlin, j'allai voir plusieurs pasteurs que mon père connaissait et je découvris qu'ils agissaient comme lui. De jour en jour, la radio et les journaux affirmaient avec toujours plus d'assurance la victoire de Müller, mais l'opposition s'était enhardie, et, pour la dernière fois en Allemagne, il y eut une résistance franche et vigoureuse à la politique du gouvernement.

Un jour de juin, une délégation de nazis locaux se présenta chez mon père.

— Nous voudrions utiliser votre église dimanche prochain, expliqua leur porte-parole. Un pasteur du Parti chrétien allemand vient à Magdebourg pour le service de l'après-midi et nous voudrions qu'il soit accueilli à la Domkirche.

Mon père hésita.

— De qui émane cette requête ?

— Du Parti national-socialiste.

— Je crains de ne pouvoir accepter, messieurs. En tant que pasteur de la Domkirche, je ne suis pas favorable à ce service.

Mon père se tenait très droit. Le porte-parole nazi vint lui crier sous le nez :

— Herr Pastor est peut-être un peu stupide ? Herr Pastor croit que nous attendons son consentement pour cette réunion ?

Il s'approcha encore, obligeant mon père à reculer d'un pas.

— Nous présentons nos exigences. Les chrétiens allemands se chargeront du service du dimanche après-midi.

Sa voix se changea en ricanement.

— Nous vous remercions, Herr Pastor, d'avoir accepté si aimablement.

La délégation tourna les talons et quitta la maison.

Le dimanche après-midi, mon père prit place parmi les fidèles. À l'heure du service, les sections d'assaut firent leur entrée et les croix gammées furent portées dans l'église. La consternation se répandit parmi les membres de l'assistance, mais, par timidité, ils durent se lever lorsque la procession des drapeaux traversa l'allée centrale.

Le sermon du pasteur chrétien allemand, jeune homme suffisant au nez camus, ne fut en réalité qu'une harangue politique. Du haut de la chaire, il fit ouvertement campagne pour Müller, et je voyais mon père, qui bouillait d'impatience, se mordre les lèvres. Quand le service fut terminé, il se leva, le visage sombre, et en se dirigeant vers la porte, il se trouva au milieu d'un groupe de nazis en uniforme. C'étaient les SS, les *Schutzstaffeln,* les troupes d'élite qui formaient le noyau de la redoutable Gestapo. On les reconnaissait à leur uniforme noir et à leur casquette arborant la tête de mort.

Les SS parlaient à voix haute et riaient, et, de ma place, je voyais que cette attitude irrévérencieuse inspirait à mon père une colère qui déformait les muscles de son visage. Tout à coup, alors qu'ils étaient sur le point de sortir, l'un des hommes tira de sa poche un cigare dont il arracha une extrémité avant de l'allumer.

C'en était trop pour le pasteur de la Domkirche. D'un geste énergique, il fit voler au loin le cigare déjà placé dans la bouche du coupable.

— Rappelez-vous que vous êtes dans la maison de Dieu !

Le tumulte fut immédiat. Les SS jouèrent des coudes pour localiser celui qui avait osé frapper l'un des leurs. Mais le colonel Beck, en grand uniforme militaire, ayant tout vu, avait rapidement pris le bras de mon père pour se diriger avec lui vers la sortie, en lui imposant le silence. Le Dr Braun s'avança et lui prit l'autre bras, et un petit groupe d'amis s'interposa entre lui et les ss, ce qui permit au colonel et au chirurgien de sortir de l'église sans encombre. Par bonheur, l'homme au cigare n'était pas un de nos paroissiens et ne connaissait pas le pasteur ; il avait été trop surpris pour le regarder de près.

Les amis de mon père le ramenèrent à la maison et trois ou quatre d'entre eux restèrent avec lui pour le calmer.

— Mon cher ami, il est absolument nécessaire que vous soyez plus prudent, déclara Werner Menz.

— Personne ne peut vous blâmer, dit le colonel Beck, mais désormais, pour l'amour du ciel, faites attention.

— Quand on pense que de tels individus osent se conduire ainsi à l'église ! bafouilla le maître d'école.

— Cela montre qu'ils se sentent sûrs du résultat de l'élection, expliqua le colonel. Mais une surprise les attend. L'Église occupe une place privilégiée dans le cœur de la nation. J'ai parlé avec des centaines de personnes ces dernières semaines. L'opinion publique est très nettement en faveur de von Bodelschwingh. Ce petit incident ne veut rien dire, mon bon Franz, et vous devez l'oublier. L'essentiel, c'est notre propagande secrète et son issue. Nous gagnerons l'élection haut la main.

Mais mon père restait muet, affalé dans son fauteuil, le visage vide, comme un homme brisé.

À Berlin comme à Magdebourg, la rébellion grondait. Pourtant, en lisant les journaux ou en écoutant la radio, on aurait pu ignorer jusqu'à l'existence de von Bodelschwingh ou même d'un autre candidat que Müller au titre de *Reichsbischof*. La main du gouvernement n'apparaissait nulle part, mais on la devinait à en juger d'après les sommes dépensées pour la campagne des chrétiens allemands, le déluge de prospectus coûteux, les immenses salles louées pour les rassemblements presque quotidiens, le discours des présentateurs de la radio et le silence imposé aux hommes d'Église. Officiellement, cependant, le gouvernement ne prenait pas parti.

À l'université, les étudiants en théologie étaient constamment questionnés par ceux qui voulaient savoir ce qui se passait. Notre formation exigeait que nous collaborions avec les églises de Berlin pour instruire les enfants et pour aider les pasteurs, de sorte que nous connaissions fort bien les efforts déployés alors. Nous étions pratiquement tous très actifs dans la lutte, nous profitions du crépuscule pour rendre des visites et transporter des paquets de prospectus interdits en faveur de von Bodelschwingh. Les étudiants en droit, en médecine ou en économie nous abordaient, tout excités, pour nous demander où en était la lutte.

Curieusement, notre position au sein de l'université avait changé du tout au tout. Après avoir été des marginaux, puisque nous n'avions pas le droit de participer à ces chers duels, nous menions désormais notre propre combat, nous courions le risque d'être arrêtés à cause de notre travail de propagande, nous devenions presque des héros. Les autres étudiants venaient nous voir pour nous proposer leur aide, solliciter nos conseils ou nous encourager. Nous prenions plus d'assurance à mesure que nous voyions tous les groupes se rallier du côté de l'Église.

À peine avais-je franchi les portes de l'université que j'étais agrippé et presque porté jusqu'à un attroupement de jeunes gens impatients. Rudolph Beck et certains de ses amis du *Korps* étaient les premiers à vouloir m'interroger.

— Comment les gens réagissent-ils, Herr Hoffmann? me demandait-on. Se laissent-ils abuser pour tout le battage qu'on fait à la radio?

— Ils sont surtout exaspérés. Ils ne disent pas grand-chose, mais, pour une vaste majorité, ils soutiendront l'Église si nous pouvons entrer en contact avec eux.

— Pouvons-nous vous aider? Pouvez-vous nous donner quelque chose à faire? Nous aimerions participer.

Et je leur donnais des pamphlets à recopier ou je les chargeais de convaincre d'autres groupes de nos camarades car je commençais à compter sur un mouvement de protestation massif de la part des étudiants.

— Le plus réconfortant, dit un soir Walther Vogler, alors que nous rentrions après avoir disséminé nos pamphlets, c'est que les nazis n'osent pas attaquer l'Église de front. S'ils osaient se montrer à découvert, ils le feraient en un instant. Mais ils ont peur. Cette fois, ils s'en sont pris à un gros gibier, et toute la frénésie de leur campagne montre simplement combien ils respectent la force de l'Église.

Depuis quelque temps, je connaissais beaucoup mieux les gens de ma faculté. Je n'étais plus l'individualiste un peu hautain qui se tient à l'écart. Camarades pauvres ou étudiants salariés, ils travaillaient main dans la main avec moi. Otto Schmidt, celui-là même dont la maison misérable m'avait jadis révolté, s'avérait être un collaborateur précieux par sa persévérance et sa simplicité. Il ne se plaignait jamais, il n'était jamais fatigué. Chez Vogler, j'admirais l'intelligence et l'éloquence mordante. Quand je partais en banlieue avec lui, je me rappelais qu'il avait préféré assister à la conférence de Lietzmann alors que j'étais allé au rassemblement nazi : malgré ma fierté, j'avais suivi la foule alors qu'il avait agi en esprit indépendant. Je le lui avais dit, mais il refusait les éloges.

— J'avais sur vous un avantage dont vous étiez privé, dit-il avec sincérité. Pour vous, le privilège d'assister à une conférence est insignifiant. Pour moi, je m'émerveille encore de pouvoir être à l'université. Le hameçon de la politique n'était pas assez gros pour que je me permette de manquer un cours.

— Aujourd'hui, vous manquez les cours !

— Notre travail compte plus que la politique ; nous avons tous les deux une bonne raison de manquer les cours.

Jour après jour, l'effervescence croissait. Les conférences de Lietzmannn attiraient de plus en plus de monde. Il était devenu notre guide. Avant chaque cours, le piétinement sur le plancher exigeait qu'il nous conseille et nous rassure dans notre campagne, et il nous incitait à l'action avec ferveur.

Il parlait courageusement en faveur de von Bodelschwingh, et accablait les chrétiens allemands de sarcasmes brillants.

— Un parti ecclésiastique jaillit de l'esprit d'un théologien érudit, affirmait-il sèchement. Il voit une nouvelle lumière religieuse et ses disciples créent un parti. Mais quelle lumière, me direz-vous, ont vu ces prétendus chrétiens allemands ? Leur connaissance des dogmes est si réduite qu'ils seraient sans doute incapables d'identifier un point de doctrine. Ils n'ont aucune justification en tant que parti ecclésiastique car ils n'ont aucune théorie propre qui les distingue du point de vue théologique. Ce n'est qu'un groupement politique et l'Église ne doit pas les reconnaître.

— Nous allons gagner, dis-je à Rudolph Beck. L'Église est la plus forte. Les nazis sont obligés de tricher, de lancer ce qui ressemble à une querelle interne à l'Église afin de soutenir les chrétiens allemands. Ils veulent donner l'impression que leurs chrétiens allemands sont le parti le plus puissant au sein de l'Église pour faire peur aux gens et les pousser à les suivre. Mais on voit tout de suite que leur conduite est absurde. La population ne s'y laisse pas tromper, au contraire, tout le monde est mécontent et cela se verra lors du vote.

— Mon père dit la même chose, répondit Rudolph. Il est sûr que l'armée soutiendra l'Église. (Il me frappa l'épaule.) Nous sommes toujours derrière toi, mon garçon. Je pense que ton élection est gagnée.

Puis, un matin, la presse vendue aux nazis eut recours à un nouveau stratagème. Par une annonce officielle, Hitler s'était lui-même déclaré en faveur du révérend Müller. Bien sûr, cette information aurait une influence énorme non seulement sur les nazis, mais aussi sur tous ceux qui les craignaient, c'est-à-dire tout le monde !

Cela se produisit le matin de la grande fête catholique du *Frohnleichnam,* la Fête-Dieu. Pleins d'une nouvelle indignation mêlée de crainte, nous courûmes jusqu'à l'amphithéâtre de Lietzmannn. En entrant, nous vîmes qu'il se passait quelque chose dans la rue, en contrebas. Les fenêtres donnaient sur la place de l'Opéra, où défilait majestueusement la procession multicolore des catholiques. Pour cette minorité religieuse, le droit de défiler dans notre nation essentiellement protestante était un privilège très récent, accordé durant les dernières années de la République, et nous nous pressions aux fenêtres pour contempler ce spectacle inhabituel.

En tête s'avançaient des centaines de chantres en habits sacerdotaux. L'archevêque de Berlin suivait sous un dais, portant l'hostie. Après lui venaient de longues files de prêtres et de religieuses qui tenaient des cierges allumés, puis les rangées des dignitaires catholiques, les hommes en tenue de soirée, le haut-de-forme dans une main et le cierge dans l'autre.

— Voici von Papen, dit l'un des étudiants, et nous reconnûmes l'ancien chancelier, à présent vice-chancelier du Reich, parmi la foule tête nue.

Marchaient ensuite des compagnies d'infanterie, d'un pas lent. Une immense foule de croyants les suivaient solennellement. Les cantiques, l'encens, le vacillement de ces milliers de cierges, tout cela nous excitait prodigieusement.

Nous savions que les catholiques étaient victimes de persécutions. Le Dr Rosenberg, puissant responsable de la propagande, avait ouvertement qualifié l'Église catholique d'« Antéchrist », et si les nazis n'avaient pas essayé de lui imposer leurs leaders comme ils l'avaient fait pour l'Église luthérienne, ce n'était pas un scrupule religieux qui les avait retenus, mais la forte position internationale de la papauté. Les attaques visaient plutôt des membres de la hiérarchie catholique, des prêtres et des religieuses qu'on arrêtait en masse sur des accusations factices, beaucoup étant accusés des pires indécences afin de saper la confiance de leurs fidèles. Ces malheureux avaient disparu dans le silence lugubre des camps de concentration. Les dirigeants des Jeunesses catholiques avaient été arrêtés et plusieurs avaient été violemment battus.

Aujourd'hui, cette grande procession nous troublait non seulement par ses couleurs et sa solennité, mais aussi par la solidité de la foi qu'elle incarnait pour nos esprits agités.

— S'ils peuvent encore défiler, nous pouvons encore faire campagne, dit un grand échalas, et les visages s'illuminèrent autour de lui. Je reconnus Erich Döhr, qui avait ridiculisé mon rêve d'un retour à la république.

Quand Lietzmannn entra, nous nous précipitâmes vers nos sièges et nous fîmes retentir le plancher d'un vacarme furieux, jusqu'à ce que les murs du lourd bâtiment de pierre semblent trembler.

Lietzmannn avait les traits tirés et ne semblait pas d'humeur à faire une déclaration. Il fit mine de ne rien entendre et attendit froidement le silence, ses papiers à la main. Mais les étudiants étaient bien trop excités. Le rythme du piétinement continua à croître et à décroître pendant dix longues minutes de chaos.

Lietzmannn finit par céder. Il parla d'un ton très calme et sans enthousiasme.

— L'annonce d'aujourd'hui, que vous avez évidemment tous lue, me semble modifier la situation. Tout d'abord, nous devons être réalistes. Le gouvernement insiste pour que Müller soit élu. Vous, les étudiants, tout comme les membres des diverses Églises, vous devrez suivre la tendance générale.

Ses paroles m'atteignirent comme autant de pierres qui venaient me blesser; je les comprenais grâce à la surface de mon esprit, mais je ne parvenais pas à croire à ce que j'entendais. « Pas Lietzmannn, criait une voix intérieure qui se refusait à écouter, ce n'est pas Lietzmannn qui nous dit ça! »

— Si les conservateurs décidaient à présent de s'opposer au gouvernement (et ces phrases calmes et réfléchies continuaient de frapper mon esprit rebelle), je redoute que nous ne perdions définitivement le contrôle de l'Église. Le nouveau mouvement, dont les leaders n'ont qu'une très faible connaissance de la théologie, aura besoin de l'aide et des conseils des conservateurs. À mon sens, le choix le plus sage, le plus judicieux, est de voter pour Müller afin de nous joindre au nouveau mouvement. Une fois à l'intérieur, nous pourrons exercer notre influence pour éviter les décisions extrémistes et pour sauver ce qui peut être sauvé. C'est le meilleur conseil que je puisse vous donner.

Il y eut un silence total. Le professeur Lietzmannn se plongea dans ses notes et se mit à lire très vite, en latin.

Je sentais la nausée monter en moi comme si l'on m'avait donné un coup de pied au creux de l'estomac. Je ne pouvais y croire, et c'était pourtant vrai! Lietzmannn nous avait abandonnés. Il nous avait dit de voter pour Müller. Je restais hébété, à regarder la nuque rouge de celui qui était assis devant moi, tandis que mon esprit refusait d'avaler la déplorable vérité qu'on lui imposait. Je n'entendis pas un mot de la conférence.

Quand le cours fut terminé, je me glissai seul dehors, en évitant les étudiants que je connaissais et, dans la foule qui attendait au vestiaire, je restai isolé, saisissant des fragments de discussions impatientes.

— Ce compromis est la meilleure issue pour l'Église, les choses étant ce qu'elles sont.

— Après tout, Lietzmannn a raison. Nous devons être réalistes. Dans cette époque nouvelle, ce sont les nazis qui sont au pouvoir.

— Ne croyez-vous pas qu'il a capitulé un peu vite ?

— Et qu'aurait-il dû faire ? Risquer sa peau ? Si nous votons pour Müller, nous pourrons peut-être sauver quelque chose.

Je récupérai mon chapeau et mon pardessus et je me détournai, bouillonnant. J'étais envahi d'une haine amère pour ce professeur dont nous avions tant espéré, cet homme qui n'avait pas eu le courage de résister à la pression pour défendre ce qui avait clairement été ses convictions. Et je n'éprouvais que mépris pour mes camarades, si aisément convaincus, si facilement influencés. Seigneur Dieu dont je sers l'Église, envoyez-nous un chef !

Je sentis une main se poser sur mon bras. C'était Erika.

— Ce n'est pas le moment de rester seul, Karl. Allons voir Herr Kleist et racontons-lui ce qui vient de se passer.

Je compris qu'elle voulait me tirer de mes idées noires, et puisque je ne voyais aucun autre remède, je consentis et nous nous dirigeâmes vers le logement de Wolfgang.

Celui-ci venait de terminer une toile, ce qui le rendait euphorique. Il commençait à se faire un nom, car son talent était incontestable, et, si jeune qu'il fût, il

118

avait été nommé membre de la *Volkskulturkammer,* la chambre culturelle populaire. Il sortit une bouteille d'excellent vin qu'on lui avait offerte et il insista pour que nous l'aidions à fêter l'achèvement de sa peinture. Comme je n'avais guère envie de festoyer, je me tournai vers son chevalet et me plantai devant le tableau.

C'était une huile représentant une colline nue, couverte de neige. Un arbre sec déployait ses branches maigres dans un ciel presque noir, mais sa silhouette se découpait contre les rayons de lumière qui brillaient au loin.

— Allez, Karl, interprète-le pour moi, lança gaiement Wolfgang. J'aime toujours entendre notre ami Hoffmann trouver un sens philosophique ou religieux à mes toiles, confia-t-il à Erika. Alors, qu'en dis-tu?

— J'y vois toute l'âpreté de la vie, répondis-je. Tu as dépeint dans toute sa misère la « sombre vallée de larmes » dont parle Luther, et cet arbre pourrait être celui qui poussait sur le Golgotha. Mais si ces rayons de soleil sont l'espoir, dis-je en le dévisageant, tu y as mis bien trop de lumière pour une peinture de notre époque !

— Karl a raison d'être accablé, lui expliqua Erika. Lietzmannn a renoncé au combat. Il pense que nous devrions faire ce que veulent les nazis; dans sa conférence d'aujourd'hui, il s'est prononcé en faveur de Müller.

Wolfgang nous regarda sans aucune joie.

— Peu à peu, ils arrivent à leurs fins. C'est pénible à voir. Mais je n'aurais jamais cru que l'Église céderait.

— Ils trahissent le peuple, dis-je en serrant les lèvres. Tous ces sales traîtres de nazis ! L'Allemagne entière sera perdue si nous ne nous débarrassons pas d'eux.

— Karl, Karl, fais attention! cria Erika, tremblante. Il ne faut pas dire des choses pareilles. Tu sais bien ce qui pourrait t'arriver. Ne sois pas si imprudent. Tu as déjà travaillé contre le gouvernement à Magdebourg et avec les églises, ici, à Berlin.

— Tu ne m'aurais tout de même pas demandé de rester à l'écart du combat pour l'Église?

— Karl, je te demande simplement d'être un peu plus discret. Il ne faut pas agir aussi ouvertement. Tu es trop audacieux dans tes propos, cela te vaudra des ennuis. Et cela, alors que tu es à l'aube de ta carrière...

— Quelle carrière puis-je espérer quand l'Église aura disparu? l'interrompis-je amèrement.

Wolfgang nous regardait d'un air songeur.

— Ce n'est pas la peine de pleurer parce que Lietz-mannn vous trahit, même si cela veut sans doute dire que la plupart des gens en feront autant. Aucun désastre n'est sans issue. Les choses vont s'aggraver ou s'améliorer. Quoi qu'il arrive, tu resteras impliqué.

Il ôta sa veste couverte de peinture et la jeta sur une chaise, puis alla chercher dans une armoire des vêtements plus présentables.

— Venez, tous les deux. Je veux vous emmener quelque part, proposa-t-il. Karl a besoin d'un contre-excitant. Je vais vous emmener voir les surréalistes. Si tu crois que le monde est un mauvais rêve, attends de voir la manière dont ils le peignent.

Comme Erika semblait ravie et que je n'avais rien contre l'idée d'admirer d'autres peintures, nous partîmes pour le Kaiser Friedrich Museum. Wolfgang nous guida à travers les couloirs en trottinant sur ses longues jambes, et nous le suivions, Erika et moi, comme deux enfants lors d'une sortie scolaire.

— Nous y sommes! s'écria Wolfgang en tournant dans une longue galerie et en levant le bras comme un guide professionnel. Mesdames et messieurs, vous allez voir sur ces murs...

Il s'arrêta, l'air stupéfait et un peu pris au dépourvu. Il se retourna vers le couloir, comme pour s'assurer de ne pas s'être perdu.

— Où diable sont-ils cachés ? s'interrogeait-il en se grattant la tête.

Les murs de la galerie étaient couverts de paysages sereins où l'on remarquait çà et là une laitière ou une vache paisible. Il n'y avait nulle part trace d'une toile futuriste ou surréaliste.

Nous revînmes sur nos pas et nous finîmes par trouver un petit gardien au cheveu rare, vêtu d'un costume noir qui sentait le moisi, dont les petits yeux semblaient n'avoir jamais vu le soleil.

— Nous cherchons la salle des surréalistes, lui dit Wolfgang.

— Oh ! *mein Herr,* marmonna le petit bonhomme, à voix très basse, en se frottant les mains, on ne peut plus les voir. Il ne faut plus les voir du tout. La *Kulturkammer* a déclaré qu'ils étaient décadents et démoralisants. Ils ont été placés à un étage spécial où le public n'est pas admis.

Wolfgang ne se laissait jamais impressionner. Il sortit sa carte et la remit au gardien d'un air péremptoire.

— Je suis membre de la *Kulturkammer.* Veuillez nous délivrer un permis spécial, pour mes amis et moi-même, afin que nous puissions voir l'art décadent.

Le petit homme agita les mains sans savoir quelle décision prendre, mais Wolfgang paraissait si sûr de lui que, après un instant d'hésitation, il nous mena à son bureau, tout en hochant la tête et en maugréant alors qu'il remplissait un formulaire pour nous autoriser à visiter l'étage interdit. Il nous guida dans les escaliers jusqu'à une porte qu'il ouvrit, en se tenant aussi loin que possible, comme si elle était contaminée, puis s'enfuit comme s'il avait peur que nous ne le convions à entrer avec nous.

Il nous laissa donc seuls tous les trois au milieu d'une vaste collection d'art censuré. Les peintures n'étaient pas vraiment exposées, mais accrochées en rangs serrés ; il y en avait tant qu'on ne voyait plus les murs. Et il ne s'agissait pas que d'œuvres modernes, loin de là. Wolfgang s'arrêta net devant le portrait d'une vieille femme qui sautait aux yeux tant il semblait vivant. On avait l'impression de toucher cette peau parcheminée qui s'accrochait à de vieux os. La vieille femme avait la tête couverte d'un châle jaune et ses yeux perçants brillaient sous les paupières comme ceux d'une souris.

— Comment est-il arrivé ici? hurla Wolfgang. (Puis il leva la tête et ses narines s'élargirent.) Le peintre est juif, ce qui rend évidemment ce chef-d'œuvre décadent et démoralisant!

Il eut un petit rire sec et me prit par le bras.

— Cette vieille femme n'est pas morte d'avoir été cachée ici, pas vrai? Elle est plus vivante que tous ces paysages fadasses qui s'accordent mieux avec leurs idées de culture nationaliste, n'est-ce pas? Je vais te dire ce que je crois, ajouta-t-il simplement. Je suis un artiste, et je crois que l'art est une chose qui prend vie partout dans les yeux qui le regardent et dans les cœurs qui le ressentent. C'est comme la religion, mon ami. On a beau l'enfermer ou le cacher, l'art ne meurt pas. Ils se trompent, ceux qui croient se débarrasser de quelque chose en le couvrant d'un voile. Ils ne peuvent détruire ni ta foi ni la mienne en les mettant sous clef dans leur grenier nationaliste; un jour, ils l'apprendront à leurs dépens.

Puis, comme honteux de l'émotion qu'il avait trahie, il recouvra sa gaieté.

— Regarde. Voici nos peintres modernes les plus fantastiques. Venez voir, Fräulein Menz, et dites-moi ce que vous en pensez.

Il s'arrêta devant une peinture très vernie, où un ressort brisé semblait sortir d'un rosier.

— Non, attendez. Je vais interpréter celle-ci à la manière de Karl. Je vais philosopher à sa place. Qu'avons-nous ici? (Il pencha la tête de côté et ses yeux pétillèrent.) Eh bien, c'est clair comme le nez au milieu de la figure. Nous voyons ici, peint d'après nature, votre ami le révérend Müller qui essaie de s'introduire dans l'Église.

Il me fallut rire malgré moi, en même temps qu'Erika et lui.

— Alors c'est une peinture très morale, et les nazis ont eu tort de la cacher, commenta Erika tout en riant. (Elle tourna la tête.) Pourtant, c'est cette vieille femme que je préfère.

— Je suis bien d'accord avec vous, dit Wolfgang. La vieille femme transcende leur morale.

Et nous allâmes admirer à nouveau ce magnifique portrait. Nous fûmes sans doute les derniers Berlinois à l'avoir vu.

CHAPITRE VII

Pendant quelques jours, après la capitulation de Lietzmannn, j'errai autour de l'université sans avoir la force de me révolter davantage. Une année, quand j'étais adolescent, j'avais passé des vacances au bord de la mer et j'étais parti un matin me baigner dans l'eau salée, bien qu'on m'eût averti d'une forte marée. J'avais nagé sans peine, porté par le courant, en respirant à pleins poumons l'air mordant et en plongeant mon visage dans l'eau claire. Puis tout à coup le flot était devenu agité ; deux forces luttaient l'une contre l'autre ; les vagues furieuses tournoyaient et se heurtaient, et je commençai à nager vigoureusement avec mon propre courant, en luttant contre la force opposée. J'aimais cette résistance que m'opposait la marée, ce corps à corps dans lequel j'étais tantôt poussé en avant, tantôt rejeté en arrière. Je me débattais contre l'eau qui semblait se changer en élément solide. Soudain, je fus saisi comme par un bras puissant, muscles raidis. Je fus entraîné sous la surface ; le vert sombre de la mer aveugla mes yeux ouverts, ma bouche fut écœurée par le sel, mon nez bouché, et je me sentis glisser rapidement tout au fond de l'eau glaciale. Cette force qui m'attirait était tellement plus puissante que je ne l'avais cru, j'étais tellement frigorifié et paralysé par le choc de l'assaut que je ne pouvais plus bouger. L'obscurité balayait mes yeux en vaguelettes et j'observais un morceau d'algue qui s'emmêlait et se démêlait en passant devant mon visage. J'étais en train de me noyer, mais brusquement cette pensée brûlante partit de mon cerveau pour irradier mes muscles et les détendre ; je tâchai de regagner la surface, je bus la tasse, mais je voulais retrouver l'air pur. Je réussis à m'extirper du courant et à nager lentement mais résolument jusqu'au rivage, où je pus m'étendre, tremblant de froid.

Le cauchemar de ce moment d'immobilité glacée, lorsque la marée m'avait pris, me revenait parfois, dans les périodes d'émotion intense. Je ressentais la même raideur, le même engourdissement de la volonté qui m'avait frappé quand j'avais été aspiré par le monde sous-marin. À présent, le coup de ce qui me semblait être une traîtrise, une lâcheté de la part de l'homme à qui nous avions fait confiance, le soulagement et la rapidité avec lesquels les étudiants avaient renoncé à leurs efforts dès qu'une issue leur avait été montrée, tout cela me laissait, après un premier élan de rage, dans un état d'hébétude. Je passai plusieurs jours dans une apathie mentale complète, plus froide que le désespoir. Mon cerveau était sans espoir, sans volonté, sans vie.

Comme si on l'avait mis en scène pour moi, j'avais conscience du parallélisme entre la calamité actuelle et le danger physique remémoré. J'avais nagé, porté par le fort courant de l'Église, soutenu par mes camarades, fier de ma foi, luttant avec assurance contre une marée que je méprisais, puis, d'un seul coup, le courant nazi s'était révélé le plus fort ; la marée qui me portait avait disparu, les hautes vagues noires m'avaient engouffré de sorte que j'étais suspendu, asphyxié, impuissant, sans savoir comment protester, incapable de tendre la main dans aucune direction.

Un matin, je m'assis sur un banc dans les jardins de l'université ; l'ombre des feuilles de lilas qui dodelinaient au-dessus de moi dessinait sur l'allée un motif changeant et me protégeait de la chaleur de l'été. Tout mon corps était engourdi, sans vie ; je n'avais pas assez de volonté pour réagir à la caresse du soleil. J'observais avec une passivité détachée les visages animés des étudiants qui passaient, la couleur des insignes des *Korps,* le mouvement de tous ces pieds qui allaient d'un endroit à l'autre. Au fond de moi résidait un noyau de souffrance que je finirais par examiner de plus près, mais pour le moment ma tête refusait de fonctionner, et les silhouettes qui défilaient devant mes yeux semblaient agitées par les mouvements incohérents qu'ont les personnages d'un rêve, sans aucun rapport avec ma propre vie.

Je vis sans y prêter le moindre intérêt l'une de ces silhouettes se détacher d'un groupe et s'approcher de moi pour devenir de plus en plus grande, comme un ballon que l'on gonfle. Cette forme avait d'abord masqué un petit morceau du chemin, puis les buissons situés plus loin, avait ensuite caché les arbres et les gens, pour devenir une monstrueuse surface derrière laquelle disparaissaient les larges bâtiments de l'université et qui s'étendrait encore jusqu'à oblitérer tout le paysage en remplissant tout mon champ de vision.

Je vis une main se lever et soulever un chapeau. Quelque chose se débloqua dans mon cerveau et je vis, planté devant moi, le même jeune homme dégingandé qui avait regardé la procession catholique par la fenêtre de l'amphithéâtre et qui avait dit : « S'ils peuvent encore défiler, nous pouvons encore faire campagne. »

Je fis un effort pour me lever et pour ôter mon chapeau, puis je contemplai son visage sérieux, couvert de taches de rousseur.

— Herr Hoffmann, dit-il, vous vous souviendrez peut-être de moi. Je m'appelle Erich Döhr. Je vous prie de m'excuser pour vous avoir tiré de votre réflexion, mais je suis curieux de savoir si, comme nous, vous pensez que la lutte pour la liberté de l'Église ne doit pas s'arrêter maintenant. Seriez-vous prêt à prendre un risque supplémentaire afin de poursuivre la campagne jusqu'au bout?

Ses paroles répandaient sur mon esprit accablé une fraîcheur et une clarté délicieuses, et je remarquai aussitôt que l'air était plein des parfums verts de l'été qui commençait, que les moineaux gazouillaient et sautaient dans l'herbe.

— Si je serais prêt? balbutiai-je.

— Vous n'allez pas voter pour Müller?

— Bien sûr que non. (Je me sentis parcouru d'un regain d'énergie.) Vous voulez dire que nous ne sommes pas seuls? Certains d'entre vous continuent l'action?

— Venez, je vais vous les présenter, dit-il en souriant.

Il m'emmena vers un petit groupe réuni en cercle dans le jardin.

— Voici Herr Karl Hoffmann, de la faculté de théologie, annonça-t-il. Je connais son action et il n'est pas de ceux qui se sont résignés à suivre Lietzmannn dans le camp des chrétiens allemands.

Il me présenta tous les membres de cette assemblée hétérogène, composée d'étudiants en médecine, en droit, en théologie, en économie, en histoire. Eugen Ostwald, étudiant en médecine, trapu et d'allure belliqueuse (il arborait sur la joue une longue balafre), se mit à m'interroger, en parlant très vite car beaucoup d'autres étudiants passaient non loin de nous.

— Vous êtes disposé à continuer à œuvrer pour l'élection du Dr von Bodelschwingh, même après que le gouvernement s'est déclaré en faveur de son adversaire?

— C'est une occasion que j'espérais, mais je ne voyais aucun moyen de le faire.

— Vous serez chargé de l'envoi de notre propagande antigouvernementale. Vous pourriez être arrêté et subir le sort réservé aux traîtres.

— C'est un risque que je suis tout à fait prêt à courir. Je crois depuis toujours que cette élection est plus importante qu'on ne le pense.

— Nous sommes tous du même avis. Il s'agit de bien davantage que la nomination d'un évêque. C'est une attaque contre notre liberté de foi, et la résistance devrait venir de tous, pas seulement des pasteurs.

— Ce que vous me dites me donne plus d'espoir que tout ce que j'ai pu entendre depuis que le nom de Müller a été prononcé pour la première fois. Apparemment, vous réunissez des gens de tous horizons. Êtes-vous nombreux ? Qui vous dirige ?

— Un cerveau dirige notre organisation, répondit Ostwald à voix basse. Nous nous répartissons en petits groupes pour éviter d'attirer l'attention. Nous portons le nom de *Christliche Kampffront,* le Front de lutte chrétien. Nous commençons à peine et nous ne recrutons que des hommes sûrs. Nous travaillons tous les jours dans des endroits isolés et nous diffusons autant de propagande que possible parce que le temps presse.

— Votre leader est intelligent. Votre système paraît bien conçu.

— C'est un vrai bouledogue, répondit Ostwald avec enthousiasme. Lorsqu'il mord, il ne lâche plus prise. C'est un grand bonhomme, comme Lietzmannn, mais il ne flanche pas dès que les nazis bousculent un peu l'Église. Il a enfilé sa tenue de combat.

— Comment s'appelle-t-il ?

— Niemöller. C'est le pasteur de l'église de Dahlem.

J'acceptai aussitôt de rejoindre le *Christliche Kampffront.* Je promis de sonder deux ou trois de mes connaissances en qui je pouvais avoir confiance et qui seraient certainement aussi prêtes à combattre que moi. Après m'avoir serré la main, Ostwald me remit une petite carte où figurait une adresse dans une banlieue de Berlin.

— Nous espérons vous y voir en début d'après-midi,

m'apprit Erich Döhr, qui m'avait parrainé. C'est là que nous travaillons, dans la cave. Si vous êtes sûr que vos amis sont entièrement fiables et s'ils sont prêts à aider, ils peuvent venir nous voir dès le matin. Le temps presse et nous devons agir vite.

Je me dirigeai d'un pas vif vers le local du *Korps* de Rudolph, sachant que c'était l'heure de son entraînement d'escrime. Je le fis prévenir et j'attendis, assis au club dans l'un des fauteuils sculptés, tandis qu'il se changeait ; je songeais à toutes les promesses d'un avenir qui paraissait si noir une heure auparavant.

Rudolph descendit rapidement, le visage rouge et les cheveux trempés de sueur. Lorsque je lui parlai à voix basse du nouveau Front de lutte chrétien, il s'enflamma tout de suite et m'appliqua une claque sur la cuisse.

— Bien ! Nous pouvons encore gagner cette manche. Tu sais, Karl, poursuivit-il avec un soupçon de moquerie dans la voix, depuis que le puissant Führer a de nouveau rendu le duel légal, je n'ai plus tellement envie de me battre. La règle est que tout étudiant doit donner satisfaction s'il se querelle avec un membre du *Korps,* et s'il ne sait pas se battre, l'armée doit l'entraîner et lui fournir des seconds. Je peux donc avoir des duels aussi souvent que j'en ai envie, mais cela n'a plus aucun charme. Inscris-moi donc dans ton *Christliche Kampffront* ; ça promet d'être plus intéressant. Je vais être absent pendant trois jours la semaine prochaine, en mission pour le Korps, mais en dehors de ça, je leur accorderai chaque minute de mon temps.

Je courus à travers toute l'université pour trouver Walther Vogler, l'étudiant salarié. Son jeune visage dur s'illumina et ses yeux se mirent à luire tandis qu'il m'écoutait.

— J'ai entendu parler de ce Niemöller. Il doit être solide s'il est prêt à reprendre le combat quand tous les autres abandonnent.

— Nous n'avons jamais eu plus besoin d'un leader.

— On dirait que nous en avons trouvé un.

Mon dernier entretien fut avec Otto Schmidt. Sa petite maison paraissait plus obscure et plus misérable que jamais; je fus accueilli par une odeur de linge humide et de chou rance lorsque Frau Schmidt ouvrit la porte, en s'essuyant les mains sur son tablier. Assis à la table du salon, le visage plongé dans les livres, Otto leva les yeux en m'entendant entrer, et son grand visage lunaire rayonna de plaisir parce que j'étais venu lui rendre visite. Mais lorsque je l'eus entraîné à l'écart pour l'interroger, sa bouche devint lourde et obstinée.

— Vous ne voulez plus travailler pour von Bodelschwingh? lui demandai-je.

— Herr Hoffmann, répondit-il en m'observant avec une tristesse sincère, la question ne se pose plus ainsi. Ce n'est pas que je ne veux plus, mais que je ne peux plus. Chaque pfennig que mon père et ma mère possèdent a été employé pour m'envoyer à l'université. Je les vois se tuer à la tâche du soir au matin, uniquement pour que leur fils puisse s'élever dans le monde. Vous ne comprenez pas ce que cela signifie. Comment pourriez-vous? Mais ils sont heureux de travailler, contents d'être esclaves pour qu'un jour ma mère puisse dire fièrement « mon fils, le pasteur ». Si je m'attire des ennuis, si je dois quitter l'université, cela reviendra à jeter par la fenêtre leurs économies de toute une vie, ce serait étouffer leurs plus chers espoirs. Je ne peux pas prendre ce risque.

— Je comprends, Otto. Je ne vous reproche rien.

Quand je partis, il se tenait sur le seuil, et ce grand gaillard me regarda d'un œil triste tandis que je remontais la rue.

Pour me rendre en banlieue, je devais emprunter une route longue et complexe. Je dus plus d'une fois demander mon chemin. Je pris un métro, deux bus et un tramway avant de me retrouver dans une rue sans prétention, devant une vieille maison décrépie qui semblait appartenir à des particuliers. Me souvenant que Döhr avait dit qu'ils travaillaient dans la cave, je me dirigeai vers le sous-sol. Une fois arrivé dans une vaste salle, sans savoir quelle direction prendre, je marchai d'une porte à l'autre jusqu'au moment où je trouvai une sonnette. Après avoir appuyé, j'attendis ; tout à coup, une porte s'ouvrit de l'autre côté de la pièce et j'entendis une voix :

— Vous êtes là ? Entrez.

Je me retournai, étonné, et je vis l'un des membres du groupe rencontré le matin qui me tendait la main.

— Bonjour, répondis-je en lui rendant sa poignée de main chaleureuse. Quel drôle de système ! Pourquoi la sonnette ne correspond-elle pas à la porte ?

— C'est par sécurité, répondit-il avec une satisfaction naïve. Cela nous permet de voir à quoi ressemblent les visiteurs avant qu'ils sachent où ils doivent aller.

Et je remarquai alors une petite fente dans la porte que je franchis.

Nous entrâmes dans une pièce bruissante d'activité. Dix-huit étudiants s'activaient autour de trois grandes tables ; deux d'entre eux inséraient du papier dans des machines à ronéotyper et six autres pliaient les feuilles avant de les faire circuler. À une autre table, six dactylos tapaient sur des enveloppes les adresses figurant sur une longue liste de noms placée à leur gauche. À la troisième table, on glissait les textes dans les enveloppes, qu'on cachetait et qu'on timbrait avant de les jeter dans de grands paniers.

— Savez-vous utiliser la ronéo ? demanda mon guide.

— Je l'ai souvent fait pour mon père.

— Très bien. Ludwig, voici du renfort, lança-t-il à l'un des étudiants de la première table. Cela tombe bien que vous vous y connaissiez. Ludwig nous rend service, mais il débute, et la machine est capricieuse. Il sera content d'avoir de l'aide.

— Si seulement le stencil ne glissait pas et si j'arrivais à mieux répartir l'encre, ce serait moins grave, dit Ludwig en riant. En tout cas, je vous cède la place bien volontiers.

— Ludwig peut venir ici pour nous aider. On croule sous les enveloppes, intervint une autre voix que je reconnus comme celle d'Erich Döhr.

J'accrochai mon veston et mon chapeau et je remontai mes manches. Après quelques ajustements, la ronéo commença à mieux fonctionner et, au bout d'une minute ou deux, les feuilles se mirent à tourner à un rythme régulier. Mon voisin me regarda avec approbation.

— Maintenant, nous allons pouvoir aller plus vite, dit-il, et je me sentis plein d'une fierté absurde.

Tandis que je déchiffrais par fragments les lettres que je ronéotypais, je sentis l'excitation monter en moi, car elles étaient écrites d'une plume acerbe.

Si nous laissons les nazis placer leur candidat à la tête de l'Église, ils s'en prendront ensuite à notre foi. (« Il a raison », pensai-je.)

Nous ne permettrons jamais une telle intrusion. Il faut les arrêter maintenant.

Notre premier devoir est envers Dieu et envers la parole de Dieu.

Si nous sommes privés de notre nourriture spirituelle, ce sera par notre propre faiblesse.

Résistez aux exigences injustifiées du gouvernement !

(« Bravo ! C'est la position que nous aurions dû prendre dès le départ. »)

Müller ne doit en aucun cas être élu.

Tous les membres de l'Église doivent voter en bloc pour von Bodelschwingh.

— Qui écrit ces lettres ? demandai-je à Erich Döhr, lorsqu'il vint à ma table en chercher une pile.

— C'est Niemöller.

— Il vient ici souvent ?

132

— Il ne vient jamais. Si les nazis flairaient ce que nous faisons, c'est à lui qu'ils s'attaqueraient en premier. Nous avions besoin d'un dirigeant comme lui. Nous devons le protéger par tous les moyens.

— Comment obtenez-vous les lettres?

— Nous ne savons pas exactement comment elles arrivent ici. Mais toutes nos fournitures, papier, enveloppes, timbres, tout nous attend ici quand nous arrivons le matin.

— Et les listes de noms? Comment vous procurez-vous toutes ces adresses?

— Niemöller nous les envoie aussi, m'apprit Erich. C'est un homme extraordinaire. Il a vu clair dans le jeu des nazis dès le premier jour, et il s'est mis au travail. Il a écrit à des centaines de pasteurs dans tout le pays et ils lui ont envoyé toutes ces listes de fidèles auxquels il pouvait s'adresser, et aussi les noms d'autres pasteurs. Je ne peux pas vous dire combien de milliers de lettres nous avons déjà envoyées alors que nous ne travaillons que depuis dix jours.

Le travail se poursuivait à la même cadence, parfois interrompu quand les ronéos avaient besoin d'un nouveau stencil. Dehors, la nuit tomba et les lampadaires s'allumèrent. L'heure du repas passa inaperçue. Finalement, Eugen Ostwald, qui semblait plus ou moins diriger les opérations, se leva de sa table et consulta sa montre.

— Nous allons devoir arrêter si nous voulons mettre tout ça à la poste, annonça-t-il.

Les dernières enveloppes furent cachetées et timbrées. Des valises furent tirées d'un recoin et bourrées de lettres. Le surplus fut entassé dans deux grands paniers qu'il fallait porter à deux, et nous partîmes dans la nuit embaumée avec notre précieux chargement. Tout ce papier était bien lourd et les valises comme les paniers étaient encombrants, mais nous étions jeunes, le ciel brillait d'étoiles et nos cœurs exultaient à l'idée de notre travail. Tout le monde plaisantait tandis que nous cheminions lentement vers la poste locale. Nous dûmes nous relayer pour insérer notre production dans les boîtes aux lettres; quand les valises furent vidées, trois hommes furent chargés de les rapporter à la cachette et les autres partirent vers la ville, pleins du sentiment du devoir accompli.

Je me hâtai de rentrer chez moi pour faire un brin de toilette, manger un morceau dans un restaurant voisin et, puisqu'il était déjà dix heures, je courus chez Erika, car la nouvelle que je voulais lui apprendre me brûlait les lèvres. Comme il était trop tard pour qu'elle reçoive un visiteur chez elle, elle mit un manteau et nous partîmes nous promener dans les rues brillamment éclairées.

— Nous allons nous battre pied à pied et opposer la vérité à leurs mensonges, m'exclamai-je en serrant si fort son bras rond que je dus lui faire mal. Si les nazis trichent, nous révélerons leurs manigances. Hitler a ses troupes d'assaut, mais le Front de lutte chrétien comptera bien plus. Nous combattrons contre l'orage qu'ils ont déchaîné aux portes des églises.

— Ah! Karl, tu me fais peur, protesta Erika. Je suis contente que la lutte continue, bien entendu, mais promets-moi d'être prudent! Si les étudiants nazis sont assez malins, ils verront à ton visage que tu n'as pas capitulé, que tu complotes quelque chose. C'est peut-être parce que je suis une femme et que je ne suis pas très courageuse, mais je suis terrorisée à l'idée qu'il pourrait t'arriver quelque chose. Pense au chagrin de ta mère. Je t'en prie, sois prudent.

— Tu sous-entends que je devrais continuer à avoir l'air affligé, comme si j'étais en deuil, quand je vais à l'université? lui demandai-je en riant.

— Cela vaudrait mieux que d'avoir cet air plein d'une joie secrète, riposta Erika.

— Très bien, chère petite camarade, je te promets de prendre les plus grandes précautions.

Elle semblait réellement émue, et je posai la main sur mon cœur comme nous le faisions quand nous étions enfants, pour prêter un serment solennel. Elle m'adressa un sourire de reconnaissance.

— Je ne parviens pas à m'y habituer, dit-elle lentement. Les rues, les maisons, les pierres, les lampadaires sont les mêmes, les gens marchent, courent, mangent, parlent et rient comme ils l'ont toujours fait, mais je sens à présent comme une menace derrière tout cela, quelque chose d'obscur que nous ne voyons même pas venir. Cette chose a le pouvoir de nous frapper, de nous détruire entièrement, et personne ne lèvera les yeux si nous sommes anéantis, personne ne remarquera notre disparition.

Autour de nous, les rues étaient pleines d'animation. Je remplis mes poumons de l'air parfumé du soir.

— Ce soir, tout va bien, Erika. Demain je continuerai à travailler pour ce en quoi j'ai foi. Je suivrai les conseils de mon ami Vogler et je refuserai de m'inquiéter de la menace nazie tant qu'elle ne m'a pas rattrapé.

Le lendemain matin, je présentai Walther Vogler et Rudolph au *Christliche Kampffront*. On nous avait prévenus de ne pas aller ensemble au lieu de rendez-vous, afin de moins attirer l'attention, et nous prîmes des chemins différents pour nous diriger vers la vieille maison où nous attendaient les lettres de Niemöller.

Ce jour-là, les premières lettres étaient rédigées en anglais. Elles seraient envoyées aux Églises d'Angleterre et d'Amérique pour leur montrer quel danger guettait l'Église allemande si Müller, le candidat des nazis, prenait la direction des affaires divines. Une fois les stencils prêts, la journée put commencer. Les lettres en anglais furent vite imprimées et nous revînmes à la propagande qui se déverserait le soir même, par le courrier, aux quatre coins de l'Allemagne, pour porter un cri d'espoir et appeler au combat tous ceux qui aimaient leur foi.

Jour après jour, le travail se poursuivait au même rythme sans heurts.

— C'est curieux comme ce boulot a l'air banal, remarqua Rudolph. Nous pourrions être de petits employés dans le plus bête des bureaux. Je ne sens même pas un soupçon de danger.

— C'est aussi bien comme ça, lui répondis-je. Le mieux que nous pouvons espérer, c'est de n'avoir aucun ennui et de faire parvenir nos lettres à bon port.

Le travail était monotone, mais il avait plus d'effet que nous ne le soupçonnions. C'était l'étincelle qui allait allumer un grand feu, qui allait déclencher une bataille plus furieuse que nous ne l'imaginions, une révolte silencieuse qui devait s'amplifier d'année en année et dont les répercussions hantent encore les rêves des chemises brunes, au beau milieu de leur guerre.

Nous nous considérions comme une poignée de volontaires impliqués dans une campagne électorale. Nous nous attaquions au premier objectif disponible, heureux que la bataille n'ait pas été abandonnée avant même d'avoir commencé.

Le matin du sixième jour, nous nous étions adaptés à notre routine. Rudolph n'était pas là car il avait été appelé par ces affaires du *Korps* dont il m'avait parlé. Quelques-uns n'étaient pas encore arrivés, mais tous les autres étaient à l'ouvrage quand la sonnette retentit. On ouvrit la porte toute grande pour accueillir le retardataire et, avant que nous ayons eu le temps de comprendre ce qui se passait, la police envahit la pièce.

— Vous êtes tous en état d'arrestation, aboya une voix rauque.

Je sentis une main s'abattre sur mon épaule et je fus poussé vers la sortie avec les autres. On nous jeta dans des voitures de police. Par la fenêtre, je vis défiler les maisons, les mêmes, exactement les mêmes qu'autrefois, comme Erika l'avait remarqué la veille. Et j'étais maintenant un hors-la-loi, pris sur le fait et arrêté pour ce qui n'aurait jamais dû être un crime dans un pays libre. J'avais envie de hurler afin que cette ville indifférente se réveille pour voir ce qui se passait, pour sauver son Église bien-aimée, pour sauver sa liberté, pour protester avant qu'il soit trop tard.

Je sentis une pointe au cœur en me rappelant que j'aurais dû emmener Erika au théâtre ce soir-là. Je ne pourrais même pas lui téléphoner pour la prévenir.

Au commissariat, on releva notre identité et on nous enferma aussitôt dans des cellules. Je ne crois pas avoir compris dans quelle situation je me trouvais, même quand j'entendis le cliquetis métallique de la serrure qui se fermait. Je me dirigeai vers la porte pour la secouer doucement ; comme si une lampe s'était allumée dans mon esprit, j'eus soudain la révélation que j'étais sous les verrous, irrévocablement, incapable de m'échapper, loin du soleil et du ciel d'été, loin de l'agitation des rues, des toiles amassées dans l'atelier de Wolfgang, du bruissement des voix autour d'un feu, du clocher de la belle vieille église de Magdebourg, loin des visages de mon père et de ma mère. La crainte et la solitude me glaçaient, et cette odeur forte que j'avais dans les narines, c'était la puanteur sans âge des prisons.

Les cellules débordaient. Six d'entre nous furent placés dans un réduit où se serraient déjà une dizaine d'hommes, des vagabonds vautrés çà et là. Les quelques lits en fer étaient déjà occupés et nous avions le choix entre rester debout ou nous asseoir sur le sol humide.

— Il y a une chose qu'il faut accorder au nouveau gouvernement, dit gaiement Vogler, qui restait bien plus optimiste que les autres, même si rien ne marche vraiment en Allemagne, au moins les prisons sont en plein essor.

Le temps s'écoula lentement.

— Quand pensez-vous qu'on découvrira ce qui nous est arrivé? demanda l'un des étudiants. Quelqu'un va peut-être informer...

Eugen Ostwald l'interrompit vivement par un geste d'avertissement et en lançant un regard significatif vers les autres hommes qui partageaient notre cellule. Puisque nous ne savions pas qui ils étaient, nous n'étions pas libres de mentionner des noms. Le temps s'écoulait dans un silence rarement interrompu. La plupart des sujets qui nous venaient à l'esprit n'avaient rien d'encourageant. Mon seul soulagement était de savoir que Rudolph n'avait pas été pris.

Au bout de vingt-quatre heures, tous les étudiants furent appelés et conduits en rang par deux dans la cour, où les attendait un camion gardé par deux SA en chemise brune. Dès que nous fûmes entassés à l'intérieur, le véhicule démarra.

— Où allons-nous? demanda quelqu'un.

Nos gardes n'avaient guère envie de parler aux prisonniers, mais un jeune nazi aux yeux bleus qui se trouvait près de moi (il devait avoir dix-huit ans à peine) répondit, assez aimablement :

— On vous emmène dans un camp de concentration. Ce n'est pas loin.

— Mais nous n'avons été accusés d'aucun délit, protestai-je. N'y aura-t-il pas de procès?

Le soldat haussa les épaules comme pour indiquer qu'il ne pouvait pas me renseigner, mais il continua à m'observer avec une sorte de curiosité amusée. Je décidai de tirer de lui un maximum d'informations.

— Savez-vous ce qui s'est passé, pourquoi ils sont venus nous arrêter?

Ma question révélait en fait la peur d'une trahison, sans doute présente dans tous les esprits.

Le jeune nazi éclata de rire.

— Vous avez été imprudents. Vous pensiez que le receveur ne remarquerait pas les envois en masse qui

arrivaient chaque soir? Ça a fini par éveiller ses soupçons et il est allé trouver la police. Après, nous n'avons
eu aucun mal à trouver votre cachette.

— Quelle bande d'imbéciles nous sommes! grom-
mela Erich Döhr, en se frappant la tête du poing. Et
comme si ce souhait futile s'était imprimé sur tous les
visages, je vis que chacun aurait voulu remonter dans le
temps pour mieux faire ce que nous avions si évidemment raté.

Le camp de concentration se composait de longues
rangées de bâtisses grises entourées de fils barbelés. Les
gardes n'y étaient pas aussi sympathiques que le jeune
homme du camion; ils nous traitèrent avec un mépris
brutal.

À notre arrivée, on nous aligna pour une sorte d'inspection. Deux grands SS nous passèrent en revue, en
nous dévisageant avec des froncements de sourcils exa-
gérés. Eugen Ostwald se tenait un peu en avant et,
apparemment, le garde fit exprès de lui écraser la pointe
des pieds avec le talon de ses bottes. Ostwald rougit et
la cicatrice de sa joue devint blanche et saillante.

— Regarde donc où tu mets les pieds, balourd!

L'instant d'après, il gisait à terre, la bouche en sang.
Un frisson parcourut les échines, car c'était notre première leçon de discipline. Cela nous apprit à être beaucoup plus discrets.

Le plus déprimant, dans ce camp, était le visage des
prisonniers. Ils étaient si résignés, si hébétés, si bête-
ment patients. Briser le corps d'un homme est un acte
brutal et barbare, mais briser ainsi son esprit ne relève
pas de la barbarie; c'est un raffinement de civilisation
dans la cruauté, c'est un crime contre Dieu. Un petit
homme aux cheveux gris gémissait constamment,
comme un chiot. Un jour, j'essayai de lui parler, la
bouche en coin car les prisonniers n'étaient pas censés
bavarder, mais il n'eut pas l'air de m'entendre.

Nos journées se partageaient entre les corvées et

l'entraînement militaire. Elles incluaient aussi un discours de propagande, qu'on qualifiait de « formation à l'idéologie correcte ».

Tout ce qui empêchait la marche triomphale du national-socialisme devait être abattu. Le christianisme était une doctrine destinée aux faibles, une abjecte création d'esprits juifs qui ne servait qu'à abâtardir et à émasculer les héros aryens dont l'Allemagne de demain serait peuplée. La vraie religion naturelle devait consolider la force joyeuse du sang nordique qui était notre salut.

Voilà donc ce que devra affronter l'Église, pensais-je. À l'extérieur, ils ne s'expriment pas aussi clairement, mais ici, ils peuvent crier leurs insanités, et ils nous laissent voir ce qu'ils ont vraiment en tête. Ce n'est pas seulement l'Église, c'est le christianisme même qu'ils veulent détruire.

Le quatrième jour, en fin d'après-midi, un garde vint me chercher. Le commandant voulait me voir. Malgré ma décision de prendre mon emprisonnement du bon côté, je n'avais pu éviter un sentiment de malaise récurrent en pensant à l'avenir. J'ignorais absolument si mon arrestation était connue du monde extérieur, si quelqu'un aurait pu découvrir où j'étais ou si je n'avais pas entièrement disparu, corps et biens.

Debout devant le bureau du commandant, je sentis mon cœur battre à tout rompre, d'inquiétude et d'espoir à la fois. L'homme passa la main sur ses mâchoires rasées de près.

— Vous vous appelez Karl Hoffmann ?

Je répondis oui.

— Vous allez être emmené à Berlin pour y être jugé.

L'espoir l'emporta brusquement. Au moins, je n'avais pas été jeté aux oubliettes ! Quelqu'un savait où j'étais, et j'allais enfin avoir droit à un procès. Deux soldats me conduisirent jusqu'à une voiture et, cette nuit-là, je dormis dans une prison de Berlin.

Le matin, je fus amené dans une longue pièce dont les portes étaient gardées ; un officier nazi était assis à une table cirée. Ce n'était pas un tribunal, mais une audience allait y avoir lieu. Je fus très agréablement surpris. L'officier nazi se montra presque aimable avec moi.

— Herr Hoffmann, voulez-vous bien m'expliquer pourquoi vous avez participé à ces envois de propagande à l'encontre des vœux exprès du gouvernement ?

— Je croyais servir les intérêts de l'Église, monsieur.

— Qui d'autre était impliqué, à part les hommes que nous avons arrêtés ?

— Je ne connais personne d'autre, monsieur.

— Hum... (Son regard brillant exprima une approbation narquoise.) À l'avenir, si vous me permettez ce conseil, vous devriez faire à votre gouvernement le crédit de savoir défendre les intérêts de l'Église. (Il se leva.) Nous vous relâchons à cause de votre jeune âge. Désormais, évitez de vous mêler de ce qui vous échappe.

Il m'indiqua la porte et je compris que j'étais libre de partir. Tout me parut inexplicablement facile jusqu'au moment où, dans l'antichambre, je découvris les traits fins et énergiques de mon père qui me guettait d'un œil bienveillant.

Tandis qu'il me ramenait à Magdebourg dans la voiture familiale, je lui racontai les circonstances de mon emprisonnement. Son visage s'éclaira quand je lui décrivis le travail du Front de lutte chrétien et s'obscurcit lorsqu'il m'entendit évoquer le camp de concentration. Je lui racontai nos leçons sur la suprématie aryenne et le traitement réservé au christianisme, cette doctrine destinée aux faibles. Quand j'eus satisfait toute sa curiosité, il me relata les événements qui s'étaient produits pendant le temps où j'avais été coupé du monde extérieur, prisonnier des nazis.

Le jour de mon arrestation, Erika avait été très dépitée de ne pas me voir au théâtre. Elle avait cru que je l'avais oubliée, dans l'enthousiasme de mes autres activités, et elle avait décidé de se montrer très froide avec moi le lendemain. Ne me voyant pas réapparaître à l'université, elle s'en était émue, et comme elle se sentait un peu responsable de moi devant mes parents, ainsi qu'elle l'avait dit à mon père, elle avait appelé ma logeuse pour savoir si j'étais malade, et c'est alors qu'elle avait appris que je n'étais pas rentré de la nuit.

Inquiète pour de bon, et me sachant lié au *Christliche Kampffront,* elle était partie à la recherche d'autres membres du groupe. Tous avaient disparu. Elle prit le bus pour Dahlem et se trouva bientôt chez le pasteur Niemöller. C'était la première fois qu'elle voyait cet homme au visage rude et terreux, à l'œil vif, à la bouche ascétique, mais dont les traits incisifs étaient adoucis par une sagesse et une patience qui inspiraient aussitôt confiance.

— Je cherche les hommes du Front de lutte chrétien, je cherche mon vieil ami Karl Hoffmann.

— Ils ont été arrêtés, lui avait répondu gravement Niemöller.

Les larmes avaient jailli des yeux de la jeune fille, alors même que cette nouvelle était celle qu'elle pressentait depuis le début.

— Savez-vous où ils sont détenus ? Je veux voir Karl. Je vais devoir dire à ses parents où il se trouve.

— Vous voulez voir Karl, mais je crois que vous voulez surtout l'aider, n'est-ce pas ? demanda doucement Niemöller.

— Oui, bien sûr.

— Réfléchissons au meilleur moyen de l'aider. Nous avons affaire à un nouvel ennemi sans scrupule. Je peux vous dire comment voir Karl, bien sûr. Je sais où il est, mais je ne crois pas que cela vous serait d'aucune utilité. Pour vous, la meilleure chose à faire est d'aller tout de suite voir les parents du jeune Hoffmann. Ils ont des amis qui pourront faire le nécessaire.

— Vous croyez que je ne dois pas aller le voir en prison ?

— Cela servirait seulement à donner aux nazis l'occasion d'apprendre tout ce que vous savez. S'ils vous enferment dans une cellule pour essayer de vous faire parler, vous serez bien avancée. Je ne peux pas aller trouver la police ; ils refuseraient d'agir. Le gouvernement a l'œil sur moi, et si j'interviens directement, cela risque de lui nuire plus que de l'aider.

— Alors, nous ne pouvons rien faire ?

— Dès que j'ai appris leur arrestation, lui assura Niemöller, je me suis adressé aux personnalités les plus influentes. J'ai mes raisons de croire qu'ils seront tous libérés dans peu de temps.

— Je tremble, avoua Erika, depuis que je sais à quoi ils travaillent.

— Mon enfant, ils ne sont impliqués dans aucun combat personnel ou politique. Ils n'ont obéi qu'à Dieu. Si nous acceptons tous le risque physique, c'est afin d'être libres de dire l'amour divin qui ne nous a pas oubliés dans l'angoisse de Gethsémani ou lors des heures de torture, sur la Croix. C'est pour que les gens ne se sentent ni abandonnés ni trahis, pour qu'ils comprennent qu'aucune puissance ne peut défier Dieu, pour qu'ils apprennent que le seul accès à la vie passe par Son amour et Sa pitié infinies, et que cette voie existe toujours malgré les ténèbres qui ont recouvert la surface de notre pays.

Le courage de cet homme à l'œil noir semblait pénétrer la jeune fille, qui se sentit honteuse de sa faiblesse.

— J'ai l'impression de m'être arrêtée à des choses bien petites. Je n'ai pensé qu'aux risques physiques que Karl courait. Si c'est là le sens du combat qu'ils mènent, dit-elle lentement, alors ce combat est aussi le mien. Je ferai tout ce que vous me direz.

— Ce que nous devons d'abord apprendre dans une lutte comme celle-ci, mon enfant, c'est à ne pas chercher le martyre. La stratégie politique à laquelle nous sommes tout à coup confrontés est un domaine à découvrir. Nous devons apprendre, et apprendre très vite, à travailler ensemble, en secret, afin d'opposer aux manigances malhonnêtes l'obstination de notre foi.

C'est avec une force nouvelle qu'Erika quitta le bureau où elle était entrée si timidement. Elle aussi était résolue à suivre cet homme énergique qui associait au courage chrétien une perspicacité réaliste. Ce soir-là, elle prit le train pour Magdebourg et se rendit chez mes parents alors que la nuit était très avancée.

— J'étais déjà déprimé et le choc fut rude lorsqu'elle m'a dit que tu avais été arrêté, me confia mon père. Et ta mère a beaucoup souffert, Karl.

— C'est ce que je craignais, papa. Mais je sentais que je devais participer à la lutte.

— Oui, oui, je ne te reproche rien. Pourtant, pendant un moment, je suis resté sous le choc. Tu connais ma vieille tête. Mais cela n'a pas duré longtemps. J'ai compris qu'il fallait aller trouver notre maire pour qu'il use de son influence. Il a consenti, au nom de notre vieille amitié.

— Ainsi, c'est le maire qui a négocié ma libération?

— Il s'est attelé à cette tâche dès le lendemain. Nous avons dû faire une pétition. Nous avons rencontré les hauts responsables et nous leur avons expliqué que tu étais jeune et impétueux. (En prononçant ces mots, mon père me souriait un peu tristement.) Cela nous a pris près d'une semaine. Cela m'a semblé plus long. Cette semaine-là fut interminable. Ta mère se faisait bien du souci, et je la réconfortais comme je le pouvais. Et j'étais obligé de subir les conseils de notre ami le maire. Il espère que cela m'aura appris à sentir le vent tourner et qu'à l'avenir j'aurai la sagesse de ne pas résister au nouveau mouvement qui anime l'Église.

— Tu n'es pas d'accord avec lui?

— Non, je ne suis pas d'accord. Mais bien sûr, je ne pouvais pas le lui dire. Pourtant, maintenant que tu es de nouveau libre et que l'élection est passée...

— L'élection! m'écriai-je. Elle a eu lieu et je ne m'en suis même pas rendu compte. Que s'est-il passé? Raconte-moi...

— J'ai reçu les bulletins de vote le jour où Erika est venue nous annoncer ton arrestation. Tu ne les as pas vus, naturellement. Tu imagines comment ils étaient formulés?

Mon père se mit à fouiller dans une poche intérieure, dont il finit par tirer un morceau de papier que je dépliai. On y lisait cette phrase :

PENSEZ-VOUS COMME LE FÜHRER QUE MÜLLER DOIT ÊTRE *REICHSBISCHOF*?

OUI ( )
NON ( )

— Tu veux dire que ça, c'est un bulletin de vote?

— C'est le bulletin officiel.

— Mais, balbutiai-je, il n'y est pas question de von Bodelschwingh.

— Pas du tout. Et voilà ce qu'on appelait une élection! Tu imagines ce que je ressentais. Puisqu'il serait impossible de voter pour un autre que Müller, la bataille était perdue, et une Église divisée ne pouvait mettre sur pied un revirement de dernière minute.

— C'est une ruse démoniaque! C'est invraisemblable!

— Je dois avouer que cela m'a un peu abattu. J'avais peine à le croire, mais ils ont osé! (Je vis un éclair de colère traverser le visage de mon père.) Et notre petite Erika est arrivée avec ces nouvelles. Ce fut pour moi une triste journée, Karl.

Je sentis à cet instant mon cœur déborder de sympathie et d'affection.

— Mais le jour de l'élection, que s'est-il passé ? Müller a-t-il été élu ? Quel a été le pourcentage de votes négatifs ?

— Selon le communiqué officiel, répondit mon père d'un air sinistre, le Dr Müller a été élu à l'unanimité.

Le lendemain, j'écoutai le récit de l'élection que me fit mon ami Johann Keller, qui avait aidé mon père à distribuer les prospectus aux fidèles de la Domkirche et qui avait fait de son mieux pour perturber les rassemblements des chrétiens allemands.

— Ils ont dû avoir beaucoup de bulletins négatifs. Mais ils les ont simplement mis de côté. Pour le décompte officiel, ils n'ont retenu que les bulletins favorables à Müller.

La détresse marquait son jeune visage de plis innombrables.

— Il n'y avait peut-être pas autant de résistance que nous l'espérions. Tu ne sais pas ce que c'est que d'avoir un bulletin à la main et de regarder une urne nazie. Ils prenaient nos noms quand nous avions voté. Comment pouvions-nous savoir si nos bulletins étaient mélangés dans l'urne ? C'était une urne nazie et nous n'en avons jamais vu l'intérieur. Les bulletins s'y empilaient peut-être en ordre, pour qu'ils puissent ensuite associer chaque vote à un nom. C'est le genre de choses auxquelles on pense quand on est là. On ne peut pas s'en empêcher. Si les gens ont eu peur, je ne peux pas le leur reprocher. (Il eut un geste de dégoût.) Il y a pourtant une chose dont je suis sûr, dit-il sur un ton de défi. Leur élection n'a pas été unanime, puisqu'il y avait au moins une voix contre.

— Bravo ! murmurai-je, et nous échangeâmes un sourire.

CHAPITRE VIII

J'étais content d'être de nouveau chez mes parents, de prendre mon temps à l'heure du café, d'être gâté par ma mère qui s'affairait autour de moi, de déguster à nouveau mes gâteaux préférés et toutes les confitures qu'elle confectionnait tout spécialement pour moi. Malgré le bonheur que lui procurait mon retour, malgré la satisfaction qu'elle avait à me voir manger de si bon appétit, nous sentions, mon père et moi, qu'elle restait inquiète. Elle observait le visage de mon père en fronçant un peu les sourcils, puis détournait résolument la tête. Il la prit bientôt sur le fait.

— Voyons, Hedwig, ma chérie. Il y a quelque chose qui te tracasse, n'est-ce pas? Dans ce cas, tu dois m'en parler tout de suite.

— Ce n'est peut-être rien du tout, Franz, dit ma mère d'un ton embarrassé, mais visiblement soulagée de pouvoir tout lui confier. Je ne voulais rien te dire avant que tu aies bu ton café. Il y a là une lettre pour toi, du nouveau *Reichsbischof*.

— Où est-elle?

Le visage de mon père s'était assombri.

— Sur ton bureau.

Il alla aussitôt la chercher pour nous la lire à haute voix, tout en sirotant son café. Le *Reichsbischof* Müller proclamait que le premier dimanche d'août, dans moins d'une semaine, serait un jour d'action de grâces pour célébrer son élection. Un service spécial aurait lieu dans toutes les églises et l'on hisserait les drapeaux. Tout agité, mon père se passa plusieurs fois la main dans les cheveux.

— Voilà où nous en sommes arrivés! explosa-t-il. Nous avons atteint le point où l'Église honore des *hommes* par des fêtes spéciales! Ont-ils complètement oublié que notre fonction est d'adorer Dieu?

Il prit sa tasse et la reposa si fermement qu'elle se fendit en heurtant la soucoupe. Ma mère garda le silence, mais cette porcelaine de Dresde était l'un de ses trésors.

— Un service d'action de grâces, marmonna-t-il. Nous verrons bien.

Se rappelant le jour où les chrétiens allemands avaient célébré leur service dans l'église, il craignait avant tout que le parti nazi n'exige de participer à nouveau. Les longues heures du samedi s'écoulèrent sans un mot, sans un signe des autorités du parti. Mon père mit un soin particulier à préparer son sermon.

Quand les journaux du samedi arrivèrent, cependant, tous publiaient un texte intimant aux SS et aux SA l'ordre de se réunir afin d'assister aux célébrations du lendemain. Des lieux et des heures de rassemblement étaient indiqués pour les différentes compagnies, ainsi que l'église vers laquelle elles étaient censées se diriger. Un autre ordre imposait qu'une brigade munie de croix gammées accompagne chaque groupe.

« Les svastikas seront les premiers à pénétrer dans les églises », était-il écrit.

Mon père lut ce texte avec une expression de suprême déplaisir.

Fait symptomatique, les nazis n'avaient pas pris la peine d'informer les pasteurs du rôle que les sections d'assaut devaient jouer le dimanche. En téléphonant au maire et à d'autres amis qui avaient des sympathies pour le régime national-socialiste, mon père tenta d'en savoir davantage sur les célébrations prévues, mais il ne put rien apprendre.

Le dimanche matin, l'air très calme et résolu, il partit de bonne heure pour l'église. Il accompagna personnellement le sacristain pour vérifier que tout était en place. Il demanda que la bannière ecclésiastique soit accrochée au clocher, comme le *Reichsbischof* l'avait exigé, et il regarda monter le grand drapeau blanc à croix violette, se détachant contre le bleu du ciel d'août.

Puis, quand se mit à retentir la voix profonde des cloches de bronze annonçant à la campagne environnante que le service commençait dans une demi-heure, il se retira dans la sacristie pour se recueillir et pour se blinder avant l'épreuve qui l'attendait.

Environ un quart d'heure avant l'heure du service, on frappa à la porte de la sacristie et trois SA en uniforme firent leur entrée.

— Ce drapeau doit immédiatement être retiré du clocher. Aujourd'hui, c'est le svastika qu'il faut accrocher.

Le pasteur resta bouche bée. Durant toute l'histoire de l'Allemagne depuis la Réforme, aucun drapeau n'avait flotté sur le clocher d'une église à part la grande bannière blanche à croix violette. Ce superbe symbole de la maison du Seigneur illustrait une vieille tradition.

— Je suis sûr que vous vous trompez, répondit-il aux militaires. Le *Reichsbischof* a ordonné de hisser le drapeau.

— A-t-il précisé de quel drapeau il s'agissait ? Aujourd'hui, un seul drapeau doit être visible dans tout le Reich : l'emblème du Führer.

— C'est impossible, déclara violemment le pasteur. C'est contraire à toutes nos traditions. L'Église ne peut arborer un drapeau politique. Vous ne comprenez pas ce que vous essayez...

Il fut brutalement interrompu.

— Avez-vous l'intention d'exécuter nos ordres, oui ou non ?

— Je n'en ai pas l'intention.

— Très bien. Nous allons y veiller nous-mêmes.

Une fois seul, le pasteur resta immobile pendant deux ou trois minutes, bouillant d'indignation. Puis, relevant le bas de sa soutane, il courut vers l'escalier étroit qui menait au sommet du clocher. Quand il eut atteint la plate-forme où était fixée la hampe, il trouva les hommes en train d'attacher la corde retenant leur croix gammée. Le grand drapeau blanc gisait au sol, piétiné.

À cette vue, la fureur de mon père l'emporta sur son habit ecclésiastique. Il s'empara de sa bannière et traversa la plate-forme, écartant de ses larges épaules les nazis stupéfaits. Il tira sur la corde, prit le svastika et se mit à l'arracher avec véhémence. Mais les trois hommes, revenus de leur étonnement, s'approchèrent de lui. Deux d'entre eux l'attrapèrent par les bras et le plaquèrent contre le mur. Le troisième remit en place l'immense croix gammée.

Les militaires étaient des hommes jeunes et le grand gaillard en soutane n'avait pas loin de soixante ans. Il ne put se dégager de leur étreinte, mais il réussit à s'avancer d'un pas lorsqu'il vit de nouveau la bannière noir, blanc et rouge flotter au vent. Il fut aussitôt repoussé contre le mur.

— Doucement, si vous voulez conduire votre service en bonne santé, grogna l'un des hommes qui le tenaient.

— Si vous avez pu faire ça, cria le pasteur, c'est bien que je n'ai plus la force physique nécessaire pour vous en empêcher. Je proteste au nom de l'Église et au nom du Seigneur dont vous avez bafoué le symbole.

— Protestez tant que vous voudrez, ironisa l'un des SA.

Quand la corde fut rattachée, ils le poussèrent dans l'escalier du clocher. Deux d'entre eux l'accompagnèrent jusqu'à la sacristie afin de monter la garde devant la porte.

« Je suis prisonnier, songea-t-il, incrédule. Moi, Franz Hoffmann, je suis prisonnier dans ma propre église. » Il ouvrit lentement la porte qui donnait sur la nef. L'organiste jouait un prélude solennel, et il s'était fait ce silence qui précédait toujours le début du service. C'est alors qu'un fait étrange attira son attention.

Les vingt premiers rangs, des deux côtés de l'allée centrale, étaient entièrement vides. Les gens s'étaient massés au fond et à l'étage, et beaucoup avaient dû rester debout. Il fit signe à l'organiste de commencer la première hymne.

La réaction ne fut pas celle qu'il attendait : le tempo du prélude se changea en une lente marche. À l'extrémité de la nef, les portes de l'église s'ouvrirent. En ordre de bataille, précédés par les dignitaires du parti en grand uniforme, la casquette vissée sur le crâne et retenue par la jugulaire, les militaires commencèrent à défiler dans l'allée centrale. Au-dessus des têtes flottaient les svastikas. Ils avançaient dans la pénombre entre les rangées de bancs de chêne sculpté. Par-dessus la marche interprétée à l'orgue, on entendait les fidèles se lever, contraints et forcés, et le talon des bottes claquer en rythme sur le marbre. Ils marchèrent au pas jusqu'au chœur de l'église, jusqu'à l'autel, puis ils s'arrêtèrent, se disposèrent en demi-cercle, se tournèrent vers les fidèles. Ils avaient toujours la casquette sur la tête. Ils tenaient leurs drapeaux bien haut, comme une forêt nouvellement surgie, dissimulant les profondeurs du sanctuaire et dissimulant le crucifix placé au fond du chœur, entouré de cierges.

Après les porte-étendards venaient trois cents hommes en uniforme, d'abord les SS en noir, puis les SA en brun. Ils s'installèrent sur les bancs laissés vides.

Un murmure abasourdi s'échappa des lèvres du pasteur. En lui, une voix semblait chuchoter : « Les plis du svastika cacheront-ils pour toujours le crucifix, symbole de notre salut ? »

Les sections d'assaut prirent place aux premiers rangs et les fidèles purent enfin se rasseoir. Les porte-étendards restèrent devant l'autel, immobiles.

La musique changea et les premières mesures de l'hymne se répandirent dans la nef. Le pasteur sentit revenir son courage en entendant cette vieille mélodie majestueuse. Il était fier d'avoir eu l'audace de choisir ce chant pour ouvrir le service. C'était la vieille hymne de Luther, qui a servi, à travers les siècles, de cri de guerre pour l'Église. C'est le seul chant pour lequel on se lève.

Les gosiers semblèrent d'abord hésiter puis, comprenant soudain l'importance du défi, mille voix se firent entendre, lançant bravement ces paroles aux intrus en uniforme.

> *Notre Seigneur est une forteresse,*
> *Il est notre arme et notre bouclier ;*
> *Il nous libère et dissipe les craintes*
> *Qui nous assaillent à présent.*

Le chant s'élevait, de plus en plus fort, et l'on croyait y distinguer le bruit d'une grande armée en marche :

> *Rien ne nous fera plus trembler,*
> *Rien ne pourra nous écraser.*
> *Les princes d'ici-bas*
> *Auront beau tempêter,*
> *Ils ne pourront nous nuire.*

Pour le dernier couplet, le cri se changea en lamentation, alors que les paroles reflétaient les menaces qui planaient sur nous tous :

> *Qu'ils prennent notre vie,*
> *Nos biens et nos enfants,*

Puis le tonnerre retentissait de nouveau :

> *Mais quoi qu'ils nous infligent,*
> *Ils ne gagneront pas,*
> *Le Royaume reste le nôtre.*

Quand l'orgue se tut, le pasteur se dirigea vers l'autel, la tête haute. Par-dessus les svastikas, il prononça d'une voix forte les formules rituelles :

— Au nom du Père, du Fils et du Saint-Esprit.

Et la réponse lui parvint comme un écho sonore :

— *Amen.*

— Frères dans le Christ ! Approchons-nous avec un cœur sincère !

La beauté familière de l'ancienne liturgie adoucit les visages tendus des fidèles debout et le culte reprit ses droits. Mais nous éprouvions toujours un sentiment étrange. Les prières séculaires, la poésie du dogme, les cantiques tant de fois répétés semblaient se perdre au milieu de toute cette parade militaire, et l'on croyait entendre des pleurs dans le kyrie.

> *Seigneur, ayez pitié de nous.*
> *Christ, ayez pitié de nous.*
> *Seigneur, ayez pitié de nous.*

Au cours de cette liturgie qu'il célébrait depuis tant d'années, la voix de mon père s'imprégna peu à peu d'une ferveur téméraire. De là où j'étais assis avec ma mère, je le voyais chercher du regard les hautes statues de Luther et des apôtres qui ponctuaient l'intérieur de l'église, comme pour y trouver un encouragement. Mais quand la liturgie eut pris fin, lorsqu'il s'agenouilla pour prier dans la chaire, je vis ses larges épaules remuer, comme incapables de se débarrasser du trop lourd fardeau qu'elles portaient. Voyant trembler les mains de ma mère, je les serrai dans les miennes.

J'avais le cœur noué. Comment pourrait-il parler comme on le lui avait ordonné? Il paraîtrait indécent que cet ecclésiastique, entouré de militaires, prononce un sermon d'action de grâces pour l'élection de leur Dr Müller. Je me sentais une boule dans la gorge lorsqu'il se leva lourdement et ouvrit la Bible.

— Le passage que nous allons étudier ce matin, dit-il d'une voix tranchante, se trouve au vingt et unième chapitre de l'Évangile selon saint Matthieu, au treizième verset. « Ma maison sera appelée la maison de la prière, et vous autres, vous en avez fait une caverne de voleurs. »

Un souffle passa dans la nef comme un coup de vent à travers les feuilles mortes. Il se retourna et désigna de sa main large, par-dessus la masse des drapeaux, la minceur brillante du crucifix, loin devant les regards. D'une voix claironnante il cria : « Vous n'aurez point d'autres dieux que moi. »

Puis il prit un ton solennel.

— Aucun symbole terrestre ne doit nous cacher le symbole du Seigneur en gloire sur la Croix, qui reste toujours premier dans nos cœurs, dans les jours de douleur comme dans les jours de réjouissance. Nous entendons à présent les hommes nous dire qu'une puissance nouvelle et plus forte peut nous sauver sans le pouvoir du Christ ressuscité, mais ce Jésus qui a souffert pour nous (il tourna les yeux vers le crucifix), qui a été torturé et mis à mort, ce Christ exalté, c'est Lui qui allumera les cœurs pendant bien des siècles après que ces excroissances subites de la mythologie païenne qui empoisonnent l'air aujourd'hui seront fanées et mortes, car il n'y a en elles ni vérité ni force pour résister à la lumière du soleil. *Il* est le Roi des rois ; *Il* est le Seigneur des seigneurs, et Son règne couvre le monde entier. C'est de Lui que le prophète a dit : « Il portera sur son épaule la marque de sa principauté, et Il sera appelé l'Admirable, le Conseiller, Dieu, le Fort, le Père du siècle futur, le Prince de la paix. » La terre et les cieux sont la maison de Dieu car Il les a créés, et le centre de Sa maison est le Christ, qui doit être adoré avant tout. Qu'aucun *homme* ne prétende sa part des hommages qui Lui sont dus, car Il ne tolère aucune idole avant Lui.

Il prit alors un ton proche de la conversation.

— Aujourd'hui, avant le service, un incident s'est déroulé sur le clocher, et je crois devoir vous en faire part. Sur l'ordre du *Reichsbischof*, j'avais ordonné que le drapeau de l'Église soit hissé comme s'il s'agissait d'un jour de réjouissance. À peine avait-il été mis en place que trois hommes des *Sturmabteilungen* sont apparus et ont substitué le svastika à l'emblème de l'Église. Je leur ai reproché ce geste, je les ai suppliés, en tant que frères dans notre foi, de ne pas violer le symbole de l'Église, mais contre mon souhait et contre mon ordre, contre toute ma résistance physique, ils ont accroché au clocher leur bannière politique, en m'empêchant par la force d'intervenir. C'est donc contre mon gré, je veux que vous le sachiez, que la croix gammée flotte là-haut. Je vous assure, à vous membres de l'Église de Dieu, que je resterai fidèle à mon Seigneur et à Sa sainte maison, et que je protégerai de toutes mes forces cette maison contre ceux qui y entrent comme des voleurs.

Un bruissement de voix monta dans la grande nef,

mais beaucoup gardèrent le silence, les uns par colère, les autres par crainte. Le grand prédicateur n'accorda aucune attention à ces réactions et il se tourna vers les bancs où étaient assis les militaires.

— Pour vous, qui portez l'uniforme brun, il est de mon devoir de vous avertir. Vous vous êtes séparés du peuple. Ces uniformes que vous arborez si fièrement symbolisent déjà un pouvoir que les autres redoutent. Ce fossé va se creuser. Cette séparation ne concerne pas que les vêtements. Le peuple ne vous voit pas comme ses protecteurs car vous avez perdu le contact avec lui. Désormais, et de plus en plus, le soupçon, la peur et le secret gouverneront les relations du peuple avec les hommes en chemise brune. Quel sera l'état d'une nation, où sera la prospérité d'une nation perturbée par ces soupçons et ces craintes ? La communauté sera déchirée lorsque les voisins deviendront ennemis. Représentez-vous la terreur, le doute qui pénètrent le cercle de famille, faisant disparaître l'amour et la confiance de nos foyers ; la chaleur et la beauté de l'amitié ne nous consoleront plus comme aujourd'hui. Quoi qu'on nous dise, ne détruisons pas l'amour et la pitié dans nos cœurs. Dans la méfiance et la haine, nous nous perdrons tous ensemble. Que nous portions l'uniforme militaire ou les vêtements civils, écoutons tous la parole de Celui qui parlait à ses disciples, en les appelant ses « petits enfants » : « Je vous fais un commandement nouveau, qui est que vous vous aimiez les uns les autres, et que vous vous entr'aimiez comme je vous ai aimés. » Mes bien chers frères, nous qui méritons si peu l'amour de Dieu, et je sais trop bien combien mon cœur s'est souillé de colère et de soupçon, écoutons les tendres ordres de notre Seigneur ; que la méfiance et la haine disparaissent de nous et que l'amour bénisse et fasse vivre notre communauté, pour que nous puissions marcher ensemble dans nos rues, en sachant que nous sommes frères, et pour que nous puissions ensemble venir remercier le Seigneur et nous agenouiller humblement dans la maison de prière.

Le sermon se termina dans un silence mouvant et chargé d'électricité.

— La paix de Dieu qui surpasse tout entendement préserve vos cœurs et vos esprits en Jésus-Christ. *Amen.*

Les fidèles se levèrent pour la prière et, alors qu'ils entonnaient : « Notre Père qui êtes aux cieux... », les cloches de l'église se mirent à carillonner les trois notes mélodieuses, répétées trois fois.

Une lumière sereine illuminait le visage de mon père alors qu'il lisait les derniers mots du service et prononçait la bénédiction. Les sections d'assaut se levèrent d'un bloc et sortirent de l'église, toujours aussi raides. Mais la majorité des fidèles resta pour participer au service de la sainte communion, qui suit traditionnellement chaque service du matin dans les églises protestantes d'Allemagne.

Alors que je m'agenouillais pour répéter la confession publique, mon esprit fut envahi, comme asphyxié, par la reconnaissance envers le courage de mon père ; après le *Sanctus,* il prit la patène, leva la tête et dit d'une voix ferme : « Notre Seigneur Jésus-Christ, le soir où il fut trahi, prit le pain... »

Je savais qu'il me restait beaucoup à apprendre avant de m'approcher autant de Dieu que lui.

Il semblait y avoir une solennité particulière dans la façon dont les lèvres se tendaient vers le calice d'argent, et il y eut bien d'autres prières que la mienne pour se mêler au *Nunc Dimittis,* tandis que des visages craintifs observaient la grande silhouette en soutane noire : « Seigneur, laisse maintenant Ton serviteur partir en paix. »

Après la communion, le pasteur se mêla à la foule qui s'était réunie autour de lui près de l'autel, distribuant les poignées de main et appelant les gens par leur nom ; les fidèles se rapprochaient, comme pour le toucher afin de gagner un peu de sa résolution, et, pleins d'une émotion hésitante, ils le remerciaient pour son courage.

— Vous n'avez pas été soldat pour rien, murmura le colonel Beck. Vous avez été brave.

— Merci, ah ! merci, murmura la vieille Frau Reinsburg en tamponnant ses yeux rougis.

— Parler ainsi en présence de ces esprits hostiles ! croassa le petit Herr Rosenthal, le tailleur, son visage mince coloré par une admiration sincère.

De ma place, je vis les larmes qui remplissaient les yeux de mon père alors qu'il désignait de la tête la porte de la sacristie. Deux officiers de la police secrète l'y attendaient ; la tête de mort luisait sur leurs képis.

Lorsqu'il finit par se tourner vers la sacristie, je pris ma mère par le coude et nous sortîmes de l'église aussi vite que possible. Nous eûmes juste le temps de voir mon père, sous bonne garde, sortir par une porte latérale et monter dans une voiture de police.

Werner Menz, l'oncle d'Erika, vint à notre rencontre.

— Voulez-vous bien raccompagner ma mère ? lui demandai-je d'un ton pressant. Il faut que je le suive pour voir où ils l'emmènent.

— Elle restera chez nous en attendant ton retour.

Je fonçai vers le commissariat. Mais les policiers imperturbables refusèrent de me laisser le voir. Je les suppliai l'un après l'autre, mais je ne pus découvrir où ils l'avaient enfermé. Tout ce que je pus apprendre, au bout de trois heures, fut qu'il n'était plus à Magdebourg. Il était détenu quelque part « dans son propre intérêt ».

CHAPITRE IX

Sûr de ne rien pouvoir faire personnellement pour aider mon père (je n'avais rien obtenu au commissariat), je me mis à songer à ses amis, auxquels je pourrais demander de me seconder. Le plus influent était incontestablement le maire, que je trouvai chez lui vers trois heures cet après-midi-là. Le maire venait de terminer sa sieste et il me reçut en robe de chambre, se frottant vigoureusement les joues pour y ranimer la circulation. Malgré son air affable, il fut tout sauf aimable avec moi.

— Vous savez ce qui est arrivé à mon père, lançai-je aussitôt.

— Ton père nous fait honte, déclara le maire. C'est bien beau de venir me chercher pour vous aider dès que vous avez des ennuis, mais il n'a pas voulu écouter les bons conseils que je lui ai donnés pour son bien. Il a préféré faire l'imbécile et se battre avec le gouvernement. Il croit vraiment qu'il est en position de résister au grand mouvement qui traverse l'Allemagne ?

— Mais cela a été un tel choc pour lui, Herr Weller, dis-je, furieux de ne pouvoir lui laisser voir à quel point j'admirais ce que mon père avait fait. La nouvelle situation nous a pris au dépourvu. Il a eu beaucoup de mal à s'adapter à des changements aussi rapides.

159

— Tout ça, c'est bien joli, mais il a choisi de ne pas écouter mes conseils amicaux. Il était sûr d'avoir raison, et voilà où ça l'a mené.

— Si seulement vous pouviez l'aider; de tous ses amis, vous êtes le plus puissant.

— Et ma situation? Aujourd'hui, le gouvernement connaît mon dévouement, mais rien n'est jamais acquis. Si je ne fais pas attention, je pourrais bien être démis de mes fonctions. Je ne peux pas me permettre de me faire remarquer comme l'ami et protecteur des Hoffmann rebelles.

Il fit la grimace et plaqua ses paumes sur ses genoux.

— Un pasteur raisonnable évite de faire des vagues. Il laisse le gouvernement gouverner. Au lieu de ça, ton père compte sur moi pour le sauver de ses propres folies.

— Il court de grands dangers, plaidai-je. Nous n'en mesurons pas la gravité. Vous étiez l'un de ses plus proches amis. Vous n'allez tout de même pas l'abandonner maintenant.

Le maire poussa un soupir si profond que tout son corps rondouillard en fut secoué.

— Je n'aime pas ça, grogna-t-il.

Je voyais pourtant que son bon naturel reprenait le dessus. Malgré lui, en dépit du grognement, l'amitié l'emporta.

— Très bien, grommela-t-il. Je vais voir ce que je peux faire. Mais ce ne sera pas aussi facile que pour toi, mon jeune ami.

— Merci! Je sais que je vous demande beaucoup, mais je ne pouvais m'empêcher d'espérer...

— Alors débrouille-toi pour qu'il soit plus sage à l'avenir. C'est-à-dire, si nous arrivons à le tirer de là.

Mais je savais, maintenant qu'il s'y était engagé, qu'il mettrait tout en œuvre pour nous aider.

Le colonel Beck, auquel je rendis visite ensuite, était

plus disposé à nous secourir; il avait déjà passé de nombreux coups de téléphone, car il avait vu la police secrète emmener mon père, mais il n'avait encore rien pu découvrir.

— J'userai de toute mon influence, m'assura-t-il. Tu te rends bien compte qu'il existe certaines tensions entre l'armée et les chemises brunes, mais nous avons encore du poids et je vais m'en servir.

Deux autres notables me promirent leur assistance, et je pus ainsi offrir à ma mère quelques perspectives encourageantes quand je la retrouvai chez les Menz. Des amis étaient venus la réconforter, mais ma mère était trop préoccupée pour pouvoir leur parler, même si elle leur souriait quand ils s'approchaient et leur tapotait les mains, comme si c'étaient eux qui avaient besoin d'être consolés.

Sur le chemin du retour, je lui parlai avec le plus grand calme, dans l'espoir de l'apaiser après le choc qu'elle avait subi, pour qu'elle redevienne la femme raisonnable et efficace qu'elle était d'ordinaire. Mais elle ne semblait guère m'écouter, et en arrivant à la maison, elle refusa de s'asseoir, préférant errer d'une pièce à l'autre comme une malade mentale.

Elle ramassa un livre que mon père avait consulté le matin avant de sortir et qu'il avait laissé ouvert, en marqua soigneusement la page, et le posa sur un petit guéridon à côté de son fauteuil. D'un geste distrait de ses mains potelées, elle brossa sa veste d'intérieur et fit mine de l'accrocher avant de la reposer là où elle l'avait trouvée.

Elle finit par lever vers moi des yeux emplis de crainte; sa bouche tremblait mais elle était incapable de parler.

— As-tu peur qu'il ne revienne pas, maman chérie?

J'étais brutal car je pensais que si elle parvenait à exprimer sa terreur, elle pourrait la surmonter.

— Va-t-il vraiment revenir, Karl? demanda-t-elle timidement.

— Oui. J'en suis sûr.

Mais ce ne fut pas ma certitude qui l'aida. Dès qu'elle eut la force de parler, son visage reprit ses couleurs et ses lèvres recouvrèrent leur fermeté habituelle, signe de calme et d'assurance.

— J'ai été bien bête, murmura-t-elle. À présent, mettons-nous au travail. Nous devons aller voir tous ceux qui peuvent l'aider. Et puis, nous devons nous occuper des fidèles.

Pendant deux jours, nous ne sûmes rien. Le maire m'apprit par téléphone que les nazis avaient refusé de lui révéler quoi que ce soit sur le lieu d'incarcération de mon père. Des dizaines de personnes vinrent nous apporter des fruits, des fleurs, de petites gâteries pour ma mère. Elle mettait un point d'honneur à les recevoir toutes, mais je voyais la fatigue s'accumuler sur son visage. Pourtant, les heures passées à accueillir les visiteurs avec courtoisie lui étaient moins pénibles que les moments où nous nous retrouvions seuls, sans pouvoir rien faire.

Il y eut un orage durant la deuxième nuit d'absence de mon père. Debout à une fenêtre du salon, en écartant les rideaux de dentelle, ma mère regardait les éclairs frapper le sol et disparaître dans les ténèbres. Elle ne trembla pas lorsque éclata le plus violent des coups de tonnerre, mais dit sans se retourner :

— Crois-tu qu'ils lui donneront de l'aspirine pour ses maux de tête ? Sa vieille blessure le fait tant souffrir quand il y a du tonnerre.

— À un homme de sa condition, ils fourniront tous les soins nécessaires, répondis-je vivement.

Puis, en la voyant si droite, je craignis d'avoir parlé trop vite, sur un ton forcé.

Ma mère ne bougeait pas.

— C'était toujours un grand soulagement pour lui quand je lui frictionnais la tête, dit-elle doucement, puis elle se tut.

Le troisième jour, nous reçûmes nos premières nouvelles. Le pasteur Franz Hoffmann était dans un camp de concentration, et le maire, qui avait découvert ce fait, commençait à manœuvrer avec précaution pour obtenir sa libération. Avec Johann Keller, je fis circuler une pétition et, malgré la terreur qu'inspiraient les possibles représailles nazies, des centaines de braves y apposèrent leur signature.

Avant la fin de la semaine, de nouveaux événements survinrent. Le *Reichsbischof* envoya un pasteur du mouvement chrétien allemand pour occuper la place laissée vacante par mon père. Dès que le nouveau venu se fut installé en ville, il réunit les fidèles.

— Où vont-ils donc chercher ces pasteurs chrétiens allemands? me demanda Johann Keller, mais la réponse devint évidente lors de la réunion.

Le pasteur Hans Krämer était l'un de ces petits hommes nerveux et pleins d'énergie qui ont plus d'ambition que de talent. Il avait le front haut, les cheveux plaqués en arrière, et il ajustait constamment ses vêtements comme s'il n'était pas sûr de son apparence. Il devait avoir passé sa vie à vouloir passer pour plus respectable qu'il ne croyait l'être; il pérorait d'un ton prétentieux pour dissimuler la minceur de son bagage intellectuel. Il était évident que sa promotion par les nazis à une église comme la Domkirche était plus qu'il n'aurait jamais pu espérer dans le cours normal de sa carrière.

La réunion n'attira pas grand monde et, parmi les présents, on remarquait toute une troupe de SA en uniforme. Je vis que le colonel Beck n'était pas là, pas plus que le professeur Kamps, loyal défenseur de mon père. Ce soir-là, j'étais fatigué et j'aurais aimé échapper à cette réunion, mais je sentais que quelqu'un devait y représenter le pasteur absent. Ni Johann ni moi n'étions assez âgés pour avoir le droit de voter, mais mon camarade vint tout de même me soutenir.

Le Dr Krämer se présenta et se lança dans un discours où je reconnus les théories de Rosenberg et son idée de suprématie aryenne.

— À partir de maintenant, l'Église luthérienne va devoir se réveiller, commença-t-il. Trop de réactionnaires ont eu leur mot à dire et la vraie religion allemande a été étouffée. La vraie religion allemande ne peut accueillir les doctrines décadentes et nocives des juifs, subtilement conçues pour affaiblir le peuple et empêcher la force de l'âme nordique de se déployer.

Il parlait à toute allure, quasiment sans jamais reprendre sa respiration.

— Notre première tâche est d'évacuer l'influence dégradante et dévirilisante des juifs. La véritable Église allemande œuvrera pour l'honneur national et exaltera le héros nordique; tous les croyants devront être de pure souche nordique. Nous devons anéantir le sang visqueux et impur qui cherche à polluer le noble liquide qui court dans nos veines. Nous ne nous prosternerons plus devant ce Dieu juif que sa race traîtresse a su, par ruse, introduire parmi les nations aryennes. Que ceux qui souhaitent adorer un tel Dieu se retirent et forment leur propre Église. Qu'ils aient leurs propres temples, qu'ils prient loin de nous. Permettrons-nous à nos enfants allemands, aux cheveux blonds et aux yeux bleus, de chanter le dimanche matin : « Ô Dieu de Jacob, dont la main nourrit encore Ton peuple » ?

Le Dr Krämer était si excité qu'il en devenait écarlate.

— Notre premier devoir est de prendre la décision de modifier la situation.

Il se mit à lire un texte tout préparé : « Les fidèles de la Domkirche, réunis en assemblée solennelle, décident qu'aucun chrétien non aryen, désignation qui inclut tous les chrétiens ayant un grand-parent juif, ne pourra exercer de fonctions dans le conseil de la paroisse, et qu'aucun chrétien non aryen ne pourra avoir accès au sacrement de l'autel. »

Il y eut un long silence. Puis une main bleue et décharnée se leva.

— Avons-nous le droit de refuser le sacrement à un chrétien ? demanda la voix hésitante du maître d'école Schenk.

Les militaires se retournèrent vers lui et la silhouette chétive de l'instituteur se recroquevilla sur sa chaise.

— Il y a donc parmi nous un ami des juifs ! s'exclama l'un d'eux d'une voix forte, et plusieurs participants, qui étaient sur le point de prendre la parole, préférèrent se taire.

— Ne savez-vous pas que Jésus lui-même détestait les juifs ? interrogea le Dr Krämer. Avez-vous oublié son combat contre la traîtrise sémite des pharisiens ? Et comment, lorsqu'il était en Galilée, personne n'osait faire son éloge, par crainte des juifs ? Permettez-moi de vous rappeler ses propres paroles sur cette race que nous avons été assez bêtes pour laisser entrer dans le sein de notre Église. Lisez l'Évangile selon saint Jean ; lorsqu'ils lui dirent : « Nous sommes de la race d'Abraham », il leur répondit : « Vous êtes les enfants du diable ; et vous voulez accomplir les désirs de votre père. »

Il est possible, jusqu'à un certain point, de tolérer le fanatisme de ses concitoyens, avec dégoût ou avec compassion, selon son tempérament ; la capacité de nos semblables à faire preuve de cruauté ou à croire des absurdités reste une donnée qu'il faut accepter, dans la complexité de notre existence terrestre. Mais au-delà d'un certain point d'indécence, l'esprit se révolte. Les grands crimes sont plus difficiles à comprendre que les petits, parce qu'ils échappent complètement à notre expérience ordinaire. Un homme ordinaire est incapable de commettre un méfait bien grave, de sorte que face à une brutalité excessive, son esprit ne l'accepte pas. Il ne peut pas admettre que cela soit possible. C'est peut-être l'une des raisons pour lesquelles il y eut si peu de protestations contre les premières violences du régime nazi. Instinctivement, nous pensions que ces actes invraisemblables ne pouvaient pas réellement avoir lieu dans une communauté paisible.

Jusque-là, j'avais assisté à la réunion dans un état de torpeur et d'inertie, comme s'il s'était agi d'un mauvais rêve. Je reconnaissais la salle du conseil paroissial et la tête grotesque du petit pasteur chrétien allemand qui se substituait au front noble de mon père ; j'entendis sa tirade contre les juifs et la détestable résolution lorsqu'elle fut lue, mais je ne parvenais pas à croire que, dans cet endroit qui m'était si familier, se jouait pour de vrai cette comédie. C'est seulement lorsque le maître d'école Schenk osa s'y opposer, d'une voix tremblante, que je compris la réalité de ce qui se passait, d'un événement où j'étais moi-même impliqué. Quand Krämer eut appelé les juifs des « enfants du diable », je me levai, moins pour le contredire que pour me rebeller contre toute cette farce. Johann me tira par la veste.

— Tu n'y changeras rien, murmura-t-il.

Mais il fallait que je prenne la parole.

— Les propos que vous venez de citer, Herr Doktor, ne se rapportent pas aux juifs, mais à l'aveuglement des pharisiens qui s'étaient détournés des enseignements de Moïse. Jésus était lui-même juif dans sa chair et il le savait bien. Les enfants perdus d'Israël étaient ses brebis, et...

— Assez ! cria le Dr Krämer. Ce défenseur des juifs est bien jeune s'il imagine qu'il peut nous apprendre les Écritures. Vous resterez hors de la discussion, me lança-t-il avec fureur. Tout le monde sait que le christianisme, avec ses origines judéo-syriennes, son dogme primitif et les anciens rites juifs qui ont été conservés par erreur, manquait des qualités philosophiques

166

nécessaires pour fonder une grande civilisation. Le christianisme est devenu grand lorsqu'il s'est pénétré de la noblesse du caractère germanique, et c'est cette vigueur du sang nordique qui est notre salut. Notre foi doit être purifiée des vieilles superstitions juives qui la défigurent, ainsi que des juifs qui en sont responsables.

— Il ne restera plus rien du christianisme quand ces gens-là se mettront à le purifier, me dit Johann tout bas.

Krämer en était maintenant arrivé à faire voter la résolution antijuive. Sous l'œil vigilant des troupes d'assaut, la motion passa malgré l'abstention d'environ la moitié des participants. Mais je fus peiné de voir que ceux qui approuvaient la résolution semblaient accueillir avec joie cette mesure si cruelle.

Ainsi prit fin ma première rencontre avec le Dr Hans Krämer.

Les résultats de cette stupéfiante réunion ne tardèrent pas. Le lendemain, Braun, le chirurgien, vint au presbytère et me montra la lettre qu'il avait reçue le matin même.

Tout homme de sang impur doit envoyer immédiatement sa démission du conseil de la paroisse, sur ordre du conseil réuni en assemblée. Quiconque n'obéirait pas sur-le-champ à cet ordre se verrait publiquement chassé.

Les veines bleues se gonflaient sur le front du docteur et son corps trapu bouillait d'indignation. C'était un médecin apprécié et c'était la première fois que les persécutions antisémites l'atteignaient.

— C'est donc l'*Église* qui se met à tourmenter les impuissants! Ce n'est pas ainsi que votre père nous aurait appris à aimer notre prochain, Herr Hoffmann.

Il reprit son lorgnon, pendu au bout d'un ruban noir, et se mit à relire toute la lettre.

— Puisque j'ai deux grands-parents juifs, je suis doublement un paria, n'est-ce pas? Je ferais peut-être mieux d'envoyer deux lettres de démission, une pour *Großbmutter* et une pour *GroßBvater*, dit-il avec un sourire méprisant. Mais, derrière les verres de cristal, son regard était amer.

Il ne fut pas le seul visiteur à protester contre l'attitude si peu chrétienne de l'Église. Les participants de la réunion avaient fait circuler la nouvelle, et beaucoup de gens que le plus exigeant des nazis aurait considérés comme de purs aryens vinrent dénoncer cet assaut déloyal contre leurs frères croyants.

« Je ne mettrai plus les pieds dans une église qui approuve de telles actions », déclaraient-ils l'un après l'autre. Soutenu par ce courage collectif, je décidai d'aller voir le Dr Krämer chez lui.

Je ne savais pas du tout comment je serais reçu après la manière dont il m'avait imposé le silence lors de la réunion, mais je découvris que, privé du soutien des troupes d'assaut, le pasteur chrétien allemand était moins vaillant qu'il ne l'avait semblé la veille. Quand j'arrivai, il fumait, assis dans un fauteuil et chaussé de pantoufles, situation qui sembla l'embarrasser, car il passa son temps à tenter de cacher ses pieds sous le siège. Quand je lui appris qui j'étais, il devint très respectueux ; visiblement, il ne s'était pas encore habitué à l'éminence de sa nouvelle position.

Il insista pour que je m'assoie et s'affaira pour me trouver une cigarette, qu'il m'alluma lui-même.

— Docteur Krämer, j'espère que vous ne me jugerez pas indiscret, mais beaucoup de fidèles sont venus me voir depuis hier, et puisqu'il y a si peu de temps que vous êtes ici, j'ai cru pouvoir vous être utile en vous faisant part du sentiment général sur la situation présente.

J'essayais d'être aussi diplomate que possible, car j'espérais bien parvenir à un résultat.

— C'est très aimable de la part de quelqu'un comme vous de... de faire ça, dit Krämer.

Je crois qu'il s'était repris à temps avant de dire « d'avoir la bonté ».

— Les gens n'aiment pas cette résolution contre les chrétiens non aryens. Vous devez comprendre que vous n'avez pas affaire aux membres d'un parti, Herr Doktor. Ils sont choqués, mécontents.

Le petit homme parut désemparé.

— Les responsables du parti à Magdebourg étaient satisfaits de la résolution, dit-il comme pour s'excuser.

— Mais je vous parle d'un autre groupe que la cellule locale du parti. Ces changements soudains de la part de l'Église risquent de déplaire à une grande partie des fidèles. Ce sera fatal à la vie de la paroisse. Le parti ne sera plus si satisfait si plus personne ne vient à l'église.

— J'ai peut-être fait une erreur, dit-il, gêné, en me dévisageant d'un air malheureux qui ne me convainquit pas vraiment. Il est maintenant trop tard pour que je revienne en arrière, Herr Hoffmann. Vous voyez dans quelle situation cela me mettrait. Mais je vous assure (et il baissa la tête avec onction), je vous assure qu'à l'avenir, quand il faudra introduire des changements, je le ferai plus progressivement, pour que les fidèles aient le temps de s'adapter à l'ordre nouveau.

— Merci, dis-je en me levant, content d'avoir obtenu de lui cette concession, mais sûr qu'il serait inutile de prolonger la conversation.

— C'est très aimable à vous d'être venu me trouver. Je vous suis très reconnaissant, murmura-t-il sur le pas de la porte.

En m'éloignant, je respirai profondément afin de chasser de mes narines la puanteur de ses paroles serviles ; je lui aurais fait plus confiance s'il n'était pas si vite tombé d'accord avec moi.

Le dimanche suivant, mes soupçons ne furent que trop confirmés. L'assistance était assez nombreuse, beaucoup étant sans doute curieux de voir le pasteur nazi, mais je suis sûr que personne ne s'attendait au contraste extrême qu'il y avait entre cette silhouette furtive, au visage étroit et à la voix stridente, et la majesté bienveillante de mon père lorsqu'il était en chaire. Ma mère était trop pieuse pour manquer le service du matin ; elle était assise à côté de moi, très droite, mais elle contemplait le nouveau pasteur avec une expression étrange. On voyait sur les bancs de nombreux militaires.

Krämer prêcha à propos du royaume de Dieu promis aux croyants.

— Tous les cœurs allemands rêvent du jour de justice et de gloire : « Comme donc on cueille l'ivraie, et qu'on la brûle dans le feu, il en arrivera de même à la fin du monde. Alors les justes brilleront, comme le soleil, dans le royaume de mon Père. » À présent, je vous le dis, ce jour est venu. Le IIIe Reich vous apporte la justice divine. À présent, la blondeur du héros nordique brille dans sa gloire comme le soleil, et l'on brûle les tares, les indésirables parmi nous.

C'était là ce qu'il appelait introduire des changements de manière plus progressive, songeai-je avec dégoût.

— Le peuple doit désapprendre les superstitions juives qui ont défiguré le vrai message du Royaume chrétien. Il faut remplacer le crucifix par un autre symbole. Seule une race d'esclaves orientaux pouvait adorer cet être brisé, en prônant l'humilité et la résignation. Le crucifix nous a indûment poussés à adorer la faiblesse. L'âme nordique reconnaît enfin que le vrai Jésus est un Jésus héroïque, fort, celui qui a chassé les marchands du Temple, le Christ aryen que notre âme reconnaît et acclame et dont nous construisons le Royaume sur cette terre. Aujourd'hui, un nouveau guide a été choisi et oint, hurla-t-il, tout comme David a été choisi par Dieu pour diriger *Son* Royaume. Notre guide béni, Adolf Hitler, a été envoyé pour établir le

Royaume parmi nous, pour exercer le jugement final de Dieu, et par la force et la vérité des mots qui sortent de sa bouche, nous savons que leur origine est divine. Quand notre Führer béni aura accompli sa tâche et jugé l'humanité, il aura créé le nouveau ciel et la nouvelle terre qui nous sont promis. Donc, frères chrétiens, notre devoir, le devoir religieux de tout chrétien est d'obéir à notre gouvernement élu comme vous obéiriez à Dieu. Le chrétien qui connaît les prophéties et les promesses de Dieu reconnaîtra le jour qui luit ; il recevra les actions et les lois du gouvernement du Führer comme des ordres divins et comme l'accomplissement de la promesse des siècles.

Je ne pus m'empêcher de me retourner pour regarder les fidèles. Une tristesse semblable à une douleur physique se lisait sur des centaines de visages ; ici et là, on voyait un air satisfait, mais les plus forts n'exprimaient qu'un mépris furieux.

Je me mis à remercier Dieu pour la beauté du vieux rituel qui ne pouvait être transformé en une formule nazie, mais en m'agenouillant après que le Dr Krämer eut dit aux communiants : « Prenez et mangez, ceci est le corps du Christ, donné pour vous », je sentis le sang me monter à la tête en voyant, incrédule, ce qui se passait devant l'autel.

Le petit Herr Rosenthal, le tailleur, était à genoux avec ses quatre fils, de petits enfants au regard doux, mais le ministre muni de la patène ne s'arrêta pas devant eux. Il offrit l'hostie à la jeune épouse du Dr Braun, une belle Russe, mais la refusa à son mari. Le médecin, pourtant homme du monde à la position bien établie, se leva, les joues en feu, et disparut à travers la foule. Le petit tailleur rabougri le suivit, en larmes. Ceux d'entre nous qui avaient été désignés comme ayant du « sang impur » se mirent à quitter l'église, le visage plein de désolation ou d'une résignation amère, mais le spectacle le plus pénible était la stupeur de leurs enfants.

— Il leur refuse le sacrement, murmura ma mère, choquée.

Je me répétais mentalement un verset qui paraissait d'une ironie mordante : « Vous tous qui avez soif, venez aux eaux. Vous qui n'avez point d'argent, hâtez-vous ; achetez et mangez. »

En envisageant l'avenir avec effroi, je me demandais combien de temps nous pourrions encore nous prétendre chrétiens alors que nous refusions l'eau de la vie à ceux qui avaient soif.

La semaine suivante s'étira interminablement d'heure en heure. Ma mère et moi, nous tâchions de nous occuper par tous les moyens, mais au premier instant d'inactivité, nos pensées repartaient vers l'homme qui attendait, sans un mot, dans sa prison insondable. Je me rappelais ce que j'avais ressenti en étant moi-même coupé du monde, alors que je n'avais passé que quatre jours dans un camp de concentration, et en compagnie de mes amis. Je songeais au tempérament fougueux de mon père et je revoyais la jouissance sadique des SA lorsqu'ils avaient affaire à un esprit fort. Ils semblaient toujours prendre plus de plaisir à briser un homme fier qu'à simplement tourmenter un lâche. Je me rappelais tous les visages mornes et désespérés que j'avais vus, et je savais qu'il s'agissait au départ d'hommes pleins d'énergie. Ils étaient autrefois des rebelles dangereux, et il n'avait fallu que quelques mois pour les réduire presque en dessous de l'humain.

Je fis deux voyages à Berlin pour rencontrer des responsables et remplir des dossiers, pour voir les amis de mon père, pour demander du secours partout où une chance semblait se présenter. Mais je passais le plus de temps possible avec ma mère. Son courage inébranlable et son endurance s'épuisaient peu à peu, à mesure que s'écoulaient les heures, et, malgré tous nos efforts, nous ne savions toujours rien, il ne se passait rien.

172

Elle remuait longuement sa cuiller dans la soupe, elle faisait semblant de manger alors qu'elle se contentait de grignoter. Puis, avec tout le détachement dont elle était capable, elle laissait échapper une question.

— Karl, mon chéri, quand tu étais là-bas... est-ce qu'ils te nourrissaient bien?

— Bien sûr, maman. Les repas étaient tout simples, mais c'était de la bonne nourriture solide. (Autant lui mentir sur ce point.)

— Est-ce qu'ils... — Y avait-il des brutalités? (Et toujours cette crainte dans ses yeux.)

— Il ne se passait rien d'extraordinaire, je t'assure. Juste un tas de gens qui mangeaient et dormaient dans le même bâtiment, et qui travaillaient un peu en guise d'exercice. (Regarde-la bien en face, l'air sincère, rassurant, avec cette expression candide en laquelle elle peut croire. Qu'elle ne devine surtout pas ce que tu redoutes.) Maman, tu sais que papa a l'art de s'entendre avec toutes sortes de gens. Tu peux être sûre qu'il saura tirer le meilleur de cette situation en attendant que nous puissions le faire sortir, et qu'il s'inquiéterait davantage s'il savait que tu te tracasses. Des nouvelles pourraient arriver d'une heure à l'autre, à présent, et tu ne voudrais tout de même pas qu'il te trouve l'air inquiète et fatiguée.

Et, quand j'étais assez convaincant, elle reprenait un peu courage.

Le dimanche suivant, nous étions toujours sans nouvelles. Le matin, alors que j'étais prêt à partir pour l'église, je vis que ma mère n'était pas encore habillée.

— Je ne veux plus aller écouter le prêche du Dr Krämer, déclara-t-elle. Ce n'est pas un homme de Dieu.

Je partis donc seul par cette belle matinée. Devant les maisons carrées, aux jardins pleins de roses, sur les pelouses, chaque gouttelette de rosée attrapait la lumière tandis que le chaud soleil d'août traversait la brume du petit matin. Les cloches suppliaient la présence divine de descendre sur la ville et sur toutes les rues qui reposaient dans cette paix somnolente qui n'appartient qu'aux dimanches.

Les lourdes portes de l'église s'ouvrirent pour me laisser entrer, et je dus attendre une minute avant que mes yeux, aveuglés par le soleil, distinguent quelque chose dans la pénombre fraîche. Les longues rangées de bancs émergèrent enfin et je vis qu'ils étaient vides, pour la plupart. Une centaine de personnes étaient dispersées à travers la grande nef, qui aurait aisément pu en accueillir deux mille.

Mon regard fut ensuite attiré par l'autel, où m'attendait un spectacle si absurde que ma gorge laissa malgré moi échapper un écho bruyant de mon hilarité démente. Une affiche médiocre représentant le visage du Führer, avec sa petite moustache, remplaçait désormais le crucifix. Plusieurs sentiments contradictoires se mêlèrent alors en moi, indignation, nausée, ironie, mais je me réjouissais surtout de l'anachronisme stupéfiant du Dr Krämer.

Je repartis vers le vestibule de marbre et je laissai les portes se refermer silencieusement derrière moi alors que je retrouvais l'éclat du matin. Le Dr Krämer avait promis de substituer au crucifix le portrait du héros allemand, et le résultat était à la fois choquant et dérisoire.

Mais je savais que cette mesure aurait un effet déplorable sur la population. Face à l'audace des nazis, maintenant qu'ils avaient réussi à mettre un pied dans l'Église, des milliers d'hommes se détourneraient des cérémonies religieuses plutôt que d'assister à une telle bouffonnerie.

Je me rendis directement à Berlin, aussi vite que la voiture me le permettait, et je courus chez le surintendant général de l'Église de mon père. Je fus aussitôt reçu et, à mon récit des profanations à la Domkirche, le pauvre homme hocha douloureusement la tête. Le surintendant Förster (donner sa véritable identité serait l'exposer à des représailles dans la prison où il est à présent détenu) était un homme robuste, au teint clair, au visage doux comme un ciel de printemps. Son caractère paisible et sa noblesse d'esprit lui valaient l'estime et l'affection de tout le diocèse.

— Les nazis cherchent à placer ces pasteurs chrétiens allemands de la manière la plus avantageuse, m'apprit-il. Mais il y a très peu d'hommes d'Église qui se sont abaissés à rejoindre leurs rangs. Ceux qui l'ont fait sont des individus sans mérite.

— Celui que nous avons est à coup sûr un drôle d'oiseau.

— Il y a dix-huit mille pasteurs luthériens en Allemagne, Herr Hoffmann, et si je disais que deux cents d'entre eux se sont enrôlés dans les chrétiens allemands, l'estimation serait très généreuse. Ceux qui sont apparus parlent très fort, ils prêchent ouvertement le paganisme. Mais le gouvernement a des problèmes. Ces hommes ne sont guère acceptés par la population. Le gouvernement a peur d'aller trop vite, et que la colère des fidèles ne provoque une grande réaction populaire contre le national-socialisme.

— Alors, pouvez-vous faire quelque chose pour améliorer notre situation, à Magdebourg?

— Je vais immédiatement faire pression sur les nazis. Ils n'oseront pas refuser une demande émanant des autorités de l'Église. Nous allons tout de suite faire partir votre Dr Krämer.

— Docteur Förster, pourquoi l'Église ne peut-elle faire bloc pour chasser ces chrétiens allemands?

— Ce n'est pas si facile, mon garçon. Je le regrette. Nous n'avons aucun moyen de rendre la question publique. Le journal de l'Église a été suspendu. Nous ne pouvons informer la population d'une province de

ce qui se passe dans une autre. Mais notre pire difficulté tient à la soumission dont nous avons pris l'habitude. Ils ont manœuvré très habilement. Nous avons
été forcés de reculer d'un pas à la fois, et nous avons
ainsi perdu la force de notre position. Le premier pas
fut coûteux ; nous étions choqués par la volonté gouvernementale d'unir nos Églises. Mais c'était si peu
de chose qu'il semblait vain de résister. Après cela,
chaque nouvelle mesure nous fut lentement imposée,
chacune paraissant être la conséquence de la précédente, jusqu'à la catastrophe finale, le triomphe des
chrétiens allemands, qui a été acceptée dans un silence
pitoyable.

En repartant vers Magdebourg, je me consolais en
songeant que l'Église avait encore la puissance nécessaire pour imposer sa volonté aux nazis, mais je ne
pouvais m'empêcher de me demander combien de
temps cette institution privée de voix et de leaders courageux pourrait préserver le peu de force qu'on lui laissait.

Le surintendant général tint parole. Le mercredi suivant, le Dr Krämer plia bagage et disparut de Magdebourg. Il avait été rappelé par la hiérarchie.

Le vendredi, en fin d'après-midi, un taxi s'arrêta
devant notre porte et une silhouette bien connue en
sortit. Ma mère s'était mise à la fenêtre en entendant
les freins et elle resta pétrifiée, les joues blêmes, les
mains jointes. Un instant après, elle disparaissait dans
les plis du grand manteau de mon père.

Il nous fallut une heure pour fêter pleinement son
retour. Mon père mangeait et nous posait des questions, ma mère restait assise tout près de lui, et il pin-
çait parfois ses joues roses comme il en avait l'habitude quand il la taquinait. Mais il n'était plus le même
homme. Son corps massif semblait avoir fondu ; son
visage était devenu gris, marqué de plis profonds que
nous ne lui avions jamais vus.

Ma mère osa l'interroger timidement :

— Comment était-ce ? As-tu souffert, Franz ?

— Je ne peux pas en parler, Hedwig.

Ses lèvres étaient raides, mais dans son œil se lisait un effroi indicible ; il frémit, comme atteint par un coup de fouet.

Au bout d'une heure, il était épuisé et nous le mîmes au lit ; il était fiévreux. Le dimanche, il prêcha malgré son état, et l'église était pleine à craquer. Il ne fit aucune allusion à son incarcération ni aux questions politiques, mais le crucifix d'argent brillait de nouveau devant l'autel et l'on aurait pu croire que la cruelle résolution qui excluait les fidèles ayant du sang juif n'avait jamais existé.

CHAPITRE X

— L'élection n'a rien réglé. C'est une vraie rébellion qui se prépare, me dit Erika le soir où j'arrivai à Berlin, plusieurs semaines après la rentrée. Les nazis espéraient que nous leur obéirions dès qu'ils auraient placé leurs hommes à la tête de l'Église. Ils croyaient que les chrétiens allemands pouvaient prendre la direction de la faculté de théologie. Ils n'ont fait que mettre le feu aux poudres. (Elle avait le visage rouge et les yeux brillants.) Les étudiants sont tellement furieux que les nazis ne peuvent pas les contenir.

Erika s'était jointe à moi pour le dîner, le soir de mon retour à l'université, et je vis aussitôt à quel point elle avait changé. Ce n'était plus la jeune fille qui m'avait conseillé de ne pas courir au-devant du danger. Elle semblait plus mûre. Elle avait renoncé à sa coquetterie charmante pour mener sa croisade, avec ardeur et sans sourire.

— Les chrétiens allemands s'acharnent sur les étudiants, mais nous ne leur avons pas facilité la tâche, dit-elle, et je remarquai qu'elle s'incluait parmi les rebelles.

— Et les professeurs ?

Elle fronça les sourcils en entendant ma question.

— Wolff et Schickmann ont été renvoyés et les autres sont tout à coup devenus prudents. Nous avons maintenant quelques professeurs chrétiens allemands, ils sont incroyables, des incultes prétentieux ! Ils ne sont même pas chrétiens. Ils nous disent que le christianisme est le culte du héros germanique. On n'a jamais entendu de telles âneries.

— J'en ai entendu à l'église ces dernières semaines.

— Ils ont mis en place une nouvelle organisation pour la faculté de théologie. Notre détestable ami Gross s'occupe de la section des étudiants. Et les professeurs chrétiens allemands sont en train de modifier tous les programmes. Mais la résistance est vive. Et pas seulement chez nous. Les autres étudiants sont aussi motivés que nous.

La petite lampe posée sur notre table dessinait un cercle de clarté sur la nappe blanche et les yeux gris d'Erika se plongeaient avec intensité dans les miens. Autour de nous, beaucoup d'étudiants étaient assis aux autres tables et je commençais à sentir la solidité de notre monde où demain j'aurais de nouveau mon mot à dire. Parmi ces jeunes gens, je pourrais être plus efficace qu'en ville lorsque j'avais tenté d'aider mon père. Je l'espérais, du moins.

— Qu'est-il arrivé aux garçons qui ont été arrêtés en même temps que moi, Walther Vogler, Erich Döhr, Ostwald et tous les autres ? As-tu des nouvelles ?

— Ils sont tous revenus. Ils ont été relâchés environ deux semaines après toi, pour la plupart. Ceux qui ont des parents influents ont été libérés plus vite. Mais je suppose que, après l'élection, les nazis ont décidé qu'il n'était plus nécessaire de les retenir.

Mon cœur se mit à battre plus vite. Si la résistance continuait, j'aurais quelques alliés sur lesquels compter.

Le lendemain matin, je sortis de bonne heure pour saluer tous mes amis. Je ne m'étais jamais autant senti membre d'un groupe. Même la statue du savant Hermann Ludwig Ferdinand von Helmholtz, au centre du jardin, semblait m'accueillir comme un vieil ami. Le débat du *Steh-Convent* était animé et violent. Il était clair que les étudiants rejetaient les innovations des chrétiens allemands. Tout le corps étudiant se dressait contre le gouvernement. Erich Döhr m'accueillit avec effusion et s'écria :

— Tu reviens à temps. La lutte n'est pas finie.

Lors de l'interclasse de dix heures, plusieurs étudiants en chemise brune se mirent à circuler parmi les groupes réunis dans les salles et dans le jardin.

— Réunion obligatoire pour tous les étudiants en théologie à onze heures, dans le grand amphithéâtre, annonçaient-ils. Tous les cours sont suspendus entre onze heures et midi.

— Que se passe-t-il donc ? me demanda Erich Döhr.

Apparemment, personne ne savait sur quoi porterait cette réunion, bien que nous eussions interrogé divers groupes d'étudiants.

— Chaque fois qu'ils nous convoquent ainsi, en ce moment, c'est qu'ils préparent quelque chose, s'inquiéta Erich. J'aimerais bien savoir ce qu'ils ont en tête, cette fois.

Moins de cinq minutes plus tard, j'aperçus Erika qui se faufilait dans la foule ; elle cherchait quelqu'un, de toute évidence. Son regard ayant croisé le mien, elle se hâta vers moi pour m'entraîner à l'écart.

— J'ai découvert le sujet de la réunion.

— Bravo !

Je fis signe à Erich de nous rejoindre.

— Heinrich Gross, notre leader nazi, a rédigé une déclaration selon laquelle l'ensemble de la faculté de théologie rejoint les chrétiens allemands. Le texte sera lu à la réunion.

— Comment l'as-tu appris ?

— J'ai interrogé l'un des étudiants nazis.

— Elle n'a eu qu'à lui sourire, commenta Erich, et

il lui a tout dit. C'est une chose extraordinaire que de compter une charmante jeune fille dans nos rangs, Fräulein Menz.

— Ils ne pourront jamais faire accepter une décision pareille, m'étonnai-je.

— Attends un peu, ajouta Erika. Il n'y aura pas de vote. Gross va lire son texte et il le déclarera adopté. Notre simple présence signifie que nous sommes favorables à cette motion et nous deviendrons tous automatiquement chrétiens allemands.

— Encore un coup tordu, ricana Erich. Mais difficile à éviter. Si on manque la réunion, on risque d'être renvoyé de l'université.

— Parfait. (Je venais d'avoir une inspiration.) Nous assisterons à la réunion. Mais dès qu'ils commenceront à lire le texte, nous nous en irons.

En quelques minutes, nous avions réuni une vingtaine d'anciens membres du *Christliche Kampffront* et nous avions décidé qu'à un signal convenu tous ceux qui refusaient de rejoindre les chrétiens allemands sortiraient, tous ensemble. Je fus choisi pour donner le signal en me levant dès que la déclaration serait sur le point d'être lue.

Nous nous dispersâmes et la nouvelle de notre projet se répandit comme une traînée de poudre. Presque tous les groupes se dispersèrent pour propager l'information.

À onze heures, le grand amphithéâtre bourdonnait de discussions agitées. Les voix incessantes reflétaient une colère, sourde comme les vagues qui se brisent sur une côte rocheuse. J'étais assis à l'un des premiers rangs, près du passage, car une lourde responsabilité reposait sur mes épaules et, si je devais être le premier à me lever, il fallait que tous puissent me voir. Walther Vogler, qui était venu s'asseoir à côté de moi, balaya la salle du regard et me donna un coup de coude.

— Ils savent ce que nous préparons. Regarde les portes.

Je tournai la tête; les portes de l'immense salle étaient fermées et gardées par des militaires armés. Je me sentis découragé. Ils voulaient nous maintenir prisonniers jusqu'à la fin de la réunion.

— Qu'allons-nous faire? demanda Vogler.

— Nous verrons le moment venu, murmurai-je sans conviction.

Heinrich Gross, l'air austère, monta sur l'estrade avec un jeune professeur venu d'une autre université, membre éminent du mouvement chrétien allemand. Gross lança le bras en l'air et hurla :

— Heil Hitler !

Nous rugîmes : « Heil Hitler » en réponse, en nous levant pour ce salut.

— Camarades étudiants, commença pompeusement le jeune nazi, je suis chargé de vous prévenir que les fauteurs de troubles seront réprimés par la force. Seuls les signes habituels d'approbation ou de désapprobation seront tolérés (la coutume était d'approuver par un piétinement énergique et de désapprouver en traînant les pieds sur le plancher).

Gross nous présenta ensuite le jeune professeur qui devait s'adresser à nous.

— Notre Führer exige de nous une unité absolue; un esprit, une voix, un cœur chez tous les Allemands. C'est notre premier devoir envers le nouveau Reich.

Le professeur prononçait cette harangue d'une voix tremblante d'ardeur fanatique, et il criait chaque fois que revenaient les mots « Allemagne » et « Führer ».

— Vous, les étudiants, avez une immense responsabilité dans l'éclosion du national-socialisme. Le nationalisme pour élever jusqu'aux cieux l'astre naissant de l'Allemagne, le socialisme pour protéger le peuple, l'armer de gloire, et sauvegarder la pureté de son sang. Tels sont les nobles objectifs conçus par l'histoire, et pour y parvenir nous vous demandons de suivre aveuglément le Führer. Il doit montrer la voie et nous devons suivre avec une foi aveugle. Adolf Hitler vous demande de soutenir les chrétiens allemands. Si vous lui êtes fidèle, vous obéirez sans poser de questions. Grâce à eux, il nettoiera une Église endormie et sourde aux plus profonds besoins du peuple allemand. Dieu nous a créés pour engendrer des héros; l'honneur du combattant allemand doit être notre nouvelle doctrine et nos sanctuaires seront les stèles des héros. Comment l'Église a-t-elle répondu historiquement à ce cri du vrai cœur allemand désireux de montrer sa force? En prêchant la faiblesse, en enseignant une fausse théorie du péché qui a créé chez le peuple allemand un complexe d'infériorité et qui l'a empêché d'accomplir sa destinée. L'Allemand héroïque n'a pas besoin qu'on lui pardonne ses péchés. Il porte son salut en lui-même, dans ce sang que Dieu fait couler dans ses veines.

Les étudiants n'y tenaient plus. Ici et là, on commençait à traîner les pieds pour exprimer sa désapprobation, et le raclement montait à chaque phrase. Le jeune professeur était nerveux, sa voix se faisait de plus en plus stridente à mesure qu'il s'efforçait de se faire entendre par-dessus le bruit.

— Il ne suffit pas de dire que la race allemande est supérieure. La race allemande est divine. Les chrétiens allemands apprendront au peuple d'Allemagne à révérer la divinité de leur race et à en préserver la pureté; ils feront de l'Église une puissance mise au service de la reconstruction de la nation.

Le vacarme se fit assourdissant et la voix de l'orateur toujours plus aiguë.

« Votre devoir est de libérer l'Église... diaboliques influences sémitiques... la corruption de l'Ancien Testament... le rabbin juif Paul... » Seules des bribes du discours nous parvenaient à travers le tohu-bohu. Il poursuivit ses efforts pendant près de cinq minutes, en agitant les bras, le visage rouge, mais ses paroles furent noyées dans le tintamarre. La résistance était d'une violence incontestable.

Lorsque le professeur furieux se fut rassis, Gross se leva d'un air résolu et le silence se fit. Le lugubre jeune homme en uniforme brun se dirigea vers le bord de l'estrade, un long papier à la main, et je sentis mon sang se glacer. Les yeux de centaines d'étudiants se fixèrent sur moi tandis que, tremblant intérieurement, je regardais le fond de la salle. Les SA se tenaient devant les portes, imperturbables, jambes écartées, le pouce gauche sur la boucle du ceinturon, la main droite posée sur leur arme. « C'est maintenant ou jamais », me dit une voix intérieure. Un froid mortel m'envahit. J'avais peur. Pendant une seconde interminable, je priai pour être délivré de la terreur d'avoir à donner le signal. J'étais incapable de me lever. Pourtant, sans savoir comment j'y étais parvenu, je me retrouvai debout. Je me dirigeai vers la porte.

Dans un vacarme indescriptible, les étudiants se levèrent et se massèrent dans les passages. Peut-être un dixième d'entre eux étaient restés à leur place. Nous montions vers les portes où les soldats au visage de marbre nous barraient le passage comme des statues. Ceux qui étaient en arrière commencèrent à pousser, et les autres à crier.

— Laissez-nous sortir !

— Nous avons le droit de partir !

— Ouvrez les portes !

Les soldats dégainèrent leurs armes. Quand la foule vint s'écraser contre eux, ils attrapèrent les étudiants les plus proches et se mirent à les assommer ; les crânes s'entrechoquaient.

— Silence ! hurlaient les SA. Retournez à vos places.

La foule répondit par un rugissement furieux et se remit à pousser contre les portes. La tension s'exacerbait d'un instant à l'autre. Tout à coup, je remarquai devant moi le visage déterminé et les cheveux blonds d'Erika. Je fus parcouru d'un frisson d'orgueil en la voyant si courageuse ; puis je reçus un grand coup de coude dans les côtes, je trébuchai et je la perdis de vue. Les étudiants poussèrent un cri de rage et le combat s'engagea à l'une des issues barrées.

Puis, de manière inattendue, l'un des SA hurla un ordre et les portes s'entrouvrirent, juste assez pour nous laisser passer deux par deux. Des centaines d'étudiants sortirent et ceux qui étaient au bout de la file, craignant d'être encore dans la salle à la fin de la déclaration, se mirent à grimper sur les bancs. Les sections d'assaut s'avancèrent pour les matraquer. Une dizaine d'étudiants vinrent défendre leurs camarades, et la mêlée se fit générale. Aux portes, ceux qui poussaient ou étaient poussés contre les militaires se retrouvèrent isolés et arrêtés. Pourtant, malgré la cohue, l'amphithéâtre s'était presque entièrement vidé lorsque Gross, déconcerté, termina sa lecture. C'était une chance pour nous que les nazis se complaisent dans un style particulièrement verbeux et fleuri.

Une fois dehors, nous nous réunîmes pour saluer la défaite nazie et pour faire le bilan de notre première croisade. Aucune poursuite ne pouvait être menée contre nous collectivement sans révéler au public la force de la résistance rencontrée par le gouvernement au sein de l'université. Pour l'essentiel, c'était sur la centaine d'étudiants arrêtés qu'allait tomber le châtiment. Les nazis ne tarderaient pas à s'irriter de la faiblesse du soutien étudiant reçu lors de la réunion et ils se vengeraient sur les quelques rebelles qui étaient entre leurs mains.

La plupart des membres du *Christliche Kampffront* issus des autres facultés s'étaient introduits dans la réunion. Je vis Eugen Ostwald, qui estimait que nous avions fait peur aux nazis, et Rudolph Beck, gonflé d'orgueil par le succès de notre complot, arborant les couleurs du *Korps*. Tous les groupes venaient me féliciter d'avoir donné le signal de la sortie malgré les soldats, mais je rougissais en me rappelant ma réticence et mon moment de lâcheté. Je cherchai Erika partout mais je ne la vis pas.

— Avez-vous vu Fräulein Menz? demandai-je à Erich Döhr, dont la grande carcasse essayait de se frayer un chemin dans la foule.

— Vous n'avez pas vu? s'étonna-t-il. Elle a été arrêtée.

Erika arrêtée? C'était là le prix de son superbe courage! Mais les événements étaient allés si vite, tant de choses s'étaient passées en même temps que j'avais oublié de la chercher; de toute façon, je n'aurais pas pu la rejoindre dans la foule.

— L'un des étudiants nazis l'a montrée du doigt aux SA, sans doute celui qui lui avait révélé le but de la réunion; il la considérait sans doute comme responsable de son échec. Mais elle a été arrêtée, pas de doute là-dessus.

Cet après-midi-là, les étudiants arrêtés durent comparaître devant le conseil de l'université. Pour tous, la sanction fut la même : ils étaient chassés pour conduite indigne.

Erika prit très bien la nouvelle.

— Je ne regrette absolument rien, affirma-t-elle tandis que nous rentrions. (Elle me serrait le bras.) Cela en valait la peine, même s'ils m'ont confisqué ma carte d'étudiante. De toute façon, je ne parvenais plus à étudier ici, avec toute cette agitation. Je n'ai pas du tout honte d'être chassée pour avoir participé à la déroute des nazis.

Elle agita ses cheveux blonds comme un poulain agite sa crinière, d'un geste qui lui était habituel lorsqu'elle voulait exprimer son indépendance.

— Tu peux t'inscrire dans une autre université si le diplôme compte tant à tes yeux, dis-je pour la réconforter.

— Non, on nous a retiré le droit de nous inscrire dans les universités du Reich.

— À ce point-là !

— Je ne m'en fais pas pour moi. Je ne suis pas ambitieuse. Mais c'est triste pour certains. J'en regardais un, un grand bonhomme, je suis sûre que tu le connais. Des cheveux hirsutes et un gros visage naïf, qui ressemble à un melon ?

— Otto Schmidt.

— C'est lui. Il a fait une tête épouvantable quand ils ont annoncé les sanctions, il avait l'air malade, abattu. Je me demande ce que les études représentaient pour lui.

Je le savais fort bien. Je revoyais la petite maison misérable qui sentait le renfermé, grouillant d'enfants trop nombreux, je revoyais Otto penché par-dessus ses livres, sur la table du salon. Je voyais cette mère réduite à l'état d'esclave qui avançait fièrement une chaise pour son fils préféré, et Otto debout sur le pas de la porte, me disant : « Un jour, ma mère pourra dire fièrement "mon fils, le pasteur". » Pourquoi fallait-il qu'Otto souffre pour notre révolte ? demandai-je silencieusement au ciel. Les méthodes des nazis m'inspiraient un vif courroux et j'aurais pu leur assener mille coups de poing si cela avait pu rendre à ce grand garçon balourd le droit d'étudier parmi nous.

— Si cette lutte se poursuit, prophétisai-je, nous sacrifierons bien d'autres Otto Schmidt.

— Elle doit se poursuivre !

L'ardeur inaccoutumée d'Erika me fit sourire, et je discernai une fois de plus dans ses yeux une lueur de défi, contre laquelle la sanction infligée par les nazis ne pouvait rien.

— J'aimerais bien connaître le moyen de triompher définitivement des nazis, lui dis-je. Ils ont tout le pouvoir et nous n'avons que notre foi. Et ils n'ont aucun scrupule pour ce qu'est de la manière d'utiliser ce pouvoir. J'aimerais savoir que faire. Il ne faut pas attendre leur prochaine attaque ; nos efforts actuels ne suffisent pas. Mais je ne me vois pas renoncer au combat, si vain qu'il semble.

— J'ai décidé de rentrer à la maison et de voir si je peux aider ton père à Magdebourg. S'il est malade, je suis sûre de pouvoir me rendre utile. Il ne faut rien négliger de ce qui peut contribuer à propager la résistance aux chrétiens allemands, à ce qu'une véritable lutte ait lieu dans différentes régions.

— Très juste. Cela me plaît, de te savoir à Magdebourg pour l'aider. Je n'aimais guère te voir ici au milieu de toute cette violence. (Je compris, en y repensant par la suite, combien j'avais souffert lorsque je l'avais perdue de vue.) Ma jolie petite camarade va me manquer, mais je serai plus serein.

Elle me lança un regard mi-timide, mi-ravi, et je sentis une émotion nouvelle monter en moi, un désir de la protéger, de la tenir à l'écart de la bataille ; il y avait tant de courage dans ce petit corps gracieux et dans ces grands yeux gris qui me remerciaient pour l'intérêt que je lui exprimais un peu tard. J'aurais dû voir bien auparavant que sa fragilité avait besoin de ma protection, que la joyeuse compagne de mes exploits enfantins s'était transformée en une jeune femme charmante et mystérieuse, petite et sensible, et donc d'autant plus vulnérable à la brutalité contre laquelle je l'avais stupidement laissée se battre. J'avais fait preuve d'une bêtise coupable en restant aveugle à sa beauté. Avec un soudain chagrin, je m'avouai que tous mes compagnons s'en étaient aperçus, alors que j'avais gardé les yeux fermés. Ma main se posa sur ses doigts crispés autour de mon bras, si frêles par rapport aux miens. Elle répondit par une petite pression pleine d'assurance.

— Erika, ma chère petite, promets-moi de ne plus jamais prendre des risques comme aujourd'hui. Je ne veux pas qu'il t'arrive quelque chose.

— Je ne suis plus une enfant, Karl. Tu ne t'en es pas rendu compte ?

— Je viens de le découvrir.

Ce soir-là, je devais dîner avec Orlando von Schlack, qui m'avait rendu visite dès qu'il avait appris mon retour à Berlin. Il menait une vie gaie et irresponsable dans cette ville turbulente et il était devenu le meilleur ami de quelques officiers haut placés ; sa position sociale, son aisance et ses bons mots lui avaient permis de devenir le favori de ces hommes ambitieux et sans pitié.

Le général von Schleicher, l'ex-chancelier qui avait tiré Orlando de la débauche, avait eu avec moi un long entretien peu après nos retrouvailles à Berlin. Il avait ensuite encouragé le renouveau de notre vieille amitié, et je savais que le général n'avait aucune sympathie pour les nazis.

« Le pauvre garçon a besoin de croire à quelque chose, m'avait-il dit. Il a de l'enthousiasme à revendre et je pense qu'une activité politique ne lui fera pas de mal. Il perdra peu à peu ses illusions. C'est inévitable, vu la nature de ses nouveaux dieux, mais j'espère qu'il sera devenu assez sage pour ne pas mal le prendre. J'ai le sentiment que la sincérité même de l'admiration d'Orlando pour Hitler a eu un effet positif sur lui et qu'elle le protège de la corruption qui l'avait presque englouti lorsque j'ai dû intervenir. »

Je retrouvai Orlando au fameux restaurant du zoo de Berlin, lieu très à la mode, où la crème de la société avait l'habitude de se retrouver, non pour regarder les animaux mais pour s'observer ; le spectacle de ces aristocrates sur le retour, aux goûts délicats, aux manières exquises, totalement oublieux du monstre nazi qui dévorait peu à peu leur monde, était assurément plus étrange que celui des animaux.

Orlando buvait beaucoup ; je ne l'avais jamais remarqué, mais cela me fit craindre pour sa santé. Sa jeune beauté virile était mise en relief par la perfection de sa tenue ; ses yeux luisaient tout en parcourant les

salles richement décorées et il pétillait d'un contentement frénétique.

— Le zoo humain, commenta-t-il tout bas, en
contemplant les dîneurs. J'aime venir les observer ici,
car je connais leur secret. Extérieurement, ce sont de
beaux animaux, bien soignés, bien nourris, gros et
gras, bien dressés, mais pas une seule âme allemande
dans tout le lot ! (Il éclata de rire.) Ce cher Karl n'aime
pas mon mysticisme. Mais c'est normal ; je ne supporte
pas le tien. Je pense qu'en fait je viens ici pour regarder mon passé et en rire, parce que je leur ressemblais
tant, autrefois, quand j'étais si brillant et que je
m'ennuyais à mourir.

Il eut un croassement de plaisir et son visage prit
une expression passionnée.

— L'extase la plus parfaite qu'on puisse vivre... la
joie suprême, c'est de sentir ton âme s'éveiller en toi,
ta belle âme nordique, claire et forte. T'ai-je dit qu'un
jour j'ai failli me suicider, Karl ? C'était parce que
j'étais las d'être si brillant. J'étais assez bête pour m'en
enorgueillir, et j'avais fait le tour de mon esprit.

Son enthousiasme était encore aussi communicatif
que quand nous étions écoliers ; la tension et la chaleur
humaine que je percevais en lui ranimaient la vieille
affection que je ressentais toujours en sa présence.

— Je n'avais jamais vu la force de ce grand fleuve
de la race, dont mon âme est une vague. Comment
aurais-je pu savoir que mon esprit était la création de
mon sang, l'esprit de ma race, non point isolé mais
partagé par les plus héroïques de mes semblables ?
Karl, des âmes naissent tout autour de moi. Certaines
âmes sont si fortes, si téméraires, si héroïques que je
tremble devant elles, et pourtant elles m'acceptent. Le
monde est si aveugle lorsqu'il ne veut voir en Allemagne qu'un changement politique ! C'est un changement spirituel. Des millions d'âmes renaissent à
l'héroïsme, une grande âme commune est en train de

190

prendre vie, une vie de noblesse et d'honneur à laquelle nous adhérons tous et dont nous ne pouvons être séparés. Le pouvoir politique nous sera peut-être refusé pendant des années, pendant notre floraison interne. Peu importe. Je connais un homme très haut placé dans le parti, qui me parle de la noblesse et de l'honneur de notre leader, Karl, et il est si fort qu'il te ferait peur. Mais ce même pouvoir est en train d'éclore en moi.

L'exaltation de son discours s'apparentait à une forme de griserie, mais ses yeux s'allumaient d'un fanatisme qui ne venait pas du vin.

— J'ai découvert le secret de la nouvelle vie du monde, murmura-t-il, d'une voix qui montait comme un chant. L'ancien type nordique, créé par le sang, le héros des héros, a trouvé son accomplissement aujourd'hui ; il marche parmi nous, sur deux jambes humaines. Au son de sa voix, la vie s'éveille en nous, notre vieux cœur se met à battre, les cadavres relèvent la tête, les entrailles mortes portent de nouveau des fruits. Son œil est l'œil de l'aigle, Karl, et sa voix, la voix de Dieu. Je l'aime, l'Aryen parfait de jadis qui s'est incarné aujourd'hui pour nous servir, pour enchaîner ses disciples en une union mystique, je l'aime comme jamais je n'ai aimé, et j'aime les hommes qui le suivent, le Führer, Karl...

Tout en parlant, il avait pris son verre de bourgogne, et quand il cria « le Führer », il brisa dans sa main le verre fragile comme pour souligner son extase. Le sang et le vin se mêlaient aux éclats de verre et coulaient sur la nappe blanche, mais il ne détachait pas de mon visage son regard brûlant.

— Il est le centre, le héros de jadis recréé, Adolf Hitler ! Maintenant qu'il a été élevé au-dessus de nous, il attirera tous les hommes à lui.

Je dus frissonner en entendant cette phrase blasphématoire, épouvanté par tant de fanatisme et d'extravagance, car Orlando reprit son calme et haussa les épaules.

— Je suppose que tu me crois ivre, dit-il avec cynisme.

— Je pense que tu serais moins en danger si tu étais ivre. Voyons, laisse-moi te bander la main.

— Laisse-moi! cria-t-il. Tu n'essaies pas de me comprendre. (Puis il retrouva son insolence souriante.) Je ne sais pas pourquoi je passe tant de temps à tenter de te convertir, Karl.

— Je me prête mal à ce genre d'exercice.

— Ce cher vieux général ne comprend pas non plus. Mais il y viendra, parce que son âme est celle d'un héros. Tu ne sais pas à quel point je le vénère, Karl, combien je voudrais qu'il partage mes idées. Et toi aussi, tu t'éveilleras un jour. La lumière que j'ai vue t'aveuglera aussi. C'est tout l'espoir de l'avenir. Un jour, me promit-il, je te présenterai à quelques officiers nazis. Alors tu verras ce que veut dire l'honneur nordique. Tu ne peux pas imaginer leur noblesse et leur force. Cela dit, ajouta-t-il avec une moue puérile, si moi je ne réussis pas à te faire comprendre, ce n'est pas eux qui y parviendront.

Il tira de sa poche un mouchoir qu'il déplia et qu'il attacha maladroitement autour de sa paume sanglante. Le serveur lui apporta un autre verre de vin.

— À l'avenir de l'âme allemande! s'exclama Orlando, en riant et en levant le verre dans sa main bandée.

— À l'avenir de l'âme allemande, répondis-je. Mais nous ne portons pas le même toast, mon cher.

Erika devait rester à Berlin pendant une semaine au moins, afin de préparer son installation définitive à Magdebourg et de rendre un certain nombre de visites que son engagement dans la lutte religieuse lui avait fait oublier. Elle me rappela que j'avais promis à ma mère de mener une vie sociale normale, et j'eus quelque remords en me souvenant qu'on m'avait recommandé de me présenter à une vieille baronne dont ma mère avait jadis été la protégée. J'avais jusque-là été convié à quelques grandes soirées, par courtoisie envers mes parents, et j'y avais rencontré plusieurs fois les mêmes personnes sans jamais apprendre leur nom. Les présentations étaient toujours marmonnées, et les invités étaient si nombreux !

Pour mieux connaître une personne rencontrée lors de ces bals, ou pour entrer dans un cercle bien précis, il fallait suivre une procédure très stricte. On rendait une visite polie durant l'heure officielle de réception, après l'office du dimanche matin. Si la famille ne recevait pas, on pouvait se contenter de laisser sa carte, mais, dans le cas contraire, il fallait faire la conversation pendant dix minutes, durée correcte d'une telle visite. Partir avant que les dix minutes soient écoulées était un impair des plus graves, et rester plus longtemps était inouï ; pourtant, il ne fallait sous aucun prétexte consulter sa montre ni jeter un coup d'œil à une horloge. Pour les jeunes gens, c'était un cauchemar que de déterminer correctement ce laps de temps, se lever au bon moment, prendre congé avec élégance, comprendre que, malgré l'insistance de l'hôtesse pour que vous restiez, il était hors de question de la prendre au mot. Après cette visite officielle, on recevait une invitation à une réception plus intime où seuls seraient conviés les intimes de cette famille.

Jusque-là, je m'étais limité aux grands bals, en partie parce que je redoutais l'épreuve que constituaient ces visites de dix minutes, en partie parce que je trouvais la vie universitaire très prenante, mais je décidai à présent de suivre l'exemple d'Erika et de rendre visite à la baronne. Je me présentai donc à cette adresse assez intimidante et je comptais déjà combien de cartes je devrais laisser pour les différents membres de la famille, au cas où j'aurais eu la chance de les trouver sortis. Mais en m'approchant je vis qu'on ouvrait la porte à un autre visiteur, aussi endimanché que moi, et je compris que le sort en était jeté.

Le visage épais et sévère de la baronne était parcouru de rides, et son total manque d'expression me fascina tellement que je pus à peine prononcer les salutations d'usage. Je fus présenté à l'autre visiteur, le comte Wallensdorf, et l'on m'interrogea poliment mais sèchement sur la santé de ma mère. Je bafouillai une réponse, mais j'étais incapable d'entretenir une conversation. À entendre le dialogue entre le comte et la baronne, on se serait cru au XIXe siècle.

— Les bains de R... ont fermé très tôt cette année. Cela a gâté la saison.

— Ferdi a remporté un grand succès avec sa chasse au sanglier. Son père s'y est illustré jadis. On dit que le jeune M... n'a pas vraiment brillé par son courage. Tout le monde en rit.

— Les von S... ont donc enfin réussi à marier leur fille qui est si laide. Ils vont maintenant pouvoir lancer l'autre, qui est si jolie.

Absorbé par le combat sans merci entre une noble et antique foi et une force politique récente et venimeuse, j'avais totalement perdu contact avec ces mesquineries. Mon univers mental était fait d'arrestations, de rébellion en masse, de lutte secrète et de terrorisme avoué, et voilà que ces gens très comme il faut bavardaient avec esprit sur des questions triviales, comme si le monde qui les entourait n'existait pas. J'étais absolument incapable de faire entrer mon esprit dans cette ornière oubliée.

De son côté, le comte était comme chez lui. Il était évident que la baronne et lui étaient de vieux amis, et qu'il savait quoi dire, contrairement à moi. Un seul rai

194

de lumière vint éclairer cette visite apparemment interminable. Je n'aurais pas à compter les minutes; puisque j'étais entré avec le comte, il me servirait d'horloge et je sortirais en même temps que lui. C'est avec
une immense gratitude que je le vis se lever : je l'imi-
tai aussitôt et je recouvrai assez d'assurance pour
remercier chaleureusement mon hôtesse de m'avoir
reçu et lui promettre de transmettre tous ses vœux à ma
mère.

Ce fut le cœur bien plus léger que je redescendis
l'escalier. Le comte Wallensdorf m'emboîta le pas et
nous nous retrouvâmes ensemble dans la rue.

— Vous faites vos études ici, Herr Hoffmann?
demanda-t-il poliment. À quelle profession vous desti-
nez-vous?

— Je suis étudiant en théologie.

Je m'étais tellement éloigné de la mentalité préna-
zie, au cours des six derniers mois, que j'avais complètement oublié quelle déchéance atroce représentait
l'état de pasteur aux yeux d'un aristocrate, et je fus
donc pris au dépourvu par sa réaction.

— Mon Dieu! cria le comte.

Je ne l'aurais sans doute pas plus étonné si je lui
avais dit que je me préparais à devenir concierge. Mais
il reprit aussitôt sa courtoisie et, avec un sourire
amusé, m'offrit ce conseil :

— Vous ne devrez jamais vous marier.

— Pourquoi pas, monsieur?

Et il me répondit en citant un vieux poème populaire :

> *Les vaches du meunier*
> *Et les fils du pasteur,*
> *On peut compter sur eux*
> *Pour toujours mal tourner.*

En rentrant chez moi, j'avais l'impression d'avoir

passé quelques instants dans un autre monde. L'inflation avait ruiné la plupart des aristocrates allemands, mais ils vivaient encore selon une étiquette rigide, dans les vestiges de leur gloire, comme si leurs traditions majestueuses étaient la seule réalité, comme si le sol qui se fissurait sous leurs pieds devait éternellement les soutenir parce que cela leur était dû. Je compris avec stupeur que ces gens, et tant d'autres, faisaient leur apparition à l'église tous les dimanches, mais sans se rendre compte de la lutte que l'Église menait pour survivre, sans voir qu'une religion rivale était apparue, prêchant un paganisme cruel, et que leurs fils en criaient les slogans prétentieux dans les rues.

Dans les diverses couches de la société, la pratique religieuse n'était plus qu'une formalité : on allait au culte parce que cela se faisait, mais ce n'était qu'une activité superficielle. Le feu que j'avais vu brûler dans les yeux d'Orlando, le zèle farouche des jeunes chrétiens allemands et le respect fanatique qu'ils avaient pour le Führer ne pourraient être supplantés que par une flamme plus vive, une foi qui serait la vie même des hommes qui s'y accrochaient. Les racines de la foi étaient-elles assez profondes ?

CHAPITRE XI

Nous nous doutions que les nazis qui contrôlaient désormais l'université n'accepteraient pas si facilement leur défaite dans le grand amphithéâtre. Nous passâmes quelques jours à attendre avec circonspection la nouvelle tactique qu'ils emploieraient pour nous mener vers le mouvement chrétien allemand. Au bout de trois jours commença une manœuvre que nous ne pouvions combattre. Un nouveau cours fut annoncé pour la faculté de théologie, une série de conférences obligatoires sur la philosophie nazie. Nous avions le choix entre y assister ou renoncer à nos études. Ils avaient visiblement abandonné la force et préféré nous soumettre au culte du sang des héros.

De toute évidence, les nazis ne nous faisaient pas confiance. Nous devions, au début de chaque conférence, faire tamponner une carte spéciale, et il fallait présenter la carte couverte de tampons à la fin du trimestre afin de faire valider nos études. Une autre précaution fut prise pour nous rendre impossible l'école buissonnière. On nous avertit que les cachets changeraient chaque semaine, afin d'interdire toute contrefaçon.

Ce fut une foule bruyante et sceptique qui se rassembla pour la première conférence. L'orateur était un « évêque d'urgence » nommé par le *Reichsbischof*

Müller, dont les apparitions pompeuses à Berlin et dans les environs déclenchaient l'hilarité des étudiants. Le nouveau *Reichsbischof* menait grand train à l'hôtel *Adlon* et parcourait les rues dans un véhicule énorme, avec chauffeur en livrée, valet de pied et drapeau spécialement conçu pour distinguer sa voiture de celles de dignitaires moins éminents. Malheureusement pour lui, personne ne le prenait au sérieux ; les nazis, ayant vite découvert qu'il ne leur était d'aucune utilité, préférèrent lui laisser son titre et ses fonctions plutôt que d'admettre leur erreur. On lui avait donné comme surnom le diminutif peu gracieux de « Rei-bi ».

Le protégé du « Rei-bi » qui devait nous haranguer ce jour-là avait été pasteur d'une petite ville, jusqu'au moment où il avait fait le choix judicieux de rejoindre les chrétiens allemands. La récompense ne s'était pas fait attendre. Pour renforcer l'autorité de l'« évêque d'urgence », l'un des hauts fonctionnaires du ministère de l'Éducation et de la Culture monta avec lui sur l'estrade et nous le présenta.

Les orateurs que nous avions l'habitude d'entendre étaient d'un genre bien différent : nos professeurs étaient pour la plupart des hommes du monde, issus de la classe supérieure, dont les parents avaient pu financer les longues études et les voyages nécessaires pour atteindre une position universitaire, et dont l'esprit était fait pour la recherche. Nous étions habitués à Deissmann, impressionnant barbu, à Lietzmannn ou à son prédécesseur von Harnack, ancien théologien de la cour impériale, petit homme voûté à l'esprit dévastateur, que nous appelions « Excellence » et qui arborait le large ruban de l'ordre de l'Aigle rouge, que lui avait conféré le Kaiser.

Le nouvel « évêque d'urgence » était un rustaud fanfaron, et l'on sentait monter l'hostilité de l'auditoire à mesure que se déroulait son discours grandiloquent. Il s'était lancé sur le sujet douloureux des chrétiens non aryens.

— Je vous le dis, mon bureau est couvert de centaines de lettres que m'envoient des chrétiens qui ont dans les veines un peu du sang noir des juifs. Ils me demandent conseil. Ils me demandent ce qu'ils doivent faire. Je leur dis que notre Dieu Lui-même n'existerait pas sans la pureté et l'honneur du sang nordique. C'est par la force de ce sang rouge, par la noblesse de notre âme, que nous faisons exister notre Dieu. La race nordique ne conservera sa force que si ce sang et cette pureté de l'âme sont préservés. C'est rendre service à notre Dieu que de protéger Son culte de toute pollution, de rendre l'Allemagne aux Allemands et de ne pas souiller les narines du ciel avec l'haleine fétide du juif. Alors, que puis-je dire à ces hommes qui m'écrivent en tant que chrétiens et avouent leur sang pollué ?

L'orateur prit une attitude noble et un visage censé exprimer la bienveillance.

— Selon la charité chrétienne, le seul conseil que je peux donner à ces chrétiens non aryens est de quitter cette terre en cherchant une mort héroïque.

Des rugissements montèrent de tout l'amphithéâtre, comme si on y avait lâché une troupe de lions, et tous les étudiants se levèrent en criant leur dégoût face à ce prétendu représentant de la charité chrétienne.

Un livre vola en l'air dans la direction de l'estrade et, en un instant, des centaines de gros volumes furent lancés à la tête du misérable « évêque d'urgence ». Ce comportement violait toutes les règles de conduite universitaire, mais c'était une explosion spontanée. Gross, le leader étudiant, en chemise brune, bondit, le visage écarlate, furieux de ce défi à l'autorité qu'il représentait. Les traits déformés, il voulut affronter les étudiants rebelles, agitant les bras et tentant de se faire entendre par-dessus le tumulte. Alors qu'une pluie de livres venait s'écraser bruyamment autour de l'orateur terrorisé, l'envoyé du gouvernement se leva lentement, le visage blême. Il brandit le poing et nous cria :

— Nous avons le pouvoir, à présent, et vous allez vous en rendre compte. Nous vous ferons ramper.

Mais face à la colère inextinguible d'un millier de jeunes gens, les nazis durent se résoudre à une retraite majestueuse, suivis par Gross, qui marchait d'un pas raide.

Nous savions que l'affaire ne s'arrêterait pas là, que les nazis nous pousseraient aussi loin qu'ils l'oseraient, et ils n'étaient en rien timorés. La tension montait de jour en jour, les dirigeants étudiants menaçaient et les étudiants réagissaient par l'indifférence ou par la rébellion. Les affrontements étaient quotidiens ; toute la vie de l'université était perturbée, au point que plus personne n'étudiait vraiment. Le plus encourageant était le soutien que nous apportaient les autres facultés. Nous n'étions plus un groupe isolé ; nous étions épaulés. Nous étions les futurs leaders du christianisme allemand, auxquels les nazis tentaient d'imposer leurs doctrines perverses ; c'était la religion chrétienne elle-même qui était en jeu. Au *Steh-Convent*, le conflit religieux était presque le seul sujet de discussion.

Deux jours après que notre jet de livres eut chassé l'« évêque d'urgence », Eugen Ostwald vint à ma rencontre. Il était plein d'une excitation contenue, et sa cicatrice pâle tranchait sur son visage rubicond.

— Je suis allé voir Niemöller.

Je m'étais souvent demandé comment le vaillant pasteur de Dahlem avait pris sa défaite lors de l'élection, après avoir lutté si vigoureusement.

— À vous entendre, on croirait que quelque chose se prépare, dis-je, car la voix d'Ostwald reflétait son enthousiasme, tout comme son sourire éclatant.

— Il se prépare de grandes choses. Niemöller entame une résistance souterraine à l'endoctrinement chrétien allemand, à travers tout le Reich. Il s'est mis d'accord avec d'autres ecclésiastiques pour organiser un grand mouvement. Les chrétiens allemands détiennent les plus hautes charges; toute la hiérarchie est entre leurs mains. Mais il est indispensable que les véritables chrétiens préservent entre leurs mains l'enseignement du christianisme, et ne laissent pas les nazis réussir à les isoler et à les briser l'un après l'autre.

— Comment feront-ils? Je me suis creusé la cervelle pour trouver un moyen de travailler efficacement.

— Ils organisent une sorte d'Église interne. Les nazis peuvent maintenir les apparences, mais à l'intérieur de leur prétendue Église, tous ceux qui refusent leur doctrine de sang et de tonnerre vont se liguer. Les pasteurs ne prêcheront que la parole de Dieu; les laïques n'écouteront que l'enseignement chrétien, et non les fadaises des chrétiens allemands. Ils l'appellent l'« Église confessante » parce qu'elle ne prêchera que notre Confession telle que Luther l'a mise par écrit. C'est une Église à l'intérieur de l'Église. J'y appartiens déjà. Il tira de sa poche une carte rouge. Elle indiquait qu'Eugen Ostwald était membre de l'Église confessante d'Allemagne.

— Le nom est bien trouvé, dis-je.

La petite carte rouge que je tenais semblait contenir tant de promesses; mon esprit imaginait cette Église confessante comme un vaste édifice de pierre, indestructible, aux portes duquel se massait une foule de fidèles. Je pressentis peut-être à cet instant tout ce que ce nom représenterait par la suite pour le christianisme.

— Y a-t-il déjà beaucoup de membres? Comment atteindre la population?

— L'Église confessante regroupe déjà des milliers de pasteurs venus de tous les coins de l'Allemagne, et avec eux des dizaines de milliers de fidèles. Vous vous rappelez les listes de noms fournies par Niemöller que nous avions pour envoyer de la propagande? Tout a commencé avec ceux-là avant de se répandre à toute vitesse. Regardez donc combien d'étudiants partent pour Dahlem ces temps-ci.

— J'y vais moi-même. Aujourd'hui.

Ostwald me serra la main.

— Bien sûr. Et parlez-en autour de vous en revenant. Croyez-moi, le combat ne fait que commencer.

Un élan irrésistible me poussa à mettre Erika au courant. Je ne m'étais pas rendu compte à quel point il m'était nécessaire de partager avec elle mes espoirs et mes déceptions, je savais seulement que je devais être le premier à lui annoncer la nouvelle, pour voir briller ses yeux gris lorsqu'elle m'entendrait. Quand j'arrivai, elle préparait paisiblement ses bagages, et je bafouillai lorsque je voulus lui raconter la création de l'Église secrète.

Je ne fus pas déçu par sa réaction. Erika battit des mains comme une enfant et vint en courant m'attraper par le col de ma veste.

— Emmène-moi à Dahlem avec toi, tu veux bien, Karl?

— Bien sûr que je t'emmène. Sinon pourquoi serais-je ici, chère madame? Je n'y serais jamais allé sans toi.

Je lui pris les mains et nous échangeâmes des regards enthousiastes. Je lisais dans ses yeux tant de franchise et de bonheur que toute l'affection que j'avais éprouvée pour elle la veille me revint tout à coup. Je remarquai soudain que cette expression aimante et sincère était celle de ma mère lorsqu'elle regardait mon père. Ma gorge se noua et je sus en un éclair que ce serait vers Erika que je me tournerais toujours pour trouver la tendresse, la force, l'ardeur, tout ce qu'un homme cherche chez une femme aimée. Je me sentais plein de désir, de la savoir si proche de moi. Cette pensée créait entre nous comme un lien tangible, et je vis tout à coup dans ses yeux qu'elle en était également consciente. Pendant un instant, chacun put lire dans l'esprit de l'autre le secret qui y était caché. Mais cette témérité ne dura pas, et Erika baissa bientôt les yeux. Elle frissonna, puis m'adressa de nouveau son sourire franc et amical. Je pris ses petites mains pour les embrasser et je la contemplai d'un air mélancolique, mais mon cœur battait à tout rompre. Il me serait impossible de l'épouser avant plusieurs années. Je venais de commencer mes études, et une jeune fille aussi charmante devrait choisir un mari bien avant que je ne puisse lui offrir un foyer. Néanmoins, j'avais l'impression d'avoir reçu un cadeau immérité, et je marchais à ses côtés le cœur léger tandis que nous allions prendre l'autobus pour Dahlem.

J'avais déjà travaillé pour Martin Niemöller, mais je ne l'avais encore jamais rencontré ; malgré tout ce que l'on m'avait dit, je n'étais pas préparé à trouver dans ce corps trapu une personnalité aussi électrisante. La plupart des visages ne semblent vivre qu'à moitié ; le sien semblait ne réprimer toute sa vitalité que par un effort de la volonté. Ses yeux vifs reflétaient un esprit vigoureux, mais sa bouche exprimait la sérénité et la modération. Tout ce visage était pétri de sagesse et d'une patience acquise avec le temps.

Il nous accueillit de bon cœur, nous fit asseoir devant son bureau et nous dit que la jeune Église confessante se développait à une vitesse stupéfiante.

— À l'université, lui dis-je, l'indignation suscitée par les chrétiens allemands monte de jour en jour. Leurs doctrines sont si atroces qu'elles révoltent tout le monde, ou presque.

— C'est là que nous devons être prudents, intervint Niemöller d'un ton de reproche amical. Nous ne sommes pas engagés dans un combat politique. Notre seul souci est de pouvoir continuer à enseigner l'amour et la pitié du Christ. Dans les premières années du christianisme, l'Église n'a pas conquis des fidèles à cause de leur indignation contre ses ennemis, mais parce que les croyants aimaient leur prochain. Si l'Église confessante est animée par la haine contre ces hommes qui s'opposent à nous, notre combat est perdu d'avance. La puissance politique ne nous importe guère ; le fait que l'Église luthérienne soit liée à l'histoire de l'Allemagne n'est pas une excuse. Nous n'avons le droit de porter le nom d'Église chrétienne que si nous continuons à enseigner l'admirable compassion de Dieu et à apporter l'espoir dans les cœurs ; c'est seulement si l'amour nous guide que la main de Dieu œuvrera en notre faveur. Si nous essayions simplement de sauver une institution et d'y préserver nos emplois, nous mériterions la défaite. Ce que nous pouvons haïr, ce ne sont pas les hommes, mais les doctrines d'orgueil et de cruauté qu'on leur inculque. Car celles-ci ne s'en prennent pas à l'institution mais au Seigneur Lui-même. C'est parce que nous continuons à dire l'amour du Christ qu'ils veulent nous faire taire. Quoi qu'il arrive aux individus, l'Église confessante doit continuer à prêcher cet amour divin et à en donner l'exemple. À une doctrine de haine nous opposerons la grande Confession par laquelle Luther nous a révélé la vérité de Dieu. Ces règles ne sont pas pour nous des bornes contraignantes. Elles ont été conçues dans la souffrance de la vie humaine, non pour nous enfermer dans une croyance étroite mais pour nous donner une base solide. Elles sont l'essence de la parole de Dieu, les vérités bibliques vérifiées et clarifiées pour éclairer la vie de tous les hommes qui veulent rejoindre Dieu. Notre seule raison d'être en tant qu'organisation est de faire cette profession de foi, de dire l'Évangile d'amour.

Je fus transporté en entendant les propos intenses du pasteur. Tous mes doutes, toutes mes craintes pour la force du christianisme s'évanouirent et j'eus honte de ma petitesse. J'avais demandé à Dieu un leader, sans Lui faire confiance, sans comprendre qu'Il trouvait toujours parmi les hommes celui qui nous guiderait au moment essentiel.

— L'Église confessante ne sera pas une nouvelle Église, reprit Niemöller en se renfonçant dans son fauteuil. Elle aura la même structure que notre Église d'autrefois. Mais là où les chrétiens allemands nomment des évêques, nous les répudierons en secret et nous n'écouterons que les hommes de Dieu. Le gouvernement peut s'emparer des fonctions temporelles de l'Église, mais nous érigerons un rempart inébranlable pour protéger l'enseignement de la parole de Dieu.

Niemöller prit sur son bureau un exemplaire du Grand Catéchisme.

— Si vous voulez une description de ce que l'Église confessante doit être, ou doit devenir, dit-il en ouvrant le volume, permettez-moi de vous lire ce qu'a écrit Luther. Voici : « Je crois qu'il existe sur la terre une sainte et pure assemblée de saints placés sous l'autorité du Christ, unis par le Saint-Esprit dans une seule foi, un seul entendement, aux dons multiples, mais unis dans l'amour, sans sectes ni schismes ; j'en suis un membre moi-même, je suis l'un des propriétaires de tous les biens qu'elle possède, j'y suis mené et intégré par le Saint-Esprit, car j'ai entendu et je continue à entendre la parole de Dieu, qui est le moyen d'y entrer. » Ce ne sera pas la lutte spectaculaire que certains jeunes gens espèrent sans doute ; ce sera le moyen de prouver leur valeur et leur loyauté. Ce sera un combat plus grand que le combat des hommes entre eux, reprit Niemöller avec feu. Une force maléfique s'attaque au cœur de la foi, à l'amour et à la pitié, à la miséricorde du Christ. Notre faiblesse ne doit pas nous pousser au désespoir.

Il se mit à citer avec passion l'Épître aux Éphésiens : « Car nous avons à combattre non contre des hommes de chair et de sang, mais contre les principautés, contre les princes du monde, c'est-à-dire de ce siècle ténébreux, contre les esprits de malice répandus dans l'air. C'est pourquoi prenez toutes ces armes de Dieu, afin qu'étant munis de tout vous puissiez aux jours mauvais résister et demeurer fermes... Prenez encore le casque du salut, et l'épée spirituelle, qui est la parole de Dieu. »

Derrière le sourire de cet homme, on sentait une force prodigieuse.

Une fois que nous fûmes sortis, notre carte rouge rangée à l'abri dans nos poches, Erika leva vers moi des yeux mouillés de larmes.

— Maintenant tu comprends comment j'ai appris à surmonter la peur que m'inspirait ta participation à la lutte.

— Voilà un homme à qui nous pouvons confier la défense de tout ce en quoi nous croyons! m'exclamai-je en serrant les poings.

L'organisation de l'Église confessante se poursuivit si discrètement que le gouvernement ne remarqua rien. Chaque jour, des étudiants de plus en plus nombreux se rendaient à Dahlem ou dans l'une des églises de Berlin qui servaient de bases locales, et en revenaient avec une petite carte rouge. La rumeur se propageait à travers le pays grâce à des réseaux secrets, et chaque jour des milliers de noms s'ajoutaient aux listes. En apparence, il ne se passait rien, mais si les nazis et leurs chrétiens allemands avaient deviné quel espoir commençait à luire pour une grande partie de la population, ils auraient eu lieu de s'en inquiéter. Derrière les manifestations de leur suprématie, les svastikas flottant au vent, les défilés de chemises brunes, un géant endormi se réveillait, insoupçonné par leurs leaders bouffis d'orgueil.

Deux jours après notre visite chez Niemöller, j'accompagnai Erika à la gare. C'était un bel après-midi d'hiver, et elle portait un manteau de laine bleue, au col garni de fourrure, qui la rendait plus jolie encore. Elle était aussi exaltée que si elle rentrait triomphante à Magdebourg et non en tant qu'exclue, et elle marchait d'un pas alerte.

— Maintenant, j'ai mieux à offrir à ton père que mes modestes services, dit-elle d'une voix vive et joyeuse. Toutes les églises, tous les croyants d'Allemagne se sentiront plus forts, plus courageux, quand ils sauront qu'ils ne sont plus seuls. Les petites paroisses se sentaient coupées de tout, c'est cela qui était terrible. C'était comme vouloir surnager lors d'une inondation, sans savoir si le reste du monde est déjà noyé. À quoi bon être le dernier survivant à maintenir la tête hors de l'eau?

— À Magdebourg, ils ont déjà eu leur content de la théologie des chrétiens allemands, et vu le peu de gens qui ont assisté au second sermon de Herr Krämer, j'imagine que notre Église secrète trouvera des fidèles tout prêts à la rejoindre.

Erika rit de plaisir.

— J'ai l'impression que notre vraie vie va commencer. J'aurai tant de choses à faire là-bas.

— J'aimerais bien que tu restes ici, dis-je malgré moi.

— Oh! Karl! (Elle était à la fois amusée et étonnée.) Je croyais que tu voulais me voir loin de tous les dangers de Berlin.

— C'est pur égoïsme masculin. Je n'aimerais pas te perdre, Erika.

Ses grands yeux gris se fixèrent sur les miens.

— Tu ne me perdras pas, Karl.

— En voiture! cria le contrôleur, et j'aidai Erika à monter dans son compartiment.

Pendant un instant, je vis son visage de l'autre côté de la vitre, tout à coup aussi lointain que les amis que l'on quitte sur le quai d'une gare. Les roues tournèrent, les fenêtres se mirent à avancer devant moi. Des visages inconnus passèrent; vu de leur intérieur mouvant, je n'étais qu'un objet flottant à la surface du monde. Laissé seul sur le quai, j'entendis la vibration des rails s'évanouir et je regardai disparaître à l'horizon un petit train miniature. Les derniers mots d'Erika me remplissaient d'une étrange satisfaction que j'emportai avec moi en regagnant l'univers masculin de l'université.

Cet hiver, l'air de la faculté était plein de querelles doctrinales ; tous les efforts des nazis pour faire taire les discussions étaient vains. Pratiquement tout le monde avait renoncé aux études. Nous n'allions aux conférences que pour trouver de quoi alimenter notre flamme. Quand des groupes se formaient après un cours, un étudiant répétait la conclusion du professeur en guise de défi, et en un instant le ciel s'obscurcissait de palabres furieuses.

Finalement, les nazis décidèrent d'accorder une reconnaissance officielle à l'opposition, ou du moins de lui reconnaître une place dans le débat public. On choisit un mercredi soir de novembre pour que s'expriment les deux camps, en opposant un nombre égal de professeurs chrétiens allemands et d'enseignants hostiles. Chaque orateur avait droit à dix minutes de parole.

Quand j'arrivai dans la salle, elle était déjà pleine jusqu'au dernier rang, et des étudiants se tenaient debout dans toutes les allées. Il y avait plus de sept mille hommes réunis. Les chrétiens allemands ne perdirent pas leur temps à apaiser leur auditoire. Le premier orateur demandait la destruction de l'Église si elle était incapable d'accepter le grand avenir qui devait « germaniser le christianisme ».

— La grande réforme de Martin Luther a été réduite à un clergé borné et disputailleur, qui s'accroche à l'Ancien Testament judaïque comme si c'était un livre d'instruction religieuse adapté à la race aryenne, déclara-t-il. Les Allemands refuseront d'apprendre à leurs enfants les histoires des chameliers juifs et de leurs femmes impudiques. Ils substitueront à ces fables malsaines les honnêtes légendes nordiques et les contes de fées auxquels notre sang réagit. Avec le temps, ces histoires de notre race prendront toute leur signification religieuse. Toute Église qui espère être l'Église de l'avenir aryen méprisera et rejettera le prétendu Ancien Testament. Ce n'est pas un livre chrétien. Son enseignement n'a fait que permettre aux doctrines impures et retorses du juif de dominer notre pensée. Voyez Marcion ! cria-t-il. C'était l'un des premiers pères de l'Église, et il fut injustement taxé d'hérésie. Au IIe siècle, Marcion eut la sagesse de nous prévenir que le Dieu qui avait engendré notre Seigneur Jésus n'était pas le Dieu de cet Ancien Testament obscène.

Un grondement de mécontentement parcourut la salle, mais il n'y eut aucune manifestation plus franche, car nous voulions que nos enseignants puissent s'exprimer. Notre vénéré professeur, spécialiste de l'Ancien Testament, se leva pour répondre ; ce vieil érudit aux cheveux blancs jouissait d'une réputation internationale. Sa voix douce tremblait tant il aimait son sujet.

— Le cœur de l'Ancien Testament, tel que nous le lisons, tend vers le Christ. À travers la vanité, le désespoir et la souffrance des hommes, la promesse de Dieu commence à briller. Mon collègue déclare que l'Ancien Testament n'est pas un livre chrétien. Peut être ne l'a-t-il pas lu en y cherchant un espoir chrétien. Martin Luther a défini le moyen de juger ce livre. Il a dit : « Tout ce qui mène au Christ est apostolique et canonique. » Les psaumes élèvent notre vision par leur beauté inspirée. Nous avons entendu la louange de Dieu chantée par bien des voix. Nous avons tremblé en lisant les pages d'Isaïe, émerveillés par la Promesse. C'est un livre d'attente et de préparation. C'est un livre qui parle des ténèbres de l'esprit humain et de leur espoir. Sans l'Ancien Testament, nous n'exulterions pas de la même façon lorsque nous atteignons ce point culminant qu'est la croix.

Il se rassit, les yeux ruisselants de larmes, la tête baissée. Les étudiants crièrent leur approbation, mais la foule se calma bientôt, non sans conserver une certaine tension. Pendant deux heures, la discussion se prolongea.

— Pour le progrès du christianisme, le rejet de l'Ancien Testament sera une date aussi importante que les réformes de Luther, affirma l'un des chrétiens allemands. Le Nouveau Testament doit également être purgé de la souillure juive.

— L'Église allemande de l'avenir rejette le Christ faible, cria un autre. Nous exaltons le Christ parce qu'il est le chef d'une armée de croyants militants. Son Église sera fondée sur un courage confiant dans la force née chez le soldat nordique. L'orgueil, l'honneur et le sang du soldat seront le nouveau cri de guerre de Son Église. C'est en guerrier que le Christ fit son entrée en Allemagne, voilà pourquoi le sang Allemand s'est élancé pour l'acclamer. Maintenant, dans une nouvelle ère historique, il réapparaît sous les traits du Roi guerrier.

L'un des plus courageux de nos professeurs exprima sans ambages son opinion sur les doctrines des chrétiens allemands.

— Ce n'est pas le christianisme qu'on nous impose, même s'il en porte le nom comme un habit volé. C'est un paganisme brutal qui n'a pas sa place dans l'Église du Christ. Essayez donc de concilier ces doctrines avec les paroles issues de Sa bouche : « Vous avez appris qu'il a été dit aux anciens : "Vous ne tuerez point", et quiconque tuera méritera d'être condamné par le jugement. Mais moi je vous dis que quiconque se mettra en colère contre son frère méritera d'être condamné par le jugement. Vous avez appris qu'il a été dit : "Œil pour œil, et dent pour dent." Mais moi je vous dis de ne point résister au mal que l'on veut vous faire ; si quelqu'un vous a frappé sur la joue droite, présentez-lui encore l'autre. Aimez vos ennemis, faites du bien à ceux qui vous haïssent, et priez pour ceux qui vous persécutent et qui vous calomnient. » Conciliez donc ces mots, si vous le pouvez, avec ces doctrines de puissance et de vengeance sans pitié que vous venez d'exposer.

Nullement décontenancés, les chrétiens allemands étaient simplement en colère. Ils se remirent à proclamer avec fièvre :

— L'Église doit renforcer le destin national de puissance totale.

— Il n'y a pas de place pour un messie juif dans une Église allemande.

— Le salut se trouve dans le sang nordique et seulement dans ce sang.

Des cris du public vinrent interrompre les discours. Un bruit de piétinement et des voix furieuses couvraient les propos des orateurs, dans un tumulte croissant. Finalement, Heinrich Gross, le leader nazi, se leva pour s'adresser d'une voix glaciale aux étudiants rebelles.

— Nous avons été très patients avec vous. Nous avons essayé de discuter avec vous, mais vous avez refusé de suivre le Führer. Vous vous accrochez à de vieilles doctrines chrétiennes démodées. Les temps ont changé. Le pouvoir est maintenant entre nos mains. Le Reich appartient aux nationaux-socialistes, tout comme l'Église. L'heure des discussions est passée. L'heure de raisonner est passée. Il n'y a qu'une façon de traiter avec vous. C'est mon dernier avertissement. Désormais, nous utiliserons la force.

Le lendemain, nous apprîmes que notre professeur qui avait défendu son cher Ancien Testament, et avait pleuré de l'entendre attaquer, avait été contraint de renoncer à sa chaire à l'université et avait également été évincé des conseils de l'Église. Un jeune chrétien allemand vint faire cours à sa place.

Les changements intervenus à l'université étaient difficiles à accepter. Les leaders étudiants nazis, tous du même acabit que l'autoritaire Gross ou le réfrigérant Jansen, constituaient une pilule amère à avaler, mais la disparition progressive de nos maîtres érudits était encore plus étrange. Les esprits vigoureux, les hommes intransigeants disparurent les premiers ; l'aiguillon que ces professeurs avaient été pour notre réflexion devint un simple souvenir. L'université se vidait de toute vie intellectuelle et ressemblait de plus en plus à un camp politique. Les médiocres qui occupaient les chaires laissées vides nous bombardaient de discours politiques à deux sous et faisaient l'apologie de leur mythe de suprématie aryenne. Certains étudiants prenaient un plaisir sinistre à parier sur qui, parmi les esprits éminents qui restaient à la faculté, serait le prochain à disparaître. Les nazis avaient visiblement décidé de corrompre l'université et de préparer les étudiants à la prêtrise païenne pour leur Église païenne.

Un jour, nous attendions notre cours sur le Nouveau Testament, que nous dispensait un vieux professeur maladif. Nous avions l'habitude de le voir arriver en retard, mais aimions son sérieux un peu sec et sa tolérance. Vingt minutes s'écoulèrent et il n'était toujours pas là. Puis la porte s'ouvrit et ce fut un autre enseignant qui fit son entrée sur l'estrade. Nous admirions tous cet homme et l'appréhension nous envahit en lisant le chagrin et la colère sur son visage maigre.

— Quand le professeur M... a quitté sa maison aujourd'hui pour venir faire cours, une lettre lui a été remise à sa porte. Cette lettre le déclarait traître à l'Allemagne. Il avait l'ordre de changer immédiatement de méthode d'enseignement pour se conformer à celle des chrétiens allemands. S'il refusait, il serait privé de son poste et envoyé en prison. Le choc fut peut-être trop fort pour son corps affaibli. Ses voisins l'ont vu lever les bras, tout excité. Puis il est tombé dans la rue, et avant qu'ils arrivent, il était mort d'une crise cardiaque. Il n'y aura pas cours aujourd'hui, messieurs. (Il nous regarda d'un regard sombre et brûlant.) Heil Hitler! dit-il sur un ton de dérision, et il quitta l'estrade.

Le cours suivant était confié à un homme au cou de taureau, adepte du culte du sang aryen. Il n'était pas assez intelligent pour percevoir la menace que contenaient les visages indignés assemblés devant lui ce matin-là. Il se lança dans une tirade sonore (tous les enseignants chrétiens allemands considéraient apparemment qu'il suffisait d'être bruyant pour compenser le manque d'érudition) contre la « faiblesse de la doctrine de pitié chrétienne », que la fière race allemande avait attrapée « comme une maladie orientale ».

— Le christianisme, avec son enseignement morose du péché, est coupable d'avoir introduit l'immoralité dans la race allemande, parfaite à l'origine.

À deux sièges de moi, un étudiant bondit et hurla :

— Jetez-le par la fenêtre! Jetez-le par la fenêtre!

La classe se leva en silence. Sans crier, sans se presser, sans se bousculer, sans la moindre confusion, les étudiants se dirigèrent inexorablement vers l'estrade, comme un bourreau marchant vers sa tâche lugubre, prêts à précipiter cet homme du haut du troisième étage. Le professeur contempla la foule, stupéfait, puis, voyant s'avancer cette masse implacable, il se mit à trembler. Il courut vers la porte située à l'arrière en criant au secours. Sa terreur arrêta les étudiants, comme dégoûtés par ce qu'ils avaient été sur le point de commettre.

— Voilà parti notre défenseur de la force parfaite et du courage aryen, ironisa Walther Vogler.

Plusieurs étudiants haussèrent les épaules et se retournèrent pour aller ramasser leurs livres. Le visage plein d'amertume, nous nous dispersâmes en silence.

— Ça ne peut pas leur faire de mal, de goûter un peu au remède qu'ils prétendent nous imposer, me dit Vogler en sortant, mais j'étais écœuré par l'incident.

Je partis retrouver Wolfgang dans son studio pour oublier l'amertume de cette matinée. Je trouvai mon ami le peintre roux en pleine inspiration. Je lui racontai toute l'affaire.

— Ce n'est qu'une réaction naturelle, mon garçon. La violence entraîne la violence. Les nazis prêchent le courage, mais ils n'ont pas encore appris que courage et brutalité ne sont pas synonymes. On ne peut pas accuser la foule de réagir violemment quand elle est poussée à bout.

— Quel bel exemple de magnanimité chrétienne nous aurions donné si nous l'avions jeté par la fenêtre !

— L'idée d'une Église militante n'a rien de bien nouveau.

— J'ai bien peur de préférer le christianisme de Niemöller.

CHAPITRE XII

Le toit de la Domkirche était saupoudré d'une neige légère lorsque le taxi que j'avais pris à la gare tourna dans notre rue. J'étais revenu pour Noël, et l'on voyait partout les signes des fêtes proches, des sapins où que l'on tourne le regard, des visages rouges et joyeux devant les magasins, des camions de livraison déchargeant de grands paquets. J'étais las de toutes les controverses ; pour le moment, j'avais eu mon content de lutte vaine et je voulais retrouver l'atmosphère des Noëls de mon enfance.

La maison était pleine d'un parfum de sapin et de biscuits à l'anis ; ma mère avait l'air radieux et s'affairait pour les préparatifs ; dans ma chambre m'attendait un calendrier de l'Avent, tout à fait semblable à ceux qu'elle m'apportait quand j'étais un petit garçon. C'était un grand carton percé de petites portes, une pour chaque jour ; au début, toutes les portes étaient ouvertes. Chaque soir, on fermait une porte pour marquer un jour écoulé, jusqu'à la dernière, qui indiquait l'arrivée de Noël dans toute sa gloire. Je redescendis plein de ce merveilleux sentiment d'avoir retrouvé un univers qui ne change jamais, et j'étais aussi excité qu'un enfant de dix ans.

Mon père sortit de son bureau pour m'accueillir avec une poignée de main ferme, et je perdis toute ma gaieté en le trouvant aussi changé. Il avait les traits tirés, le visage sans couleurs. Il avait l'air si vieux. Finalement, ce Noël ne serait pas semblable à tous ceux d'autrefois. Le combat que j'avais cru laisser derrière moi se prolongeait ici, et lui comme moi nous y étions profondément impliqués.

— Il n'y aura qu'une fête, cette année, dit ma mère. Ce n'est pas comme dans le temps, Karl, quand il y avait dîner chaque soir. Les nazis surveillent de près les réceptions et les impôts augmentent sans arrêt. Et puis, chaque fois qu'on invite des gens, les chemises brunes viennent le lendemain demander une « contribution volontaire ». Si l'on est assez riche pour recevoir, d'après eux, on a les moyens de donner plus au parti.

— Qu'en disent les gens?

— Ils ne sont pas très contents, bien sûr. Ils aimeraient mieux vivre comme avant avec tous leurs amis. Même cela, c'est devenu difficile. Il faut faire attention lorsqu'on fait des invitations si l'on veut éviter les discussions politiques; cela rend malade Frau Holbrecht et quelques autres. Dans certaines réceptions, les gens sont si émotifs qu'il se produit de vraies scènes. Lors des dîners, il faut maintenant s'attendre à plus de larmes que de rires.

Ce soir-là, avant le souper, mon père et moi nous fîmes une promenade dans les rues enneigées, devant les vitrines illuminées, sous les sapins couverts d'un doux plumage blanc. Nous avions à peine fait quelques mètres quand apparut Herr Wegner, contremaître d'une des aciéries et membre du conseil de la paroisse. Il s'arrêta pour bavarder avec nous. À la lumière des réverbères, son visage carré paraissait troublé.

— Que se passe-t-il, Wilhelm? lui demanda mon père.

— Ce n'est rien, rien du tout, Herr Pastor. En tout cas, rien qui doive vous tracasser. Mais ça va faire un fameux changement pour beaucoup de gens. La *Stammtisch* est dissoute.

La *Stammtisch* était une coutume séculaire de la bourgeoisie allemande, surtout dans les petites villes, mais qu'on rencontrait aussi fréquemment dans les grandes villes. Un groupe d'hommes se retrouvaient le soir dans leur *Stammlokal* et, tout en buvant leur bière et leur vin, tout en fumant leurs pipes, ils discutaient longuement et librement des événements de la journée, surtout des questions politiques. C'était une coutume très appréciée, et les hommes attendaient avec impatience le plaisir d'une bonne conversation avec leurs amis après une dure journée de travail. À présent, l'une après l'autre, les *Stammtische* étaient supprimées.

— Ah ! répondit mon père. Je suis bien désolé de l'apprendre, Wilhelm.

— C'est bien dommage, Herr Pastor. Mais on ne pouvait pas continuer. Plus personne ne pouvait parler. Quand on dit ce qu'on pense à propos de la politique, il peut y avoir là quelqu'un qui écoute et à qui on ne peut pas faire confiance. Nous sommes des amis de longue date, mais chacun soupçonne tous les autres. Il y a peut-être parmi nous un agent de la police secrète. (Il poussa un soupir sonore.) Je ne sais pas. Je suis tout bouleversé. J'ai essayé de rester du bon côté, mais peu à peu tout ce qu'on aimait disparaît, tout ce qui faisait qu'on se sentait bien ensemble.

Même ici, me dis-je, derrière les apparences paisibles, la vie a changé. La vieille camaraderie qui rendait cette ville si agréable à habiter a été détruite. La peur se tapit dans tous les regards. Je me rappelais le sermon prêché par mon père avant son arrestation. Il nous avait mis en garde : le soupçon allait se répandre jusque dans les foyers et détruire la vieille confiance entre amis. Déjà les liens commençaient à se distendre au sein de la population. Et Magdebourg n'était qu'une ville parmi tant d'autres. Dans toute l'Allemagne se propageait le même dégoût, la même laideur.

— Je ne peux m'habituer à voir les gens avoir peur les uns des autres, reprit mon père.

— Est-ce pour cela qu'ils ont peur de participer avec toi à la lutte pour l'Église ?

— Karl, c'est là que je trouve mes plus grandes satisfactions. C'est le seul moment où je ne sens chez eux aucune réticence. La grande majorité des fidèles a déjà rejoint notre groupe confessant. Quand il s'agit de défendre leur religion, ils ne craignent pratiquement rien, peut-être parce que leur foi compte plus à leurs yeux que leur sécurité personnelle. C'est admirable à voir.

Je me rendis compte de cette nouvelle solidarité dès le lendemain matin. Erika arriva au presbytère avant la fin du petit déjeuner. Elle travaillait pour mon père comme agent de liaison, en quelque sorte, et une dizaine d'hommes vinrent la voir alors qu'ils se rendaient à leur travail, pour obtenir une carte d'appartenance à l'Église confessante. Je pus parler à Herr Oldorf, qui était passé avant de gagner son étude.

— Les seuls hommes à faire preuve de courage de nos jours sont les pasteurs, me confia-t-il. Aucun autre parti, aucun autre organisme n'a osé résister. Mais ces hommes, eux, luttent sans se demander s'ils risquent de perdre. Et c'est pour cela qu'ils ne perdent pas. Savez-vous qu'il doit bien y avoir quarante organisations, jadis assez fortes pour lutter, qui ont disparu purement et simplement ? Les partis politiques ont fondu comme neige au soleil. Et puis il y avait les anciens combattants avec leur *Stahlhelm*. À l'époque où Hindenburg a été élu, ils étaient deux millions d'hommes et on disait qu'ils étaient armés. Ils ont disparu du jour au lendemain, ceux qui n'étaient pas persuadés qu'il valait mieux rejoindre les SA. Nous autres Allemands sommes un peuple qui admire la bravoure, Herr Hoffmann. C'est un honneur que de combattre sous les ordres d'un homme comme votre père.

J'appris beaucoup de choses ce matin-là. Mon père ne m'avait confié aucun des détails de son travail, par crainte que les nazis ne surveillent son courrier. Je découvris que les autorités de l'Église confessante lui avaient confié l'organisation des paroisses environnantes, et que les églises enrôlaient l'une après l'autre leurs ouailles pour la défense de la foi.

— Ton père est devenu une célébrité dans la région, me déclara Erika. Les gens de Magdebourg et des villes voisines ont entendu parler de l'histoire du drapeau et du sermon qu'il a prêché, comment il a parlé aux soldats et pourquoi il a été arrêté. Ils lui font confiance, Karl. Dans une période comme celle-ci, c'est extraordinaire que les gens osent se fier à quelqu'un. Il est devenu très puissant.

— S'il devient puissant, alors il est en danger.

— Il n'y pense pas une seconde. Ta mère et moi, nous nous inquiétons à sa place. Il ne se soucie pas du tout de sa propre sécurité.

— Et les nazis ? Savent-ils ce qui se passe ?

— Oui, mais je crois que cela les dépasse un peu. Leurs évêques chrétiens allemands envoient des ordres aux pasteurs et aux laïques dans tout le pays, et personne ne prête la moindre attention à ces ordres. Cela doit les rendre fous. L'Église intérieure, notre Église confessante, a sa hiérarchie secrète, constituée de leaders évincés par les nazis, avec des hommes énergiques comme Gerhardt Jacobi, pour qui la foi passe avant leur vie même. Notre conseil secret s'appelle le *Bruderrat* [le Conseil des frères], et c'est de lui qu'émanent les seuls ordres que les églises suivent désormais.

— Alors nous allons gagner, Erika.

— C'est une victoire bien douloureuse. Les nazis n'osent pas s'en prendre directement à l'Église de peur de mécontenter la population. Mais ils arrêtent beaucoup de gens. Chaque semaine, dans une partie du pays, un homme trop honnête disparaît dans un camp de concentration. Ce sont tantôt des pasteurs tantôt des laïques, mais toujours de braves gens qui ont dit ce qu'ils pensaient. La semaine dernière, les nazis ont fait une descente au presbytère de la plus grande église de Helmstedt, le pasteur et son secrétaire ont été arrêtés lorsqu'on les a trouvés en possession de pamphlets de l'Église confessante, et cela se passait à quelques kilomètres d'ici.

Le même jour, mon père nous réunit dans son bureau, ma mère, Erika et moi, et il ferma la porte. Il venait d'apprendre par le courrier son élection au *Bruderrat.*

— Ils me paieront six secrétaires, dit-il en relisant la lettre. Cela signifie que nous pourrons faire trois fois plus de travail. La pauvre petite Erika porte un fardeau bien trop lourd pour ses frêles épaules.

— Les choses ont évolué tellement vite que cela commence à faire un peu beaucoup pour une seule personne, répondit Erika avec une certaine fierté. Il y aurait du travail pour une douzaine d'autres personnes.

Ma mère se leva et posa les mains à plat sur le bureau, en réunissant tout son courage pour parler à mon père.

— Franz, tu ne peux pas faire venir ici six secrétaires.

— Hein? Que se passe-t-il, Hedwig? Que veux-tu dire?

— Crois-tu que ce surcroît d'activité passerait inaperçu? Maintenant que tu fais partie du *Bruderrat,* tu devras gérer un territoire beaucoup plus vaste, et la maison sera pleine de prospectus confessionnistes. Tout à coup, six assistants s'installeront chez toi et, en une journée, toute la paroisse sera au courant. Les nazis le sauront aussi, et qu'est-ce qui les empêchera de perquisitionner la maison? Regarde ce qui s'est passé à Helmstedt.

— Allons, Hedwig. (Mon père pinça affectueusement sa joue potelée.) Cela ne te ressemble pas de manquer de courage. Tu sais bien qu'il y a certains risques qu'il faut accepter.

— Je suis d'accord. Mais cela ne sert à rien d'accroître les risques. Plus que jamais, tu le sais bien, tu seras au centre de toute l'activité secrète d'une grande région. Je me suis inquiétée pour ta sécurité, c'est vrai, parce que tout le travail se concentre ici, au presbytère. Mais tu devrais aussi y penser, car le travail en dépend. Si tu concentres l'activité en un seul endroit, il sera plus facile pour les nazis de tout anéantir en attaquant directement ici.

— Il y a quelque chose de vrai dans ce que tu dis, songea mon père. Il n'est pas bon de nous rendre vulnérables. Mais nous avons besoin d'un quartier général, et j'estime que ma responsabilité est de le fournir.

— Je ne te demande pas de te protéger personnellement, mon cher mari, mais de protéger tout ce que tu représentes pour notre foi. Aidez-moi à le convaincre, Karl et Erika.

— Pourquoi faudrait-il un seul quartier général? suggéra Erika. Les nouveaux assistants pourraient travailler dans la paroisse et nous pourrions cacher les prospectus dans plusieurs maisons. Nous pourrions changer de cachette à chaque fois. De cette façon, il serait presque impossible pour les nazis de découvrir où et comment le travail se fait.

— Alors, les paroissiens pourraient partager les risques, dit lentement mon père.

— Et c'est bien normal, répondit vivement ma mère. Le combat n'a aucun sens si tout le monde n'y participe pas. Les dangers qu'ils partagent uniront d'autant plus les gens à l'Église intérieure. Tu sais qu'il n'est pas possible qu'un groupe sauve la foi de tous les autres. Les gens doivent eux-mêmes sauver leur foi. Tu ne les aides pas si tu les prives de toutes les difficultés.

— Tu as raison, Hedwig, résolut mon père.

Une répartition secrète fut donc adoptée et imitée par tous les services de l'Église confessante. Chaque semaine, et même chaque jour quand les persécutions eurent commencé, tout le personnel et tout le matériel passaient d'une maison à l'autre. Les brochures étaient stockées par petits paquets dans une dizaine de maisons et distribuées de la main à la main.

— Je crains de le voir prendre du travail supplémentaire, m'avoua ma mère ce soir-là. Tu vois ce qu'il est devenu, Karl. Son visage est si fatigué, ses cheveux sont tout gris. Il refuse de l'admettre, mais sa santé a beaucoup souffert de tout ce qu'il a vécu. Il ne m'a jamais dit un mot de ce qui lui est arrivé au camp de concentration, mais depuis qu'il en est revenu, il est toujours malade. Lui qui s'endormait comme une souche auparavant, il reste des heures à regarder le plafond dans son lit et, lorsqu'il dort, il s'agite et gémit. Parfois, il se redresse brusquement, pousse des cris affreux et s'accroche aux piliers du baldaquin ; si je le réveille, il se met à trembler comme s'il avait de la fièvre.

— Je suis sûr qu'il reprendra vigueur avec le temps, maman.

Mais en mon for intérieur, je savais que mon père avait vieilli de dix ans en l'espace de quatre mois.

Mes parents semblaient conspirer pour que ce Noël ressemble à ceux du passé, autant que c'était possible en cette époque étrange. Les quatre cierges brûlaient sur la couronne de l'Avent accrochée au plafond ; assise à la table du salon, ma mère fabriquait de petits fruits en cire pour décorer le sapin et je l'aidais comme je l'avais fait tant de fois pendant tant d'années. Je me rappelais les poires et les pommes difformes que mes doigts maladroits avaient confectionnées et pour lesquelles elle m'avait félicité sans faire la moindre allusion à leurs imperfections.

— Est-ce que c'est mieux cette année, *Mütterchen*? lui demandai-je en lui montrant trois belles cerises rouges que je venais de terminer.

— J'ai toujours trouvé très beaux *tous* les fruits que tu fabriquais.

222

Elle me souriait, mais ses yeux étaient baignés de larmes.

— Tu es bien sentimentale, ma chère petite maman, dis-je en lui embrassant le front.

— J'ai bien le droit d'être sentimentale quand je repense à mon petit garçon qui m'aidait et quand je vois mon grand fils ici avec moi. (Elle eut une expression mi-malicieuse, mi-sérieuse.) Si je n'avais pas le droit de pleurer un peu de bonheur quand vient Noël, cela voudrait dire que je suis devenue une méchante femme.

La porte du salon de musique restait fermée, mais je voyais par l'imposte le sommet verdoyant du grand sapin. Je me rappelais en riant toutes les heures que j'avais passées, enfant, à rôder autour de cette porte interdite. Je me revoyais m'activer dans ma chambre pour préparer des cadeaux pour mon père, ma mère et pour les domestiques, car les cadeaux offerts par les enfants étaient toujours très appréciés. Dans cette atmosphère de joyeuse conspiration, dans ces parfums d'épices et de sapin, j'arrivais presque à oublier les ténèbres de la réalité brutale qui nous attendrait dehors une fois la fête terminée. Presque, mais pas complètement. La réalité reprenait ses droits, dans les épaules voûtées de mon père et dans l'inquiétude que je lisais dans le regard de ma mère.

L'après-midi du 24 décembre, les vêpres commencèrent à quatre heures. Deux immenses sapins se dressaient devant le chœur, couverts de bougies allumées. Sur l'autel, une image de la crèche était éclairée par-derrière. L'église était pleine de visages brillants et heureux, rougis par le froid et par l'effervescence de la période des fêtes. Une fois à l'intérieur du bâtiment, les joues perdaient un peu de leur rougeur et l'enthousiasme se transformait en silence respectueux.

D'une voix claire et forte, mon père se mit à célébrer le service d'adoration en racontant la belle histoire de Noël selon saint Luc.

« Joseph partit aussitôt de la ville de Nazareth qui est en Galilée, et vint en Judée à la ville de David, appelée Bethléem, parce qu'il était de la maison et de la famille de David,

« Pour se faire enregistrer avec Marie son épouse, qui était grosse.

« Pendant qu'ils étaient en ce lieu, il arriva que le temps où elle devait accoucher s'accomplit ;

« Et elle enfanta son fils premier-né ; et l'ayant emmailloté, elle le coucha dans une crèche, parce qu'il n'y avait point de place pour eux dans l'hôtellerie. »

Il se tut et l'on éteignit les lumières dans la grande nef. Seules les bougies clignotaient dans l'obscurité. Sur la tribune du chœur, les choristes entonnèrent gaiement :

> *Stille Nacht,*
> *Heilige Nacht...*

On voyait les fidèles se balancer doucement au son de cette vieille mélodie. Quand le chant fut terminé, les lumières se rallumèrent et l'histoire de Noël reprit.

« Or il y avait aux environs des bergers qui passaient la nuit dans les champs, veillant tour à tour à la garde de leur troupeau ;

« Et tout d'un coup un ange du Seigneur se présenta à eux, et une lumière divine les environna, ce qui les remplit d'une extrême crainte. »

À chaque pause de la lecture, les lumières s'éteignaient et les vieux airs populaires montaient à la lueur des cierges.

On chanta *Es ist ein Reis entsprungen* (« C'est un rameau qui pousse »), ballade rhénane du XVIᵉ siècle, et *Vom Himmel hoch* (« La Bonne Nouvelle du ciel »), un de ces Lieder très lents dont Martin Luther avait écrit les paroles.

Les vêpres durèrent jusqu'à minuit. Quand un service se terminait, l'église se remplissait de nouveaux fidèles et tout recommençait. La cathédrale se vida et se remplit cinq fois avant que les cloches ne sonnent les premières minutes du jour de Noël.

— Je n'avais jamais vu autant de gens aux vêpres, déclara ma mère, et le colonel Beck, qui avait assisté au service avec nous, confirma ses propos.

— Deux des églises de la ville ont un pasteur chrétien allemand, me dit-il. Je crois savoir que leurs vêpres sont presque désertes. La plupart des gens sont ici. Même ceux dont la foi était plutôt tiède commencent à se rallier à l'Église depuis que leur liberté religieuse apparaît menacée.

C'était un curieux spectacle que cette foule de gens assemblés à la porte de l'église, sous la neige, attendant leur tour pour prendre part à la célébration de la Nativité. Le sentiment qui les unissait n'était pas celui des masses réunies pour les fêtes politiques des nazis. Contrairement à ces attroupements hystériques, les croyants étaient animés d'une ardeur et d'une détermination tranquille de bon augure pour le combat qui allait se dérouler autour de ce clocher vers lequel les guidait leur foi.

C'est bien après minuit que je me couchai ce soir-là ; j'entendis mes parents s'affairer dans le salon de musique pour me préparer des surprises, comme si j'étais encore un enfant de dix ans.

Les services du matin de Noël attirèrent une assistance nombreuse. À midi, nous fîmes un repas frugal, selon la coutume, et, après les dernières vêpres, la famille se retrouva pour célébrer Noël. Tout était exactement comme autrefois, dans le moindre détail. Mon père nous réunit devant la porte fermée, ma mère, moi, la vieille Anna, notre bonne, et la jeune fille qui l'aidait ; il nous lut un bref passage des Écritures et nous chantâmes en chœur *Stille Nacht,* où se mêlaient le timbre sonore de mon père, la voix douce et hésitante de ma mère et le riche contralto d'Anna. Autrefois, on me demandait de compléter la cérémonie en récitant un poème, et ce soir-là, je me souvins d'une de ces poésies du temps passé, que je déclamai avec le plus grand sérieux tandis qu'ils se tenaient au mur en riant.

Vint enfin le grand moment où mon père ouvrit la porte. Nous entrâmes, ma mère et moi, suivis d'Anna et de la petite bonne, tandis que mon père fermait la marche. Le grand sapin était là, paré de bougies allumées, dans toute la splendeur de ses décorations colorées. Au pied de l'arbre se trouvait la même petite crèche qui avait toujours été là et qui me coupait toujours le souffle par la perfection de ses petits personnages, la Vierge délicate, les Rois mages richement vêtus, les chameaux endormis. De part et d'autre du sapin, toutes sortes de friandises indigestes étaient disposées sur des tables couvertes d'une nappe blanche : *Kuchen,* bonbons, noix. Entre les grandes assiettes multicolores s'empilaient les cadeaux, déballés et arrangés avec art. Chacun pouvait identifier ses présents grâce au petit carton placé sur sa *Bunter Teller,* son assiette colorée. Après avoir poussé force « Oh ! » et « Ah ! », je demandai à ma mère et à mon père de quitter la pièce et je plaçai autour de leurs assiettes les cadeaux que j'avais apportés pour eux.

Bien entendu, ils revinrent en exprimant la plus grande stupeur, comme s'ils n'avaient aucune idée de ce que je préparais.

Quelques minutes après, nos amis commencèrent à arriver et l'échange de cadeaux se poursuivit. Erika était venue avec son oncle ; elle m'offrit un pull qu'elle avait tricoté elle-même avec une laine très douce. J'avais fait relier en cuir ouvragé, spécialement pour elle, le *Faust* de Goethe et je fus ravi de la voir enchantée par ce présent.

— Tu te rappelles, Karl, le petit berceau de poupée que tu as fabriqué pour moi quand j'avais neuf ans ?

— Je me souviens qu'il était bancal et qu'il ne tenait pas très bien sur ses pieds.

Elle éclata de rire.

— Il est toujours bancal, mais je ne l'aurais échangé contre rien au monde. C'est l'un des plus beaux cadeaux de Noël que j'aie jamais reçus.

— Tu te rappelles la cravate rouge et marron que tu as cousue pour moi?

— Elle ne tombait jamais bien, n'est-ce pas?

Son rire était plein d'un amusement mélancolique.

La maison fut bientôt remplie; les conversations joyeuses résonnaient dans les pièces, les enfants couraient en tous sens en brandissant leurs nouveaux jouets, puis nous finîmes par nous attabler pour le repas de Noël, devant le plat qui contenait le corps énorme de l'oie rôtie, à la peau brune et craquante. Plus rien n'avait d'importance, à part la fête. De toutes les années que je devais encore passer en Allemagne, ce fut le dernier soir sur lequel ne plana aucune ombre.

Quand la gaieté de Noël se fut dissipée dans le calme du quotidien, j'eus une longue conversation avec mon père. Il m'expliqua l'essentiel du travail de l'Église confessante qui était accompli à Magdebourg.

Grâce à mes contacts avec Niemöller, je savais déjà à quelle vitesse l'organisation se développait. En fait, il s'agissait plus d'un mouvement populaire spontané que d'une organisation, et la structure de l'Église confessante ne servait qu'à lui donner une forme tangible, pour que le peuple prenne conscience de sa propre unité. Le mouvement avait pris naissance avec le travail de Niemöller avant l'élection. Les lettres parties de la cave avaient suscité une réaction prodigieuse, mais chacun de ceux qui avaient répondu l'avait fait individuellement, poussé par sa conscience. C'est seulement après, en découvrant l'unanimité de cette réponse, qu'un sentiment de solidarité était apparu entre ces millions d'hommes qui aimaient leur foi; ils avaient alors compris qu'ils étaient assez forts pour résister.

— La signature de ces petites cartes rouges est utile, me dit mon père, parce qu'elle unit les gens d'ici à tout le reste de l'Allemagne. Mais nos fidèles sont prêts à s'engager dans la lutte avant que nous les approchions. En fait, ils n'attendent pas que nous allions les chercher, ils viennent à nous. Dans toutes les églises de ce diocèse où les pasteurs ont refusé de se compromettre avec la doctrine que notre ami Krämer a tenté d'introduire ici, partout où un homme prêche la parole de Dieu, les fidèles affluent en nombre impressionnant. Dans chaque église où un pasteur chrétien allemand a été installé, où les gens sont censés écouter leur paganisme insensé, les services n'attirent presque plus personne alors que le gouvernement en appelle au patriotisme et envoie des soldats pour remplir les bancs. Les gens qui fréquentent la même église depuis des années en changent pour aller entendre un pasteur « confessant ». Ils comprennent que les chrétiens allemands veulent remplacer le culte de Dieu par leurs théories de l'honneur et du sang, qu'ils veulent faire de l'Église une subdivision du gouvernement, et ils refusent catégoriquement. Je suis parfois surpris par le nombre d'hommes qui viennent me supplier de leur donner une tâche à accomplir, alors qu'ils ne s'intéressaient plus guère à l'Église depuis des années. Et l'armée n'aime pas l'attitude des nazis face à la religion. Le dimanche à la Domkirche, il y a de plus en plus d'officiers en uniforme, dont plusieurs de haut rang.

— À l'université, dis-je, ce sont les étudiants, plutôt que les professeurs, qui participent à la lutte. Hitler prétend que la jeunesse allemande le soutient en tout point, mais je serais prêt à parier que les deux tiers des étudiants ont rejoint l'Église confessante.

— C'est pareil ici. Les jeunes sont bien plus conscients de ce qui se passe. Ton ami Johann Keller est un bon exemple. Il n'a pas sa langue dans sa poche et il a réuni un groupe de gens de son âge pour faire

228

réagir les gens. Son père est malade et Johann est maintenant responsable de la scierie, mais il a trouvé le temps d'aller cinq ou six fois porter les messages du *Bruderrat* à certaines églises des environs.

— Et sa mère? demandai-je, car je savais que mon père avait toujours considéré Frau Ernst Keller comme une sotte ambitieuse, par opposition aux goûts simples et vigoureux de son mari.

Je craignais qu'elle ne s'oppose aux activités de Johann, par vanité et par crainte de voir son fils perdre son prestige social.

— Cette femme m'a étonné, sourit mon père. Tu te rappelles comme elle détestait entendre Ernst parler de ses « origines paysannes » et décrire la vie rude qu'il menait quand il était jeune. Elle a bien changé. Johann et son père croient en notre lutte et elle s'est rangée de leur côté. Elle doit soigner son mari et s'occuper de ses enfants, mais elle nous aide autant qu'elle le peut. Elle m'a dit l'autre jour : « Nous luttons pour une cause sainte, sans quoi nous ne pourrions pas garder courage ou élever nos enfants comme nous le voulons. » Tu verras la même force chez beaucoup de femmes. Elles sentent que c'est quelque chose de vital qui est menacé.

— Et les Lange?

Je voulais savoir comment avaient réagi les gens qui étaient autrefois pour mon père une cause de souci. Les Lange étaient une famille riche et arrogante qui venait à la Domkirche uniquement parce que c'était une église à la mode. Ils faisaient la charité avec ostentation, ce qu'ils appelaient « aider les classes inférieures », et cela leur valait la haine des bénéficiaires de leur bonté condescendante. Ils ne se privaient pas d'offrir leurs conseils au pasteur, et mon père n'aimait guère leur fausse piété.

Ma question le fit sourire.

— Les Lange sont devenus nos chrétiens allemands les plus enthousiastes. Herr Lange correspond probablement à l'idéal nazi du bon Allemand. Il fait partout des discours pompeux et il essaie de forcer tout le monde à rejoindre les chrétiens allemands. Mais l'effet qu'il produit n'est pas du tout celui qu'il espère. Beaucoup de gens sont devenus membres de l'Église confessante parce que cela les met dans le camp opposé à la famille Lange. On pourrait dire que les Lange sont les meilleurs recruteurs de notre rébellion secrète. Les voies du Seigneur sont impénétrables, dit-il, le regard pétillant.

J'éclatai de rire.

— Parle-moi du maître d'école Schenk. Travaille-t-il avec toi ? J'ai remarqué qu'il avait été le seul à prendre la parole contre le Dr Krämer quand il a voulu chasser de l'Église les non-Aryens.

Son visage se rembrunit.

— Herr Schenk a été chassé de son poste à l'école parce qu'il s'est opposé à la doctrine nazie en présence des militaires. On lui a dit qu'il n'était pas digne d'apprendre aux jeunes l'obéissance à l'État. Sa femme et lui sont dans une triste situation. (Il reprit tout à coup sa gaieté.) Cette nomination au *Bruderrat* aura des effets positifs. Je peux proposer à Schenk de devenir l'un de mes secrétaires. C'est l'homme idéal pour ce genre de travail, et cela leur donnera de quoi vivre.

Mon père bourra avec soin sa pipe et l'alluma, en tirant de vigoureuses bouffées alors que le tabac commençait à rougir. Je vis que ses yeux se tournaient vers le crucifix posé sur son bureau ; l'allumette parait de reflets rouges l'argent luisant.

— La pression nazie commence à se faire sentir, dit-il calmement. Il y a eu plusieurs arrestations dans la région, et l'atmosphère est pesante. Mais les gens viennent encore. Ceux qui ne supportent pas toute cette cruauté, toute cette haine viennent chercher refuge auprès de Dieu. Voilà pourquoi nous ne pouvons les décevoir, Karl. Je pense que la persécution n'en est qu'à ses débuts. De longues et difficiles années nous attendent. Mais, quoi qu'il arrive aux individus, nous avons une tâche à accomplir : protéger ce qui est à Dieu des agissements de ce prétendu César.

Le dimanche suivant, dans l'église pleine à craquer, je compris comment mon père parvenait à formuler la protestation des chrétiens contre l'oppresseur sans s'exposer à l'accusation de rébellion déclarée. Chaque mot du service exprimait la tristesse et le défi. L'attaque contre leur foi était rendue plus sensible à travers les hymnes militantes et la lamentation des psaumes. D'une voix tragique, contemplant cette mer de visages d'un œil intense, mon père déclamait :

« Je dirai à Dieu : "Vous êtes mon défenseur et mon refuge. Pourquoi m'avez-vous oublié ? et pourquoi faut-il que je marche tout accablé de tristesse, tandis que je suis affligé par l'ennemi ?"

« Pendant qu'on brise mes os, mes ennemis, qui me persécutent, m'accablent de leurs reproches, en me disant tous les jours : "Où est ton Dieu ?"

« Pourquoi, mon âme, êtes-vous triste, et pourquoi me remplissez-vous de trouble ?

« Espérez en Dieu, parce que je dois encore le louer comme Celui qui est le salut et la lumière de mon visage, et mon Dieu. »

En entendant les fidèles se joindre à l'hymne à pleine voix, on comprenait tout le sens que prenait ce chant. Il devenait dans leurs gosiers à la fois une prière et un cri de guerre :

Erhalt uns, Herr, bel Deinem Wort...

Seigneur, obligez-nous à respecter la Loi ;
Écrasez ceux qui par la ruse ou par l'épée
Voudraient à Votre Fils dérober le Royaume
Afin d'anéantir tout ce qu'Il a pu faire.

Seigneur Jésus, montrez-nous tout votre pouvoir,
Car vous êtes, vous seul, le Seigneur des seigneurs ;
Protégez les chrétiens afin que nous puissions
Faire monter vers vous notre chant de louange.

Ces paroles martiales nous étaient venues de Luther et leur côté ancestral leur donnait un poids supplémentaire dans la bataille. Sans jamais un mot de reproche direct aux nazis, tout le service défiait leur pouvoir.

« Malgré l'oppression de l'ennemi, je Le louerai. »

À la fin de la longue prière, un moment était réservé aux intercessions spéciales, et c'est là qu'intervint un rituel nouveau et particulièrement émouvant. Mon père lut la longue liste des hommes emprisonnés dans le cadre de la lutte pour l'Église.

Le *Bruderrat,* sachant que rien n'unit mieux les hommes que la souffrance commune, avait préparé la liste de tous les ecclésiastiques et de tous les laïques enfermés dans des camps de concentration à cause de leur foi.

— Le pasteur Kurt Schaber, arrêté le 14 novembre, est au camp de Dachau. Le Dr Hans Jung, arrêté le 3 décembre, est à présent au camp de Sachsenhausen. Le pasteur Paul Wendel...

À mesure que la liste s'allongeait, les visages des fidèles prenaient une expression douloureuse, et quand un nom connu ou aimé était lu, un gémissement sourd résonnait dans la nef. À la fin de la liste, mon père lança la prière pour les innocents en prison.

« Dieu tout-puissant, Vous qui fîtes sortir l'apôtre Pierre de sa prison, ayez pitié de ces innocents emprisonnés ; ils n'ont commis aucun crime, ils n'ont fait que Vous servir assidûment. Libérez-les de leurs chaînes, afin que nous puissions nous réjouir de leur délivrance et chanter sans cesse Vos louanges, au nom de Jésus-Christ, Votre Fils, notre Seigneur. *Amen.* »

Deux mille voix répondirent, gonflées de chagrin.

Dans toutes les églises d'Allemagne où la parole de Dieu était encore prêchée, la même scène se déroulait. Les listes, toujours plus longues, leur étaient adressées chaque semaine, et partout les pasteurs les lisaient avant d'offrir leur prière. Chaque semaine, l'effet d'accumulation augmentait et les fidèles se rapprochaient les uns des autres.

Dès que la publication des listes avait commencé, le gouvernement en avait interdit la lecture publique. Mais, pour une fois, un édit nazi était bravé. Les courageux pasteurs plaçaient l'ordre du *Bruderrat* avant les exigences du gouvernement. Chaque semaine, dans toutes les églises, sauf les rares qui étaient entre les mains d'un chrétien allemand, la lecture continuait. À travers toute l'Allemagne, dans les grands édifices de pierre, sous les hauts clochers des villes, comme dans les petites églises de campagne, les noms des nouveaux martyrs étaient répétés au peuple. Et les nazis ne pouvaient rien faire. Ils pouvaient arrêter des individus, mais ils n'osaient agir ouvertement contre cette rébellion de masse.

Quand nous sortîmes de l'église ce matin-là, un millier de personnes nous attendaient dans la rue. Elles n'avaient pu trouver place à l'intérieur. Je partis en informer mon père dans la sacristie, et il eut un sourire de fierté.

— Les chrétiens sont plus forts que les nazis ne le pensent, commenta-t-il, et il remit ses habits sacerdotaux afin de célébrer un second service pour ceux qui avaient attendu si patiemment.

CHAPITRE XIII

La façade sud de l'université donnait sur l'avenue Unter den Linden; par les fenêtres, on voyait le dôme du monument au Soldat inconnu. Un après-midi d'avril 1934, je me tenais avec Erich Döhr à l'une de ces fenêtres, et nous regardions la circulation animée; l'immense place grouillait de piétons. Partout où l'œil se posait, on apercevait un uniforme.

Au morne spectacle que présentait Berlin sous la République avait succédé l'apparat militaire omni-présent. Hitler était malin. Il connaissait l'amour des Allemands pour les défilés guerriers; il savait que l'absence de soldats dans les rues, sous le régime de Weimar, avait servi à rappeler constamment à la population la honteuse défaite de la Grande Guerre. Dès qu'il était devenu chancelier, Hitler avait échafaudé pour le Reich une vaste parade militaire. Il était plus facile de croire aux promesses nazies quand les rues grouillaient d'uniformes, dont le nombre et la variété furent accrus. La raideur impeccable d'autrefois réap-parut; les officiers, les chemises brunes et les uni-formes noirs des SS donnaient aux avenues l'aspect d'un camp militaire.

Sous la République, les manœuvres militaires avaient d'abord été interdites, mais on avait autorisé, pour contenter l'opinion publique, deux petits défilés par semaine sur Unter den Linden. Par un coup de génie, Hitler avait rendu au peuple toutes les parades d'autrefois. L'armée ne se cachait plus.

Les soldats en permission n'avaient pas le droit de se promener en civil. Les uniformes voyants du général Göring, tout flambants de boucles et d'épaulettes, de rubans et de médailles, étaient pour la population une source de ravissement. Les officiers devenaient plus stricts sur le comportement de leurs hommes dans la rue : gants boutonnés, interdiction de fumer, pas de l'oie et salut obligatoires. Les officiers plus âgés étaient moins intransigeants, ils dispensaient parfois leurs soldats du salut, mais les plus jeunes, nouvellement promus, exigeaient un respect total de ces cérémonies. Et la population en redemandait. Ces marques splendides d'une gloire oubliée étaient pour le nouveau régime le meilleur moyen d'affermir son autorité sur les esprits.

Incontestablement, les Allemands aimaient jouer aux petits soldats. Durant les années de la République, quand l'armée avait été réduite à si peu de chose, le peuple avait pleuré la perte du spectacle guerrier. Les anciens soldats se rappelaient avec orgueil leur prestige disparu. Je me rappelle avoir entendu mon père interroger un plombier, venu réparer un tuyau bouché, et je vois encore le regard brillant de l'homme lorsqu'il avait abandonné son travail pour nous parler de son régiment, de son grade et des décorations qu'il avait reçues. Les nazis avaient compris ces aspirations frustrées. Leurs moindres mouvements étaient accompagnés par une fanfare. Quand Hitler allait à la chancellerie, à l'Opéra ou au Reichstag, son itinéraire était annoncé au préalable et la foule commençait à s'aligner sur les trottoirs trois heures avant qu'il apparaisse derrière une garde de motards, entouré d'hommes en uniforme, drapeaux au vent, au son de la musique militaire.

Aujourd'hui, alors que le soleil de midi dardait ses rayons sur la place, Erich et moi nous assistions à la relève de la garde devant le monument du Soldat inconnu. Les deux sentinelles se tenaient si raides que j'avais vu des enfants aller tirer leurs vêtements pour voir si elles étaient vivantes. Leur fusil était dressé verticalement, sans autre appui que la paume de leur main. Il était interdit de reposer le fusil contre l'épaule ; il devait être tenu en équilibre. J'ignore comment elles y parvenaient, mais pendant deux heures, les lourdes armes ne vacillaient pas. Le soldat qui aurait laissé tomber son fusil se serait cru déshonoré à vie. Mais les fusils ne tombaient jamais. Ces silhouettes rigides ne s'animaient qu'au passage d'un officier : comme des jouets mécaniques lorsqu'on presse un bouton, elles présentaient les armes. Malgré la foule et la circulation, elles ne manquaient jamais l'uniforme d'un gradé. Les *Fräulein* de Berlin aimaient plus que tout se promener devant le monument au bras d'un jeune lieutenant pour voir les sentinelles lui présenter les armes. Dès que leur fiancé était en permission, elles le suppliaient de les emmener sur la place.

Aujourd'hui, comme chaque jour à midi, nous pouvions voir la parade de la garde dans Unter den Linden. Devant les soldats marchait une fanfare aux cuivres luisants, menée par un immense tambour-major. Une foule d'admirateurs s'assemblait chaque jour et suivait tout le défilé sur plus d'un kilomètre ; à mesure qu'ils approchaient, une masse de gens se groupait sous nos fenêtres.

Une fois au pied du monument, le jeune lieutenant à cheval poussa sa monture au trot et tourna brusquement. Il s'arrêta et, dos au mémorial, cria d'une voix éclatante :

— Garde !

Les soldats firent trois pas en avant.

— Halte ! Tête à gauche ! Serrez les rangs !

Ils se mirent en rang et, dans le silence soudain, on n'entendit que deux bruits secs, comme si l'on avait tiré deux coups de pistolet. C'était le claquement du fusil contre la main lorsque la compagnie présentait les armes. La précision du mouvement était fascinante à voir, et produisait sur la foule un effet électrisant.

— En avant !

Douze hommes se détachèrent et marchèrent au pas jusqu'au monument. La garde qu'ils venaient relever s'avança, également au pas de l'oie, et rejoignit la compagnie disposée sur la place.

On croit souvent que les soldats allemands marchent toujours au pas de l'oie. Ce n'est pas seulement une erreur : cela serait impossible. Le pas de l'oie est un hommage rendu aux gradés, systématique lorsque les troupes sont passées en revue par le chef du gouvernement. Ce pas ne consiste pas simplement à lever bien haut une jambe raide. C'est un exploit musculaire qui requiert au moins trois mois d'entraînement, et qui exige un grand effort physique. Les meilleures troupes ne peuvent pas conserver la précision du mouvement sur beaucoup plus de cinquante mètres, et la pression est énorme. En voyant les soldats défiler au pas de l'oie, les gens souriaient devant tant d'efforts, mais haussaient les épaules en disant qu'il faudrait du temps avant que les SA ne puissent égaler les militaires. Ce jour-là, sur la place, la foule était visiblement parcourue d'un frisson devant l'exactitude de la cérémonie devant le monument. J'en étais moi-même excité, et je compris que chacune de ces parades quotidiennes enchaînait davantage le peuple au nouveau Führer. Malgré la brutalité croissante et la perte des libertés, les gens savaient qu'en répudiant cet homme ils perdraient toute la gloire nouvellement retrouvée de leur patrie.

J'avais éprouvé la même chose peu auparavant, sur la même place, en contemplant le défilé en hommage aux morts de la guerre mondiale. Ce jour-là, la parade s'étend sur des kilomètres, les tambours sont voilés, et tout le monde est à pied. Lorsqu'ils passent devant le monument au Soldat inconnu, les hommes se mettent à marcher au pas de l'oie et un grand silence se fait sur la place. Les ordres des officiers retentissent dans l'air silencieux et l'on n'entend rien d'autre que les pieds des soldats. Parmi les sections d'assaut qui arrivaient d'un côté de la place pour rejoindre la parade, j'aperçus Orlando von Schlack, vêtu de l'uniforme de jeune officier des SA. Il avait l'air à la fois élégant et distingué dans sa tenue brune bien coupée ; son visage joyeux, ses cheveux bouclés se détachaient sur les plis flottants des grandes croix gammées. Pendant un instant, je ressentis le besoin de m'identifier au spectacle. Le peuple allemand, mon peuple, se tournait plein d'ardeur vers son avenir, et mon ami était l'un d'eux. Je voulais faire partie de ce que je voyais. Puis, avec un profond découragement, je compris que c'était un vœu impossible. L'avenir vers lequel nous marchions était fait d'inconnu et marqué de sinistres présages. Je ne pouvais marcher avec les autres. En voyant s'éloigner la mince silhouette d'Orlando, je sentis un gouffre s'ouvrir entre nous, un gouffre que tous nos souvenirs d'enfance ne pourraient combler. J'étais seul, plus seul que jamais je ne l'avais été.

Ce jour-là, en regardant avec Erich la relève de la garde, le même découragement s'abattit sur moi.

— En un sens, j'aimerais bien être en bas avec eux. J'aimerais participer à tout cela.

Ma remarque déplut à Erich.

— Tu aimes le spectacle nazi ?

— Oh ! je sais, c'est le nouveau César, qui achète le peuple avec les jeux du cirque. Mais j'aimerais bien avoir une place à moi quelque part. Quand je pense aux gens enfermés dans les camps de concentration, je sais bien que tout cela est atroce, que toute cette foule assemblée sur la place n'est pas plus libre, en fait, que tous les prisonniers. Mais ce serait tellement plus facile si l'on pouvait tout accepter, comme eux. Je veux croire que la révolte est une bonne chose, mais je me sens retenu, piégé, je dois toujours faire attention à ce que je dis, à ce que je fais, même à mon apparence.

— Nous qui vivons en Allemagne aujourd'hui, nous sommes tous en prison, répliqua Erich. Karl, je veux te le dire depuis longtemps : je pars pour l'Amérique.

— L'Amérique ?

— J'ai un oncle à Chicago. Je continuerai mes études aux États-Unis et je pourrai habiter chez lui en attendant de m'établir de mon côté. Cela ne rime à rien, de vivre dans ce pays-ci. Tout est arrangé et je pars la semaine prochaine.

— Je suis triste de te voir partir, dis-je lentement, mais je sais que tu seras mieux là-bas. Tu pourras peut-être même nous aider davantage quand tu seras aux États-Unis. Si les autres pays savaient seulement comment les nazis s'attaquent au christianisme, nous serions peut-être soutenus. On pourrait faire pression sur nos dirigeants si sûrs d'eux.

— Malheureusement, les nazis y ont pensé. Un étudiant en théologie qui part pour l'étranger risquerait d'être dangereux. Avant que je puisse obtenir les autorisations, ils m'ont fait signer un papier par lequel je m'engage à ne révéler absolument rien de la situation de l'Église en Allemagne. Comme mon père, ma mère et mes sœurs restent ici, c'est une promesse que je serai bien obligé de tenir.

Seul dans ma chambre, ce soir-là, je ne pus me concentrer sur mes livres. Je pensais sans cesse à cette possibilité de quitter l'Allemagne, de m'échapper vers une atmosphère libre. Notre lutte était si dérisoire, les nazis étaient un ennemi si redoutable, ils avaient une telle emprise sur les esprits... Mais en me rappelant le visage résolu de Niemöller, le courage de mon père face à la persécution et à l'emprisonnement, la volonté des gens de Magdebourg, je sus que leur lutte était la mienne, si désespérée qu'elle paraisse, et que je ne pouvais l'abandonner.

Plus tard cette nuit-là, bien longtemps après m'être endormi, j'entendis frapper à ma porte. Je me tirai du lit pour ouvrir et je trouvai Orlando complètement ivre, les cheveux en bataille, les yeux injectés de sang. Il était allé au *Femina,* boîte de nuit alors extrêmement à la mode.

— Salut, Karl, et adieu, lança-t-il avec un sourire. Tu veux bien me loger cette nuit? Mes poches sont vides, je n'ai plus un pfennig.

Il entra en titubant et se frappa les hanches avec un désespoir ridicule. Puis il ajouta, comme surpris par cette idée :

— J'ai dû boire un peu trop.

Je le menai jusqu'au lit, sur lequel il s'écroula avec un léger gloussement. Il me regarda d'un air espiègle.

— Peux pas rentrer comme ça. Le général n'aimerait pas. Et ces deux jeunes officiers aiment ma compagnie mais ils me surveillent. Ils ne savent pas trop si je suis au courant. Ils m'aiment bien mais ils ne me font pas confiance, Karl. Mais je suis très discret... N'est-ce pas, Karl?

— Toi, discret?

— J'aimerais bien savoir ce qu'ils préparent, poursuivit-il comme s'il ne m'avait pas demandé mon avis. Ils sont si malins... C'était très drôle.

Il se mit à rire.

— Tu connais le *Femina...* Non, bien sûr, tu ne connais pas. Tu ne fréquentes pas les boîtes de nuit. Eh bien, écoute, ils ont des tuyaux pneumatiques qui vont d'une table à l'autre, et on peut s'envoyer des messages. Ils étaient assis aux deux bouts de la grande salle pour qu'on ne sache pas qu'ils se connaissent, et ils ont passé la soirée à s'envoyer des messages. J'en suis sûr. Et tout le monde croyait qu'ils les envoyaient aux filles du bar. C'est drôle, non?

— De qui parles-tu?

Orlando se redressa, l'air étonné.

— Qu'est-ce que j'ai dit?

— Rien de sensé.

— Parfait, dit-il avant de retomber. Cher Karl! Karl a l'air malheureux. Ne t'en fais pas pour moi, Karl. Je suis si heureux. Je suis sauvé...

— Il y a bien longtemps que j'ai cessé de m'en faire pour toi, Orlando. Si je suis malheureux, c'est parce que l'Église est gravement menacée.

— Pauvre Karl, répéta-t-il. Sa pauvre Église va se dissoudre en fumée et il est malheureux. Tu devrais être sauvé tant qu'il est temps, Karl. Sauvé par le beau sang aryen..., sauvé par l'honneur. Le Führer te sauvera, Karl... Suis le Führer..., suis notre glorieux guide...

Sa voix devenait extatique.

— Dors, Orlando.

— Je n'ai pas sommeil. Tu sais que je venais te dire au revoir, Karl? Salut et adieu. Le général von Schleicher part en voyage demain et je l'accompagne. (Il enfouit sa tête hirsute dans les oreillers.) Dois pas oublier de dire au revoir à Karl. Au revoir, Karl.

Il se mit à ronfler doucement, ses lèvres d'enfant entrouvertes; j'étendis une couverture sur son corps et je le laissai seul.

Cette nuit, ma mère avait pleuré. Je le vis dès que je descendis pour le petit déjeuner (j'étais arrivé chez mes parents la veille). Elle avait les yeux rouges et elle paraissait fatiguée; quand je me penchai pour lui baiser les mains, je vis, aux plis inhabituels qui barraient son front, que l'indignation couvait en elle. Elle ne pleurait pas facilement et sa résistance ordinaire avait soutenu mon père à travers bien des épreuves, si bien que je sus aussitôt que l'heure était grave. Le visage ridé de mon père était également sombre ce matin-là, et je me sentais bien mal à l'aise en les regardant tous deux.

— Que s'est-il passé? Quelque chose ne va pas, maman?

— Ton père ne touchera plus aucun salaire. (Elle prit sur la table une cuiller en argent et la reposa brusquement.) Je ne sais pas ce que nous allons faire.

— Ils n'oseraient pas! protestai-je.

Mais je savais que, pour peu qu'ils osent, les nazis avaient le pouvoir de priver les pasteurs de tout soutien financier, car le gouvernement collectait l'impôt ecclésiastique grâce auquel les salaires étaient versés.

— C'est vrai, confirma mon père. Nous causons trop d'ennuis. La lutte pour l'Église est la première véritable opposition que rencontre le gouvernement. Incontestablement, s'ils pensaient pouvoir réussir, ils interdiraient l'existence de l'Église confessante comme ils l'ont fait pour les partis politiques. Mais ils n'osent pas. Ils ont publié une déclaration selon laquelle la majorité des Allemands a rejoint les chrétiens allemands, ce qui est très loin de la vérité, mais sur cette base ils affirment que l'Église confessante va à l'encontre de la volonté du peuple. Ils ont supprimé le salaire de tous les pasteurs qui en sont membres. Ils m'ont interrogé, et même s'ils ne peuvent prouver que je suis lié au mouvement, ils me soupçonnent au point de me refuser un salaire.

— De quoi allons-nous vivre? demanda ma mère.

— Mais ils collectent l'impôt ecclésiastique; ne peut-on les forcer à reverser l'argent?

— Mon cher fils, qui va les y forcer? Cette fois, ils ont frappé un grand coup, un coup au ventre.

— Pourquoi ne me l'avez-vous pas dit hier soir? Pourquoi avez-vous gardé cela pour vous et prétendu que tout allait bien?

— Ç'aurait été une piètre façon de t'accueillir, Karl, dit ma mère. C'est déjà bien assez triste comme ça.

— Ta mère et moi ne sommes pas très riches, expliqua mon père. Mon salaire était généreux, mais je me suis souvent senti obligé de venir en aide à ceux qui en avaient besoin, de sorte que nous avons très peu d'économies. Je ne vois pas comment nous pourrons continuer à payer tes études.

— J'essaierai de trouver du travail ici, à Magdebourg, dis-je. Cela nous rapportera un peu d'argent. (Mais j'avais le cœur gros.)

Ce fut une lamentable journée pour nous tous. Je savais qu'il était presque impossible de trouver un emploi ; je n'avais aucune formation, et si je trouvais du travail, je n'y gagnerais qu'un salaire dérisoire. Je ne pourrais jamais faire vivre trois personnes.

C'était compter sans tous ceux avec lesquels mon père travaillait depuis tant d'années. Ce soir-là, le colonel Beck, le professeur Kamps, mon vieux maître du *Gymnasium*, et Herr Oldorf vinrent nous voir après le repas.

— Une souscription est organisée pour vous payer votre salaire, docteur Hoffmann, annonça avec plaisir le colonel. Johann Keller et les autres jeunes gens y ont passé la journée et les gens sont très en colère. Vous n'aurez pas à vous inquiéter pour l'argent.

— Les fidèles sont déjà fort sollicités par le gouvernement et ils paient de lourds impôts pour l'Église. C'est trop leur demander, objecta mon père, mais je lisais un certain soulagement sur son visage, tandis que ma mère paraissait radieuse.

— Ils n'admettront pas que vous soyez pénalisé pour le travail que vous avez accompli pour eux, insista le professeur Kamps. Croyez-vous que toutes les graines que vous avez semées soient tombées en sol stérile, mon cher ?

Mon père se mit à sourire et, comme si elle venait de se rappeler que le monde n'avait pas cessé de tourner, ma mère partit préparer du café et des gâteaux pour nos invités. Cette conversation pleine d'espoir se prolongea pendant une demi-heure, puis l'on sonna à la porte et Johann Keller entra, le visage rouge de colère, les vêtements en désordre. Il se dirigea vers le colonel.

— Ils ont pris l'argent, monsieur.

— Que veux-tu dire? demanda l'officier en se levant à moitié, la mâchoire crispée.

— Nous avons apporté tout l'argent collecté chez Werner Menz, comme prévu. Mais les SA étaient là avant nous. Ils ne se sont montrés qu'en nous voyant arriver, ils nous ont fouillés et ont confisqué l'argent. Ils nous ont prévenus : toute collecte pour l'Église sera considérée comme un crime. Je ne sais pas comment ils ont été mis au courant, monsieur.

— C'est mauvais signe, déclara Herr Oldorf en se levant. Je vais aller trouver les autres membres du conseil de la paroisse pour tâcher de trouver un autre moyen.

Les autres se levèrent et posèrent leur tasse de café.

— N'imaginez pas que nous en resterons là, déclara le colonel avec rage. Et ne vous en faites pas, docteur Hoffmann. Votre salaire vous sera payé.

Le professeur Kamps tira de sa poche un porte-monnaie froissé dont il sortit un billet qu'il posa sur la table.

— Je ne peux pas accepter..., balbutia mon père.

— Mon cher pasteur, répliqua le professeur aux cheveux gris, ce n'est pas une contribution personnelle. C'est mon impôt ecclésiastique, dont ma conscience exige qu'il soit payé à l'Église. Je considérerai désormais que les sommes demandées par les nazis au nom de l'Église sont en fait un versement forcé pour leur parti.

— Bien! cria le colonel, et le notaire Oldorf acquiesça avec un sourire prudent.

Tous deux placèrent un billet par-dessus celui de Kamps, serrèrent cordialement la main de mon père et partirent d'un air décidé.

— Il est hors de question que vous vous inquiétiez pour si peu, insista le colonel. C'est notre problème, pas le vôtre.

J'allai chercher mon chapeau et je partis avec Johann chez Werner Menz pour voir si Erika avait été effrayée par les SA. Elle était simplement furieuse.

— Les nazis ont commis une grossière erreur, dit-elle avec emportement. Les gens adorent ton père, ils n'accepteront jamais de le voir souffrir. Si les SA agissent ainsi dans d'autres endroits du pays, ils ne feront que renforcer l'opposition.

— Parfois, dit Johann avec amertume, j'ai l'impression que nous sommes des écureuils en cage. La roue tourne de plus en plus vite, nous courons avec de plus en plus d'énergie, mais nous n'avançons pas.

— C'est vrai, riposta Erika, mais les nazis n'avancent pas non plus. Il y a quarante millions de luthériens en Allemagne. Ils ne pourront tous les mettre en prison ou leur couper les vivres à tous.

— Beaucoup sont de bons nazis, excepté sur ce point. Les plus convaincus sont devenus chrétiens allemands.

— Il n'y a pas autant de chrétiens allemands qu'on voudrait nous le faire croire, m'interposai-je. Je sais par Niemöller que, malgré tous leurs efforts, ils n'ont pu convaincre que trois cents pasteurs à travers toute l'Allemagne. Cela laisse environ dix-sept mille sept cents bons pasteurs en activité. Il est difficile de voir l'ensemble du tableau quand on travaille dans un coin, mais nous ne sommes pas seuls à lutter.

Johann esquissa un sourire.

— Je ne baisse pas les bras, Karl. Mais ce soir, nous nous sommes fait voler comme au coin d'un bois, et ça ne me rend pas très joyeux.

— Ils ne pourront pas nous battre tant que nous ne renonçons pas, conclut Erika.

Debout à côté de moi, elle pointait en avant son petit menton volontaire, et je me rappelai qu'une heure auparavant la maison avait été envahie par les SA. Je lui pris la main et la serrai, pour lui faire comprendre combien j'étais fier d'elle.

La soirée avec mes parents fut troublée, malgré l'optimisme du colonel Beck et les encouragements qu'il avait tenté de nous prodiguer. Il ne semblait guère possible de trouver une solution au problème de mon père tant que les nazis seraient sur le qui-vive pour interdire toute collecte parmi les fidèles. Mais le lendemain, de bonne heure, un incident étonnant se produisit.

Deux ouvriers qui se rendaient à la scierie s'arrêtèrent au presbytère et laissèrent à Anna des enveloppes pour mon père. Un quart d'heure après, six autres hommes se présentèrent à la porte. Mon père descendit, en robe de chambre, pour les saluer et ils lui glissèrent dans la main des pièces et des billets froissés dissimulés dans des morceaux de papier. Il y eut bientôt un flux régulier de visiteurs ; quand le sifflet de la scierie eut retenti dans le lointain, ce fut le tour des femmes, les plus riches en voiture, les autres à pied, le panier à provisions sous le bras. La veuve Gödel, en manteau de fourrure, laissa une poignée de billets ; Frau Schwartz, l'épouse du cordonnier, compta quelques sous. Toute la journée, les visites continuèrent, et le soir, la boîte en bois où mon père déposait l'argent débordait de marks et de pièces jaunes. Nous la vidâmes et mon père en compta le contenu.

— Vois donc ce qu'ils ont fait pour nous ! s'exclama-t-il en regardant ma mère, mais son expression changea brusquement, car elle avait les larmes aux yeux.

— Qu'y a-t-il, mon Hedwig? Tu ne vas tout de même pas pleurer?

Ma mère riait et pleurait à la fois.

— Si je pleure, murmura-t-elle, c'est parce que je me trouve bien bête d'avoir pleuré avant.

Il la fit asseoir sur ses genoux et pressa sa joue contre la sienne tout en lui essuyant les yeux avec son grand mouchoir.

Le lendemain, nous attendions un jeune pasteur que le *Bruderrat* envoyait se réfugier dans notre diocèse parce qu'il était recherché par la police. Il arriva au presbytère à la tombée de la nuit, épuisé; rien dans son allure ne trahissait le pasteur. Il prit un bain, je lui fournis du linge propre, tiré de ma garde-robe, et il vint souper, les cheveux encore humides, le visage radieux, nullement découragé par sa situation.

— Mes propos étaient trop audacieux, et les chrétiens allemands de la paroisse m'ont dénoncé, raconta-t-il. Les SA ont mis à sac mon bureau et ont emporté toutes les brochures du *Bruderrat,* mais par chance, j'étais sorti et j'ai été prévenu à temps pour m'enfuir. Mon seul regret est de ne plus pouvoir me rendre utile, pour le moment en tout cas.

Apprendre que j'étais étudiant en théologie suscita son enthousiasme.

— Plus il y aura de jeunes gens comme vous pour remplacer les hommes qui sont arrêtés, moins efficace sera la stratégie des nazis.

Mon père avait déjà pris ses dispositions pour qu'on le cache chez l'un des paroissiens que les nazis ne soupçonneraient jamais de dissimuler un fugitif, et chez qui il n'y avait pas de jeunes enfants qui pourraient trahir par inadvertance la présence d'un inconnu à la maison. Lorsqu'il eut mangé, je l'emmenai jusqu'à sa cachette, je le présentai à la famille et je le laissai en sécurité. C'était le troisième pasteur fugitif à se réfugier à Magdebourg.

En mon absence, mes parents avaient tenu conseil. À présent que la question financière semblait résolue, ils voulaient que je reprenne aussitôt mes études à l'université. Mais je n'étais pas sûr que ce soit pour moi le meilleur choix.

— Ton salaire reste bien précaire, pour ne pas dire plus, ripostai-je en réponse aux arguments de mon père. Je me sentirais beaucoup mieux si je restais ici pour t'aider autant que possible, tant que la situation n'est pas régularisée.

— Il y a peu de chances que les choses se calment dans l'immédiat, fit-il remarquer. Et mon vœu le plus cher est que tu poursuives tes études tant que tu le peux. Tu as une responsabilité envers la foi chrétienne, qui doit passer en premier. Ce soir, notre invité t'a dit qu'il était important que de jeunes pasteurs prennent la relève pour compenser toutes ces arrestations. La population ne doit pas être privée de leaders spirituels.

— Papa, je voulais te parler du désordre qui règne à l'université. Je ne parviens plus à travailler. Plus personne n'étudie, et les conférences données par les professeurs chrétiens allemands n'ont ni queue ni tête. Depuis un moment, j'ai vraiment l'impression de perdre mon temps.

— Il faut que tu passes ton diplôme, insista mon père. Si tu essayais de trouver un emploi en ce moment, tu te rendrais compte que, sans diplôme, toutes les portes te seront fermées. Et si tu souhaites être vraiment utile dans la lutte pour l'Église, qui me préoccupe bien plus que la pauvreté, bien plus que ma propre vie, tu verras qu'il est indispensable que tu aies ton diplôme et que tu sois ordonné.

C'est ainsi que je me retrouvai bientôt plongé dans l'atmosphère tumultueuse de l'université ce printemps-là. Début juin, un groupe d'étudiants en théologie, tous membres de l'Église confessante, fut invité chez Niemöller, à Dahlem. Le pasteur avait d'excellentes nouvelles à nous communiquer.

— Vous avez tous vu dans les journaux que les chrétiens allemands organisent un synode. Les nazis ont été à ce point découragés par l'incapacité de leur Müller qu'ils en sont arrivés là pour tenter d'asseoir son influence sur toute la hiérarchie de l'Église, dans l'espoir que les gens prendront un peu plus au sérieux son rôle de *Reichsbischof*. Certains d'entre vous savent que l'Église confessante tient aussi un synode en Westphalie : nous y avons répudié Müller et réaffirmé notre profession de foi. Ce second synode est bien sûr passé inaperçu. Le gouvernement ne souhaite pas que la population soit au courant. Mais pour les étudiants, cet événement a eu un résultat très important. Le *Bruderrat* sait que les cours dispensés dans les universités ne valent plus rien. Nous voulons veiller à l'enseignement reçu par la nouvelle génération de pasteurs, car votre vie au sein de l'Église ne sera pas facile. Nous allons donc ouvrir nos propres facultés de théologie, et tous ceux qui voudront que nous les acceptions comme pasteurs devront accomplir sept semestres dans les écoles confessionnelles, parallèlement à leurs études dans les universités contrôlées par le gouvernement. Certains de vos professeurs les plus éminents, qui ont été renvoyés de leurs postes, seront vos instructeurs dans la nouvelle école, et nous aurons notre propre jury d'examen.

— Pourquoi est-il encore nécessaire d'aller aux cours de l'université ? demanda un étudiant.

— Vous aurez besoin d'un diplôme officiel, répondit Niemöller en souriant. Sans quoi, vous n'aurez pas de paroisse. Par ailleurs, rien ne doit trahir l'existence de nos écoles. Leur survie est déjà assez précaire. Vous devez comprendre qu'il sera terriblement dangereux de parler de ces écoles à quiconque. Vous ne devrez jamais mentionner le nom de vos nouveaux professeurs. Cela pourrait suffire à les envoyer en camp de concentration. Ne parlez jamais du but de ces conférences. Ne révélez jamais où elles se déroulent. Maintenant, vous êtes prévenus. Voici la liste des cours proposés. Vous pouvez vous inscrire aujourd'hui.

Nous nous pressâmes autour de la table pour prendre connaissance de ce programme, bien plus intéressant que celui que nous suivions depuis quelque temps. Une fois inscrits, nous reçûmes une carte de membre qu'on nous conseilla de garder précieusement. Pour des raisons de sécurité, nul ne serait admis sans carte aux conférences.

C'est ainsi que commença ma participation à l'un des plus étranges systèmes scolaires que j'aie jamais connus. Nous étions plusieurs centaines d'inscrits, mais nous ne parlions jamais de notre travail entre nous. Chaque jour, nos réunions se déroulaient dans une maison différente. À la fin de chaque conférence, on annonçait où aurait lieu la suivante. Nous avions toute une faculté parallèle, avec ses divers départements, avec les plus hautes exigences, mais sans bâtiment permanent, sans aucune garantie du lendemain, sans professeurs rémunérés, et nous passions d'un abri à l'autre en essayant de ne pas éveiller l'attention et en tâchant constamment d'échapper à la police.

Au bout de deux semaines, alors que je m'approchais de l'adresse qui m'avait été indiquée, je vis la police monter la garde devant l'une des maisons du quartier. Je passai devant d'un air détaché et je vis qu'il s'agissait bien du numéro qu'on m'avait indiqué. J'eus un instant de panique, à l'idée qu'on pourrait m'arrêter, me fouiller et découvrir ma carte d'étudiant, mais j'eus de la chance et je pus m'en aller comme j'étais venu. Le lendemain, une nouvelle adresse me fut chuchotée à l'oreille et j'appris que le professeur qui aurait dû nous faire cours la veille avait été arrêté.

Nous apprîmes à être prudents, à nous assurer que tout allait bien avant de tourner dans une rue, à ne jamais nous promener en groupe, et à étaler le temps de notre arrivée au rendez-vous afin que la présence de tant de jeunes gens dans le même quartier ne soit pas repérée. Malgré tout, nous trouvâmes plus d'une fois la police qui nous attendait.

En dépit de ces incidents, le programme de la nouvelle faculté me satisfaisait pleinement. Quel bonheur que de reprendre un travail sensé, qui exigeait que je donne le meilleur de moi-même, qui me menait dans la direction que je souhaitais prendre, mais qui allait demander bien plus d'années que je ne l'avais prévu ! À l'université aussi, la situation avait changé.

« Évitez les controverses, nous conseillait Niemöller. Ne vous faites pas remarquer de la police en participant à des manifestations. C'est le moment d'effectuer un travail sérieux et vous n'aiderez pas l'Église en vous faisant jeter en prison. »

Nous avions tous, je pense, l'impression d'avoir perdu du temps en bavardages. Les discussions bruyantes s'apaisèrent dans les amphithéâtres et dans les jardins. La vie reprit un cours plus calme et nous nous remîmes à nos études. Je regrettais la silhouette dégingandée d'Erich Döhr, maintenant sain et sauf de l'autre côté de l'Atlantique, et j'aurais voulu qu'il soit resté à Berlin assez longtemps pour voir notre vie estudiantine reprendre son sérieux.

C'est à la fin juin, aux premiers jours de l'été, que la nation fut ébranlée par un événement qui fit momentanément oublier tous les autres, y compris la lutte pour l'Église. Le chancelier Hitler partit pour Munich afin d'écraser une révolte contre le gouvernement. De hauts dignitaires nazis furent exécutés et des arrestations eurent lieu partout. On ne pouvait estimer l'ampleur de la trahison que par les rumeurs qui circulaient de bouche à oreille. À Berlin, les SS en uniforme noir firent irruption chez le général von Schleicher, qu'ils abattirent de sang-froid, en même temps que sa charmante jeune épouse.

251

Rudolph Beck vint me trouver chez moi.

— Que va devenir Orlando? Il aimait von Schleicher comme son propre père.

Nous étions perplexes. Je savais que Rudolph s'accusait encore de la tragédie qui avait suivi l'expulsion d'Orlando hors du *Gymnasium*. Apparemment, le fils du colonel Beck se jugeait en partie responsable de toutes les peines qu'Orlando avait pu ensuite rencontrer au cours de sa vie mouvementée.

— Je ne crois pas qu'Orlando ait participé au complot, me hâtai-je de dire pour le rassurer. Un soir qu'il avait trop bu, il m'avait laissé entendre que quelque chose se préparait. Mais il ne savait pas lui-même ce qui se passait. J'en suis certain.

— Ils vont forcément l'arrêter, dit Rudolph. Si seulement j'avais eu l'intelligence de ne pas me mêler de la vie des autres, il coulerait peut-être encore des jours tranquilles à Magdebourg.

— Pauvre Orlando. J'ai peur qu'il n'ait lui-même choisi sa destinée, Rudolph.

— Je vais aller voir s'il est encore chez le général.

— Tu vas te faire arrêter.

— Peu importe. Il a besoin du soutien de tous ses amis. Orlando est si chevaleresque, si changeant; il est trop sensible pour affronter seul ce genre de brutalité.

— Je viens avec toi.

Rudolph prit son chapeau.

— Mon Dieu, j'avais beau le mépriser, je l'aimais bien, tu sais, Karl.

— Moi aussi, je l'aimais bien. Et il aimait Hitler. Quel gâchis!

Nous parlions d'Orlando au passé, mais je ne crois pas que nous en étions conscients.

La foule assemblée devant la maison du général nous empêcha d'y accéder et nous décidâmes de tenter notre chance à l'adresse personnelle d'Orlando, la chambre que sa mère lui payait dans un quartier élégant. Nous sonnâmes plusieurs fois à sa porte mais il n'y eut pas de réponse.

Le lendemain, il y avait dans le courrier une lettre rédigée de son écriture familière et j'eus un instant d'espoir. Le message était bref.

Cher, très cher Karl,

Il paraît judicieux de t'adresser mes adieux. Quelle ironie! Je renonce finalement à toute originalité et j'en viens à m'expliquer à mes amis, comme tous ceux qui vont se suicider! Mais que dire? Je croyais, mais aujourd'hui ma foi est morte d'un coup de pistolet. J'aimais deux hommes. Je voyais l'avenir illuminé par l'honneur et par la marche des héros. Mais est-ce l'honneur qui massacre les nobles cœurs? Sont-ce des héros qui assassinent des femmes? On m'a dupé... et il ne reste rien. Je suis tellement seul.

Je ne veux pas de ton immortalité religieuse. Je ne veux pas devoir survivre sous quelque forme que ce soit. Pense à moi et souris, Karl, mais souris gentiment. Pour moi il n'est plus de lumière.

Bien à toi,

Orlando von Schlack

Ce fut Rudolph qui découvrit le même jour cet article dans un journal:

Orlando von Schlack, vingt-deux ans, lieutenant des *Sturmabteilungen,* a été trouvé mort aujourd'hui dans son logement, place X... Il s'était tiré une balle dans la tête avec son arme de service. Aucune lettre d'adieu n'a été découverte, mais la police a déclaré que ce jeune homme était un protégé de feu le général von Schleicher. Le corps a été découvert par le propriétaire en fin d'après-midi. Le défunt était le fils de la comtesse von Schlack de Magdebourg.

Les hommes pleurent parfois, et je pleurai ce soir-là. Sur le compagnon de ma jeunesse, sur la noirceur de la vie, sur la futilité du culte qu'il avait voué à des dieux cruels, sur la prison que mon pays était devenu, sur tous les jeunes gens qui tournaient leurs regards dans la même direction que lui et qui ne trouvaient que le néant, et peut-être un peu sur moi-même et ma propre solitude.

CHAPITRE XIV

Chaque mois, chaque jour, les deux religions, l'ancienne et la nouvelle, s'affrontaient plus violemment. L'obéissance ne suffisait pas aux nazis; ils exigeaient la foi en leurs folles doctrines. Ils ne toléraient aucune foi rivale. Ils renforcèrent la pression sur la population.

TOUS LES FONCTIONNAIRES NAZIS REJOIGNENT
LES RANGS DES CHRÉTIENS ALLEMANDS

C'est le titre que nous pûmes découvrir un matin dans les journaux. L'État avait pu obliger quiconque détenait un emploi public à se déclarer chrétien allemand. Les moyens utilisés étaient toujours subtils et détournés. Par exemple, tout SA ou fonctionnaire désireux de se marier devait d'abord abandonner l'Église traditionnelle ou perdre son poste. Aucun individu lié à l'Église ne pouvait désormais travailler dans la fonction publique. Les chrétiens allemands devinrent ainsi beaucoup plus nombreux, jusqu'au jour où les nazis purent annoncer la totale adhésion à leur doctrine. Cette adoption massive de la nouvelle religion fut largement signalée par la presse et la radio. Pourtant, les journaux n'indiquaient jamais que beaucoup de nazis connus avaient préféré renoncer à leur position au sein du parti plutôt que de renoncer à leur foi.

En août, le gouvernement prit une nouvelle mesure. L'« aryanisation » de l'administration fut décrétée. Un décret fut publié pour étendre la loi qui exigeait une ascendance purement aryenne depuis le 1er janvier 1800, et cela de tous les employés du gouvernement, qu'ils soient préfets ou balayeurs ; les pasteurs luthériens étaient bien entendu concernés.

La proclamation était la suivante :

Toutes les questions culturelles doivent être en accord avec le sentiment racial de la nation. La religion touche aux plus profonds sentiments de la race et aucun étranger ne saurait être autorisé à instruire le peuple allemand dans sa foi. Quiconque désire guider le peuple doit être d'un sang qui résonne des mêmes échos. Nous ne saurions recevoir d'ordres d'un être issu d'un sang inférieur.

On vit alors expulser beaucoup de pasteurs infortunés qui avaient eu, plusieurs générations auparavant, un ancêtre dont le sang était impur selon la théorie nazie. Mais ces malheureux ne furent pas abandonnés : les persécutés avaient enfin un défenseur. Le *Bruderrat* de l'Église confessante les protégea. Un dimanche, mon père prit courageusement la parole en chaire :

— L'appartenance à la famille chrétienne ne dépend pas de la race mais de la foi. Pas un de nos frères dans le Christ ne sera abandonné.

Dans toutes les églises du pays, le même défi fut lancé. Le *Bruderrat* conseillait aux pasteurs expulsés de désobéir aux ordres et de rester dans leur paroisse, où ils étaient soutenus par les fidèles. Dans quelques petites églises où la population était en majorité nazie, il arrivait que l'opinion publique soit d'accord avec le gouvernement pour chasser les pasteurs. Le *Bruderrat* leur trouvait aussitôt d'autres paroisses où ils étaient reçus avec enthousiasme. Le gouvernement se déchaînait, mais l'Église tenait bon.

Puis les nazis s'en prirent à un autre droit des organismes religieux.

Le professeur Kamps vint un jour voir mon père, l'air bouleversé.

— Vous allez recevoir une notification officielle, Herr Pastor, selon laquelle vos services en matière d'instruction religieuse ne sont plus requis à l'école. Je voulais vous préparer à cette nouvelle. Je suis sûr que les nazis sont à l'origine de cette décision.

Les lourds sourcils du pasteur se baissèrent.

— Ils osent mettre fin à l'instruction religieuse dans les écoles ? C'est l'un des droits les plus anciens de l'Église, par accord avec le gouvernement.

— Ce gouvernement-ci ne respecte aucun droit. À ce que je comprends, l'heure du catéchisme sera consacrée à l'entraînement militaire.

Le visage de mon père s'empourpra.

— Je vais en appeler aux directeurs de l'école.

Il leur rendit visite, si furieux que ces hommes, qui agissaient sans doute sous la contrainte, lui présentèrent leurs plus humbles excuses. Ils finirent par lui dire qu'ils maintiendraient l'instruction religieuse, mais qu'ils seraient obligés d'employer quelqu'un d'autre, et que le pasteur devrait se contenter de cette mesure.

L'heure d'instruction religieuse fut maintenue, comme les directeurs l'avaient promis, mais le nouvel instructeur se révéla être un chrétien allemand. Environ un mois plus tard, dix dames de la paroisse arrivèrent au presbytère, certaines en pleurs.

— Ils n'enseignent plus le christianisme à nos enfants. Ils leur apprennent à vénérer l'État, à adorer le Führer et non Dieu. Ils se moquent de la Bible, lança une femme aux joues couvertes de larmes.

— Mon Heinrich est rentré de l'école hier et il s'est

mis à déchirer les pages de la Bible. Il a dit que c'était un livre immoral et qu'aucun bon Allemand ne devait l'avoir chez lui. Herr Pastor, ne pouvez-vous rien faire pour nous ? Nous voulons donner à nos enfants une bonne éducation. Nous ne supportons pas que l'on détruise nos foyers et que l'on corrompe ainsi nos enfants.

Les autres firent écho à cette plainte douloureuse.

— Je suis déjà allé voir les directeurs, leur répondit mon père. Nous verrons si nous pouvons agir autrement.

Il se rendit au *Bruderrat*. Il trouva les autres membres également perturbés par la situation. Les nazis avaient adopté la même tactique dans toute l'Allemagne. L'heure jadis consacrée à l'instruction religieuse nous était confisquée pour des activités physiques et pour l'enseignement des théories du « sang aryen ». Les écoliers étaient confiés aux chrétiens allemands. Les étudiants étaient assez grands pour refuser ces nouveaux mythes héroïques, mais les petits enfants croyaient tout ce qu'on leur disait.

Le *Bruderrat* prit des mesures extrêmes. Une déclaration officielle fut communiquée au peuple : les chrétiens allemands, ayant abandonné le christianisme, ne devaient plus être considérés comme chrétiens. Ils étaient exclus de l'Église !

C'était une excommunication radicale, que le gouvernement ne pouvait négliger. La population avait trop de respect pour cet édit émanant d'ecclésiastiques vénérés. En réponse, les nazis déclarèrent illégale l'Église confessante. C'était un crime que d'y appartenir, que l'on soit pasteur ou laïque. Les nazis, n'osant pas avouer la vraie raison, prétendaient que le groupe confessant, en protégeant des pasteurs « non aryens », s'était « opposé à la purification raciale de la nation allemande ». L'Église confessante était devenue l'« ennemi de l'État ».

Dimanche après dimanche, mois après mois, la résistance opiniâtre du peuple allait croissant. Toutes les églises confessantes étaient pleines. Les arrestations se multipliaient. Des centaines de presbytères furent saccagés, et ceux qui y travaillaient furent emprisonnés. Les pasteurs commencèrent à disparaître et les laïques qui les protégeaient les suivirent dans les camps de concentration. On fermait leurs églises, et des chrétiens allemands prenaient parfois leur place.

Début 1935, une loi fut promulguée, selon laquelle le simple fait de parler du *Kirchenkampf*, de la lutte pour l'Église, était un crime.

Mais chaque dimanche, à l'église, on lisait la longue liste des prisonniers, que les fidèles écoutaient avec des pleurs et des gémissements. On priait pour les malheureux, et le gouvernement n'osait pas s'interposer.

La police profitait de tous les prétextes possibles pour procéder à des arrestations. À la Domkirche, le travail se poursuivait avec la plus grande discrétion, mais les fouilles policières s'intensifiaient à tel point qu'il nous fallait déménager quotidiennement, parfois deux fois par jour. Le danger devint tel que mon père renvoya ses secrétaires et poursuivit ses efforts avec la seule aide d'Erika et du maître d'école Schenk, qui n'auraient renoncé pour rien au monde.

Un jour, alors qu'un grand mariage devait être célébré, le pasteur ne vint pas à l'heure fixée. Personne ne savait où il était. Le sacristain, qui se doutait de ce qui le retardait, apaisa les membres de la noce qui s'inquiétaient et leur conseilla d'attendre. La mariée resta sous son voile pendant une heure tandis que son père et son futur s'impatientaient. Le pasteur finit par arriver. Alors qu'il se mettait en route, la police l'avait interpellé pour un interrogatoire.

Cette fois, ils n'avaient rien trouvé de tangible pour l'incriminer. Mais il savait que l'épée de Damoclès était suspendue au-dessus de lui, où qu'il aille.

Toute l'Église entra alors dans la clandestinité. Si on ne savait où chercher, on ne voyait aucun signe de cette opposition massive. Selon les étrangers qui vinrent en Allemagne en 1935, l'Église fonctionnait normalement. Rien ne trahissait apparemment les persécutions, ni la résistance. Ceux dont la religion n'avait jamais été très profonde devinrent chrétiens allemands. Mais la masse de la population s'accrochait aux choses de Dieu.

Les pasteurs chrétiens allemands changèrent de tactique. En arrivant au pouvoir, ils avaient déclaré clairement leurs objectifs et avaient tenté d'imposer leurs idées au peuple. Ils avaient attaqué ceux qui croyaient en des lois plus hautes, qualifiés de « déserteurs de la vénération de l'État et du Führer ». Ils n'avaient pas hésité à voir dans les enseignements de saint Paul la « corruption juive » et à exiger une « purification » des passages des Évangiles qui allaient « contre le sang allemand ». Ils recouraient à de risibles compromis pour maintenir un semblant de christianisme dans leur doctrine. Alors qu'ils avaient condamné l'Ancien Testament en tant que texte juif, ils firent exception pour certains des psaumes, dont les auteurs, prétendaient-ils, étaient aryens.

La population ne pouvait tolérer que de telles attaques du christianisme soient menées en chaire. Quand le culte du héros était enseigné comme une religion, quand les pasteurs chrétiens allemands promettaient le salut par le « noble sang aryen », la population restait à l'écart. Dans leurs églises vides, les chrétiens allemands commencèrent à changer de discours, à dissimuler la barbarie de leurs messages sous un langage confessionnel. Mais les croyants ne furent pas dupes. Certaines des grandes églises de Berlin étaient si vastes qu'elles comptaient de deux à quatre pasteurs. Il arrivait que l'un d'eux soit chrétien allemand et les autres membres de l'Église confessante. Le chrétien allemand prononçait le sermon du matin devant un auditoire clairsemé. Le soir, quand prêchait un pasteur confessant, qui appelait la nation à rester attachée à sa foi, le service devait être répété plusieurs fois pour accueillir la foule. Par une sorte de consentement massif, la population avait décidé de répudier ceux qui tentaient de transformer l'Église en un organe de l'État.

Il s'agissait en fait d'une importante opposition clandestine à l'hitlérisme, qui regroupait des millions d'Allemands. Cette résistance perturbait d'autant plus le gouvernement qu'elle touchait le seul domaine impossible à conquérir. Les hurlements des chrétiens allemands, les arrestations de pasteurs n'étaient que les manifestations visibles de ce combat. Deux forces s'affrontaient, et aucune ne cédait.

« L'évêque Maharens s'est vu accorder un entretien particulier avec Hitler aujourd'hui. » Ces deux lignes étaient cachées en dernière page ou au milieu des journaux. « L'évêque Meiser a été reçu par le Führer à la Chancellerie. » « Le surintendant général luthérien Albrecht a passé une heure à discuter avec le Führer. »

— Il se trouve que je sais pourquoi le surintendant est allé à Berlin, dit mon père en repliant le journal d'un geste satisfait. Il représente la province de Westphalie, et il insiste pour que soient rouvertes les églises que les nazis ont fermées. Les nazis commencent à comprendre à quelle force ils ont affaire quand le Führer en personne traite avec les évêques. S'ils n'affrontaient que des individus rebelles, ils pourraient les mettre en prison, mais un grand mouvement d'opposition doit être traité différemment.

Il existait un puissant bloc chrétien parmi les plus hauts officiers de l'armée. Alfred Rosenberg, principal idéologue nazi, se déchaînait contre eux afin de leur inculquer le dogme national-socialiste. Il voulut s'adresser au corps des officiers à Berlin, et le général von Fritsch accepta, mais à la seule condition que

Rosenberg s'abstienne d'attaquer l'Église. Le lendemain, les journaux parlèrent de son discours impressionnant, mais la véritable histoire courait dans tout Berlin. Rosenberg n'avait pas tenu sa promesse et avait lancé ses habituelles accusations contre l'Église. Fritsch était aussitôt parti, suivi de tous les officiers, en laissant Rosenberg fulminer devant une salle vide.

Le Mythe du XX siècle, le livre de Rosenberg, était devenu la bible nazie. Il y prêchait le culte du héros, de l'État, il y expliquait la nature divine du sang nordique ; les pages de ce livre étaient pleines d'injures abjectes à l'adresse des luthériens, des catholiques et des juifs. En 1935, le *Bruderrat* publia une série d'articles contre *Le Mythe du XX* siècle* pour en réfuter clairement les absurdités et pour attaquer le cœur des croyances nazies. Ces textes furent largement diffusés malgré les efforts frénétiques du gouvernement pour les confisquer. Il est probable qu'il n'en existe aucun exemplaire hors d'Allemagne, car il était trop dangereux, ou plutôt impossible, de les faire sortir du pays.

La volonté de nazifier le christianisme se solda par un échec. Hitler et ses conseillers savaient qu'ils n'avaient accompli aucun progrès. La nouvelle religion n'avait pas conquis le peuple. Mais il y avait une chose qui pourrait séduire les Allemands, dont beaucoup avaient rompu avec le gouvernement à cause de la lutte pour l'Église. L'Allemagne devait retrouver son prestige et sa gloire, elle devait reprendre une place parmi les grandes nations.

Au début du printemps 1936, je parcourais l'ouest du pays avec Rudolph. C'était en apparence le voyage innocent de deux étudiants, mais nous travaillions en fait pour le *Bruderrat,* en visitant d'une ville à l'autre les places fortes de la rébellion religieuse et en transmettant des messages. Nous étions en Rhénanie lorsque, le 7 mars, retentit sur les radios la voix du Führer.

Le reste du monde ne fut pas plus choqué que ne le fut ce jour-là la population allemande. Hitler dénonça le pacte de Locarno. Il déclara l'Allemagne libre des limitations qui lui avaient été imposées. Il annonça que l'armée allemande réoccupait la Rhénanie démilitarisée. Comme par un effet de synchronisation magique, une troupe de soldats défila devant le petit café où Rudolph et moi nous écoutions l'annonce officielle. C'étaient les premiers soldats allemands qu'on voyait dans la région depuis la fin de la guerre. Tout le monde sortit les regarder, en laissant refroidir la nourriture dans les assiettes.

Mais les visages des curieux n'avaient rien d'heureux. Ils étaient horrifiés, pris de panique. Les soldats ne payaient pas de mine, il n'y avait ni tank ni canon pour les accompagner, et les spectateurs savaient qu'aucune fortification ne défendait la longue frontière. Un bourgeois grassouillet qui se tenait près de moi tira de sa poche une grosse montre qu'il consulta avant de lever les yeux au ciel.

— Dans une heure les Français seront là, dit-il d'un ton désespéré. Dans deux heures, les avions anglais arriveront.

— C'est un fou qui nous gouverne ! cria un jeune homme sérieux, dont les lunettes à monture d'écaille agrandissaient les yeux terrifiés. Cette fois, il a détruit l'Allemagne ! Il nous expose aux représailles les plus sauvages, et nous sommes impuissants.

La foule se mit à murmurer et les femmes à gémir. Les hommes observaient le ciel, leur montre à la main. Plusieurs voix fortes maudirent Hitler, ce fanatique, cet imbécile qui avait attiré sur nous la vengeance des nations armées ; chaque seconde qui s'écoulait rendait la menace plus proche, et c'est par les airs que la mort s'abattrait sur nous. La colère contre la folie de Hitler fut si intense en Allemagne ce jour-là que les premiers avions aperçus dans le ciel auraient été le signal d'un soulèvement massif qui aurait renversé le Führer.

— C'est la fin des nazis, dit Rudolph joyeusement. C'est aujourd'hui la révolution. Regarde la fureur de ces visages! Dès que le premier avion apparaîtra, Hitler sera fini.

Mais aucun avion n'apparut.

Une heure s'écoula, puis une autre. Rien ne se passa. La nuit tomba sur le petit hameau sans que nous ayons vu un fusil ou un avion. Quatre mille hommes misérablement armés avaient pris possession des quatre-vingts kilomètres de frontière de la Rhénanie. Ils étaient peu équipés, mais prêts à un combat immédiat à la première apparition des Français. Il n'existait alors aucun armement allemand. Le service militaire obligatoire n'avait été rétabli que depuis un an. L'Allemagne impuissante attendait son destin, et plus d'un aurait voulu étrangler le criminel qui nous avait exposés à l'assaut universel. Mais il n'y eut pas d'assaut.

L'organisation nazie commençait seulement à fonctionner efficacement. Elle n'avait pas encore cette parfaite coordination et cette discipline qu'elle devait acquérir par la suite. Il lui manquait surtout l'appui du peuple. Ce pouvoir en était au stade expérimental, et si le coup de bluff de Hitler avait échoué, c'en aurait été fini.

Mais les jours s'écoulaient sans aucune réaction de la France ou de l'Angleterre. Au bout de douze jours, la Société des nations émit une plainte. La population ne parvenait pas à croire qu'il n'y aurait pas de représailles. Les gens se regardaient, étonnés, en comprenant qu'ils n'avaient plus rien à craindre.

— Comment Hitler a-t-il pu faire cela?

— Notre dirigeant a quelque chose de surhumain. Il doit avoir des pouvoirs surnaturels.

L'opinion se retourna brusquement et l'on se mit à acclamer Hitler pour son succès spectaculaire. L'adoration que ses discours ne lui avaient pas value lui était désormais accordée. Il était audacieux et tout lui réussissait. Il devint réellement l'idole du peuple.

Au désespoir, Rudolph et moi nous traversâmes un pays en liesse jusqu'à Magdebourg, jusqu'aux catacombes où le christianisme se terrait. Il y avait désormais peu d'espoir pour que le gouvernement soit renversé. La résistance des hommes de foi comportait plus de tristesse que d'espoir. Les persécutions devinrent plus intenses et plus terribles.

« C'est assez, Seigneur. Maintenant prenez ma vie », criaient en chaire les pasteurs en soutane, et ils déclamaient les psaumes, chants de lamentation et de désespoir.

« Sauvez-moi, mon Dieu, parce que les eaux sont entrées jusque dans mon âme.

« Je suis descendu dans la profondeur de la mer, et la tempête m'a submergé.

« Je me suis fatigué à crier, ma gorge en a été enrouée ; mes yeux se sont épuisés à force de regarder vers le ciel dans l'attente et l'espérance où j'étais que mon Dieu vînt à mon secours.

« Ceux qui me haïssent sans sujet sont en plus grand nombre que les cheveux de ma tête.

« Mes ennemis qui me persécutent injustement se sont fortifiés contre moi. »

Les vêpres étaient célébrées en secret et tous les fidèles risquaient leur liberté et leur vie en franchissant les portes. Cette existence rappelait celle des premiers chrétiens ; nous nous cachions dans nos catacombes pour chanter et pleurer. On y lisait des lettres de prisonniers, passées sous le manteau. Des fugitifs se montraient lors de ces réunions et on les emmenait dans des cachettes. Parfois, malgré toutes nos précautions, un espion se glissait parmi nous et il s'ensuivait une vague d'arrestations le lendemain. Il fallait un courage tranquille pour assister à ces vêpres secrètes. Les gens connaissaient les risques, mais ils venaient quand même.

Le temps passait peu à peu : 1935, 1936, et l'Église

secrète devenait plus forte tandis que ses fidèles s'épuisaient dans la lutte. Les femmes sentaient que leur âtre même était menacé et elles défendaient résolument leur foyer. Les hommes qui acceptaient la politique des nazis refusaient de les faire passer avant le Dieu de leurs pères. Mais les jeunes composaient la majorité des nouvelles recrues du *Kirchenkampf*. Les jeunes qui voulaient exercer un emploi dans les professions libérales étaient obligés d'adopter l'organisation nazie, mais tous avaient grandi dans un monde troublé et avaient besoin d'une foi à laquelle se raccrocher. Ils avaient contemplé le salut promis par les nazis et n'y avaient trouvé aucune lumière. Le gouvernement avait encore une lutte à mener, contre les combattants de la foi qui se levaient un peu partout.

Fin 1936, il y avait eu de nombreuses arrestations à Magdebourg, et l'agitation était à son comble lorsque le parti annonça un rassemblement politique sur la place de la Domkirche. Mon père programma un service à la même heure dans la vieille cathédrale grise. Alors que le moment approchait, les larges avenues se remplirent d'une foule de gens qui convergeaient vers les portes de la Domkirche, alors que rares étaient ceux que le rassemblement attirait. Dans l'air du crépuscule, la mélodie vibrante des hymnes était plus sonore que les discours sur la place, et les cloches de bronze résonnaient plus fort et plus loin dans la ville que toutes les fanfares politiques. Cantiques et carillon s'unissaient pour défier les ennemis de la religion, comme pour dire au nom de tous les croyants : « Nous ne sommes pas intimidés. Vous aurez beau faire, il y a ici quelque chose que vous ne pourrez détruire. »

L'attitude des individus reflétait la même évolution. Le père de Johann venait d'avoir une attaque qui n'avait pas épargné son cerveau. Ce n'était plus l'homme énergique, le conteur admirable qui nous ensorcelait par le récit des aventures et des fêtes qu'il avait connues dans sa jeunesse en Russie, où il était allé acheter des terres. Il était retombé en enfance et parlait d'une voix aigrelette. La pauvre Frau Keller, dont le pire défaut était d'être prétentieuse, avait désormais ce malheureux imbécile sur les bras, en lieu et place de son mari jadis si séduisant ! Le coup était dur pour sa fierté. Mon père allait souvent les voir et parlait au pauvre Ernest comme s'il n'avait pas changé, jusqu'au moment où il arrivait parfois à réveiller une partie de son esprit enténébré. Mais, dans cette crise, Frau Keller devint une autre femme. À cause de ses malheurs, elle semblait ne pouvoir jamais en faire assez pour les autres et elle prit la tête du combat pour l'Église. Elle cachait des fugitifs chez elle, elle dissimulait des liasses de textes interdits, et malgré l'invalide et les jeunes enfants dont elle devait s'occuper, elle trouvait toujours quelques minutes pour défendre sa foi. Les autres femmes se mirent à lui rendre visite uniquement pour trouver du courage au contact de son activité infatigable.

Johann avait maintenant la responsabilité de la scierie, mais il soutenait sa mère et continuait à être l'un des fidèles lieutenants de mon père, au point que l'exemple des Keller finit par entraîner les plus timorés des paroissiens.

Le Dr Braun fut lui aussi métamorphosé. Chirurgien prospère, il avait épousé une jeune fille issue d'une famille d'aristocrates russes ruinés, et le couple donnait des réceptions brillantes. Il adorait la vivacité et le caractère emporté de sa jeune épouse ; tout en sachant qu'elle n'était pas passionnément éprise de lui, il était satisfait de ce mariage. De son côté, elle était contente d'avoir une position sociale, de l'argent, une garde-robe pléthorique et toute une équipe de domestiques, après la pauvreté qu'elle avait connue en arrivant en Allemagne. Le docteur était d'un tempérament morbide. Contrairement à la plupart des médecins, il passait parfois des semaines à ruminer sur la mort d'un patient, en se reprochant de n'avoir pu le sauver. La gaieté de sa femme était son seul antidote dans ces moments de découragement, et il redoublait alors de tendresse pour elle.

« C'est une nature belle et complexe, avait-il dit un jour à mon père. Elle m'a soulagé de tout mon désespoir. C'est pour moi un don de Dieu. »

Le pasteur, jetant un coup d'œil à la belle Russe qui se tenait au centre d'un groupe de jeunes gens, semblait douter de la sécurité de ce bonheur.

« Il n'y a qu'un moyen de surmonter le désespoir, Herr Doktor. Je crains qu'un jour vous ne découvriez que votre femme n'est pas un don de Dieu, mais un cadeau que vous a fait son père, un homme très malin. »

Quand commencèrent les persécutions nazies, le docteur se vit reprocher ses origines juives. Il perdit toute sa clientèle élégante. Ses amis découvrirent d'autres maisons où ils pourraient briller sans danger. Sa charmante épouse se retrouva mariée à un vieux raté sinistre, la « femme du juif ». Même leur fortune disparaissait, à cause des impôts qui pesaient désormais sur les juifs. Elle le quitta pour aller retrouver sa famille.

Le docteur était un homme brisé. Au bout d'un mois durant lequel personne ne le vit, il apparut à la porte du bureau de mon père, les yeux caves, la bouche molle.

— *Existe-t-il* un moyen de surmonter le désespoir, docteur Hoffmann ? demanda-t-il.

Il resta enfermé avec mon père pendant quatre heures et, lorsqu'il sortit, son visage ravagé affichait une sérénité recouvrée. De ce jour, les pauvres et les affligés de la paroisse découvrirent cet homme. Il se mit à les soigner avec un zèle neuf. Il ne sut jamais qu'il était devenu pour eux un encouragement vivant, mais là où le Dr Braun se rendait, la foi ne vacillait pas.

À son tour, le chirurgien réconforta le pasteur le jour où l'on apprit que le bien-aimé Dr Förster, le surintendant général de notre Église, était tombé entre les mains des nazis.

— Nous n'aurons bientôt plus de leaders ! cria amèrement le pasteur.

— Nous ne sommes pas abandonnés, répliqua calmement le docteur. Aucun homme n'est indispensable, même si nous le regrettons personnellement. Chacun de nous fait son possible et lorsqu'il disparaît, un autre trouve le courage de prendre sa place.

Ce même jour, Erika remit à mon père une lettre que venait d'apporter un messager de confiance. Elle avait été écrite par le Dr Förster, et l'un de ses fidèles avait bravé tous les dangers pour la faire sortir de la prison.

Ne vous inquiétez pas, ne vous chagrinez pas pour moi. J'endure ici des heures difficiles et brutales, bien sûr, mais d'autres doivent aussi les endurer. Je n'ai le droit à aucun livre, pas même à une Bible, mais heureusement ma mémoire est excellente et je trouve un réconfort à me réciter de longues pages pleines de paroles courageuses. Je me représente les pages de mes chers livres comme s'ils étaient imprimés sous mes yeux, je vois même les virgules et les points-virgules. Le dimanche, je célèbre une messe privée, en silence, qui dure plus longtemps que les vôtres, même si je suis le seul à l'entendre.
Je n'ai qu'un message à vous adresser : restez ensemble, ne vous laissez pas décourager, gardez la foi, continuez à vivre en chrétiens. Je ne doute pas de Celui qui nous délivrera.

Le dimanche, mon père lut cette lettre en chaire et ses ouailles se réjouirent d'entendre des mots aussi courageux. Je m'étonnais de voir à quel point les persécutions nous enseignaient à tous la bravoure, et je me rappelais l'épître dans laquelle saint Paul prisonnier recommandait aux chrétiens d'être « remplis de force, par la puissance de Sa gloire, pour avoir en toutes rencontres une patience et une douceur persévérante accompagnées de joie ». Les chrétiens d'Allemagne apprenaient eux aussi l'allégresse dans la souffrance.

Je passai le printemps 1937 à Magdebourg pour aider mon père, car sa force physique risquait de plus en plus de succomber sous le poids des efforts et des persécutions. À présent, ses mains tremblaient lorsqu'il écrivait ou lorsqu'il mangeait, et il se fatiguait vite dès qu'il devait marcher. Mais sa voix était aussi puissante que jamais et sa force spirituelle était intacte.

En juin de cette année-là, nous apprîmes grâce aux informateurs secrets de l'Église confessante que Martin Niemöller devait prêcher dans une église voisine. Son nom était désormais célèbre dans toute l'Allemagne. On parlait de ses sermons dans les autres provinces, comme de toute son action. Il avait refusé de rejoindre le *Bruderrat* parce qu'il craignait que sa réputation d'irréductible ne nuise aux autorités ecclésiastiques. Il s'adressait directement aux membres du gouvernement pour qu'ils réparent les torts subis par l'Église, et il ne s'en cachait pas. Il était connu partout comme le « pasteur combattant de Dahlem ». Les nazis le menaçaient souvent, mais hésitaient à l'arrêter à cause de ses liens avec l'Angleterre. L'évêque de Chichester avait dès le départ été l'un des principaux soutiens de l'Église confessante.

La lutte était alors devenue si vive entre les chrétiens allemands et leurs heureux rivaux qu'ils essayaient de discréditer que le gouvernement avait fini par prendre ouvertement parti. Il avait officiellement nommé un « arbitre impartial », dont les décisions devraient être respectées par les deux camps. Herr Jäger avait déjà servi les nazis en Prusse, où il avait contribué à faire nommer des chrétiens allemands dans les paroisses importantes ; sa nomination provoqua des remous dans la population. Les leaders de l'Église confessante avaient désormais le choix entre contester cet arbitre officiel ou céder aux chrétiens allemands tout ce qu'ils avaient obtenu.

La parole d'un homme comme Niemöller avait alors une influence immense auprès de la population. Avec Erika, nous avions décidé d'aller écouter le sermon d'un homme que nous considérions comme notre guide. En arrivant, nous trouvâmes l'église bondée. Même dans la crypte, des hommes et des femmes debout assistaient au service et au sermon retransmis par des haut-parleurs. Les rues alentour étaient noires de monde car beaucoup de gens n'avaient pu entrer. Sur les portes de l'église, une affiche annonçait en lettres immenses :

CE SERVICE SERA DE NOUVEAU CÉLÉBRÉ DANS UNE HEURE

Il nous fallut attendre la quatrième reprise du service avant de pouvoir pénétrer à l'intérieur, et il restait encore bien du monde dans la rue. L'ardeur de Niemöller ne semblait pas avoir souffert de ces services à répétition. Sa voix était chaude et vibrante, sa parole était pleine d'aplomb.

— Notre plus grande souffrance aujourd'hui est d'entendre dire qu'en servant Dieu nous sommes devenus traîtres à notre nation. On nous appelle « déserteurs », « profanateurs de l'honneur national », et nous savons que nos frères emprisonnés ont souffert l'opprobre et les tourments réservés aux criminels. Pires que les rigueurs et les brutalités des camps de concentration sont ces reproches, l'infamie d'être considérés comme des malfaiteurs, comme des ennemis de l'État, comme des hommes dangereux dont il faut protéger la population. Quiconque parmi nous répète la parole de Notre Seigneur Jésus doit affronter cette honte ; il doit accepter l'amère appellation de « coupable de transgression ». Chers amis, c'est un reproche que j'accepte volontiers et que nous devons entendre sans frémir. « Vous serez heureux lorsque les hommes vous chargeront de malédictions, et qu'ils vous persécuteront, et qu'ils diront faussement toute sorte de mal contre vous à cause de moi. » Les propos du Seigneur descendent sur nous pour nous donner du courage en cette heure pénible, et c'est vers Lui que nous nous tournons pour trouver notre justification et non vers les paroles des hommes. C'est Sa Parole que nous devons répéter sans trembler à nos semblables et à nos enfants. Aujourd'hui, l'une de nos plus grandes tristesses est de nous voir refuser le droit d'enseigner la parole de Dieu à nos enfants. Vous savez comment le gouvernement a privé l'Église de la charge de l'instruction religieuse dans les écoles. Vous avez entendu les nouveaux maîtres introduits dans les écoles apprendre à vos fils et à vos filles à se moquer de la Bible. Vous avez remarqué que les sorties dominicales des Jeunesses hitlériennes coïncident toujours avec les services destinés aux enfants dans nos églises. Au nom de l'Église unie, je demande au gouvernement de nous rendre le droit d'apprendre à nos jeunes enfants à servir et à aimer le Seigneur. Aujourd'hui l'on nous dit que notre premier devoir est de servir l'État, de servir les hommes. Le Führer a souvent promis de ne pas contrarier le service de Dieu, mais il nous demande de faire passer l'État avant Dieu. Voici donc la question qui nous est posée à tous : obéirons-nous à Dieu ou à l'homme ? Je vous dis que nous n'avons aucune obligation d'obéir aux hommes qui répudient Dieu. Le Führer a désigné le ministère de la Justice pour arbitrer la lutte entre les chrétiens allemands et l'Église du Christ. Ce même ministère, dont Hans Kerrl est à la tête, a nommé des individus qui ont récemment et publiquement qualifié l'histoire de Notre Sauveur de « conte de bonne femme, inventé pour effrayer le peuple ». Nous devons donc décider si nous allons obéir à ces hommes qui ont promis à maintes reprises de ne pas empêcher l'enseignement de la parole de Dieu mais qui jettent en prison Ses ministres et Ses fidèles, qui méprisent Son salut, se moquent de Ses souffrances et de Son amour infini, qui cherchent à priver nos enfants de l'histoire du Christ. Chers amis, si je me montre si pressant aujourd'hui, c'est parce que, parmi ceux qui osent riposter ouvertement aux attaques dont est victime notre foi, aucun ne sait combien de temps encore il sera libre de parler. Et je vous affirme que nous ne devons pas obéir aux ordres émanant du ministère de la Justice. L'un des hommes de ce ministère a officiellement démissionné du Conseil ecclésiastique. Il était prêt à se proclamer publiquement hérétique et incroyant. Puis il a appris qu'il avait été nommé arbitre dans les affaires de l'Église. Il s'est hâté de retirer sa démission. Mes amis, voilà Herr Jäger, voilà le genre de chrétien à qui a été confiée l'autorité suprême, que l'Église ne reconnaîtra jamais. Je parle aujourd'hui surtout de nos difficultés, des obstacles qui nous découragent presque et qui nous obligent à nous mettre à genoux, car l'Église doit voir clairement contre quel ennemi elle lutte. Je parle de détails pratiques parce que je ne sais pas combien de temps il me reste avant que l'on ne me fasse taire. Aucun d'entre nous ne peut connaître l'issue du combat, ni percevoir à l'horizon un espoir, à travers les ténèbres qui couvrent dans notre pays les flammes de la foi. Pourtant, si nous n'apercevons aucune lueur pour le moment, notre tâche n'est pas de mettre en doute l'efficacité de notre travail. Notre seul souci doit être de laisser briller notre lumière aux yeux des hommes, pour qu'ils puissent glorifier Notre Père qui est aux cieux. Même si l'issue est incertaine, nous pouvons être certains que la lumière brille dans chacun de nos cœurs, que la lumière continuera à briller malgré les épreuves, les persécutions et la mort. Nous n'accepterons aucun compromis. Nous devons rester fermes dans la foi, en sachant que nous suivons la Lumière éternelle. Ne nous préoccupons pas de l'issue finale. Contentons-nous d'attendre Sa volonté. L'heure viendra, nous n'en pouvons douter, « Car je suis assuré que ni la mort, ni la vie, ni les anges, ni les principautés, ni les puissances, ni les choses présentes, ni les futures, ni la violence, ni tout ce qu'il y a de plus haut, ou de plus profond, ni toute autre créature ne nous pourra jamais séparer de l'amour de Dieu en Jésus-Christ notre Seigneur ».

Nous ne savions que trop combien il fallait de courage pour s'exprimer aussi franchement, car nous avions appris qu'il était dangereux, même chez soi, de murmurer un mot de critique à l'encontre des tyrans qui nous gouvernaient. Entendre prononcer au grand jour de telles paroles était comme s'abreuver à un frais ruisseau, comme recevoir la force dont nous avions tant besoin.

— Compare simplement le visage de ceux qui sortent et le visage de ceux qui attendent, me conseilla Erika alors que nous quittions l'église.

— C'est exactement ce que je pensais.

Cela se passait en juin 1937. Quelques jours plus tard, j'ouvris un journal et mon regard fut attiré par un petit article titré :

ARRESTATION DE NIEMÖLLER

Un frisson me glaça l'échine. L'ennemi avait fait taire le pasteur combattant de Dahlem.

Le dimanche suivant, dans l'église où nous l'avions entendu prêcher, un groupe d'agents du gouvernement assista au service. Quand le pasteur raconta l'emprisonnement de Niemöller, en saluant en lui le premier des nouveaux martyrs, les nazis bondirent en hurlant :

— Il faut pendre Niemöller !

Il faillit y avoir une émeute. Les agitateurs criaient et lançaient des imprécations furieuses, jusqu'au moment où un groupe de fidèles s'avança résolument sur eux pour les attraper par la peau du cou et les chasser de l'église. Un nazi dut être assommé avant que l'on puisse se débarrasser de lui. Il fallut un bon quart d'heure pour rétablir l'ordre.

— Nous ne devons tolérer aucun tumulte dans cette maison, déclara le pasteur. Le gouvernement cherche seulement un prétexte pour fermer l'église où Niemöller a si courageusement parlé. Nous ne devons pas leur fournir ce prétexte en participant aux troubles qu'ils créent eux-mêmes.

Et le service se poursuivit dans le calme.

Mais à travers toute l'Allemagne, une prière montait de tous les cœurs, pour la sécurité et la libération de celui qui leur avait appris à lutter pour leur foi.

CHAPITRE XV

— Le christianisme est l'ultime ennemi que doit vaincre le national-socialisme, me dit un soir le jeune baron von Rauth, quand fut terminée la journée du bataillon du travail.

Au début de l'été, peu après l'arrestation de Niemöller, je fus enrôlé comme bon nombre de mes camarades dans le Service du travail obligatoire. Je faillis alors quitter l'université. Il me semblait absurde de gâcher six mois de ma vie à creuser des fossés alors que des événements si graves se déroulaient par ailleurs, alors que j'aurais pu me rendre bien plus utile à Berlin ou à Magdebourg. Mais Walther Vogler m'en dissuada :

— Tu sais depuis longtemps que tu devras en passer par là avant d'avoir un diplôme et de pouvoir vraiment entrer dans la lutte. Les nazis ont envoyé dans les camps de concentration plus d'un millier de pasteurs. Si tu n'es pas ordonné, tu aides les nazis en laissant une autre chaire vacante.

Je me retrouvai donc dans un centre du Service du travail, forcé de consacrer mes jours à l'entraînement militaire et à jouer les terrassiers pour construire des routes ou pour assainir des marécages. Je n'avais accès à l'information que par bribes, alors que le reste du monde était emporté par un tourbillon d'événements.

Le camp grouillait de nazis. On ne s'y contentait pas d'en parler, on *vivait* le national-socialisme. L'enthousiasme inébranlable de mes congénères pesait sur mon esprit, jusqu'à en devenir insupportable. Ils étaient tellement sûrs d'eux. Ils savaient qu'ils avaient la force de leur côté, que l'avenir leur appartenait et que rien ne pourrait les arrêter. Je côtoyais l'ennemi de trop près, je découvrais l'envers terrifiant de notre lutte pour l'Église.

Chaque soir, j'écoutais leurs discours menaçants et j'entendais le baron von Rauth répéter les attaques du pouvoir contre l'existence même du christianisme. En arrivant, j'avais trouvé le baron, que je connaissais depuis des années, établi comme officier du bataillon du travail. Les von Rauth étaient des amis de ma famille et je connaissais bien le parcours de ce jeune aristocrate replet. À cause des restrictions imposées à l'armée allemande par le traité de Versailles, la carrière militaire lui était fermée. Les von Rauth avaient été entièrement ruinés par l'inflation, et toutes les branches de la famille avaient réuni leurs ressources pour payer des études de médecine au jeune baron, pourtant peu brillant. Après avoir échoué deux fois aux examens, il avait été exclu des universités. Sans le sou, sans diplôme, il avait dû se mettre en quête d'un emploi. Il avait été incapable de trouver quoi que ce soit et, l'année où Hitler arriva au pouvoir, il en était réduit à mendier dans les rues.

Les nazis savaient alors qu'une de leurs faiblesses était leur manque de prestige social. Beaucoup d'entre eux étaient issus de la lie de la nation, et leurs leaders étaient très désireux d'attirer des « grands noms » afin d'améliorer leur image aux yeux de la population. Ils ramassèrent dans les rues bon nombre de jeunes aristocrates désargentés comme le baron et leur donnèrent des responsabilités dans les SA et dans le Service du travail.

Pour le baron, ce fut un bouleversement total, à peine croyable. Exclu et misérable, il accédait subitement à une position d'autorité, où il jouissait d'un confort et d'un revenu bien supérieurs à tout ce qu'il avait pu connaître. De manière tout à fait naturelle et simple, son esprit plutôt obtus accepta les doctrines de ceux qui avaient redoré son blason. Il devint un disciple de la nouvelle foi, un véritable converti au sens religieux du terme. On lui confia la direction de la propagande nazie dans le camp et il était largement responsable de la fureur antichrétienne qui y régnait. Il était à la fois étonné et indigné par la témérité des chrétiens qui persistaient dans leur foi face à la nouvelle révélation. Comme il me connaissait bien, il passait de longues heures à essayer de m'arracher à mon fol attachement pour une cause désespérée.

— Nous n'avons qu'un Sauveur, et c'est Adolf Hitler, me répétait sans cesse le baron. Il est en train de sauver le peuple et le devoir du peuple est de l'adorer. Pourquoi devrions-nous laisser certains prétendre qu'il existe un autre Sauveur ?

— Notre foi est la plus puissante du monde depuis des siècles.

Von Rauth se mettait alors en colère.

— Tout cela était bon autrefois. Les temps ont changé. Si les chrétiens avaient été prêts à un compromis, à dire au peuple qu'il fallait d'abord adorer l'État et le Führer, ils auraient pu avoir une certaine position dans l'ordre nouveau. Mais ils ont rendu cela impossible.

— Hitler d'abord, Dieu ensuite. C'est cela que vous vouliez ?

— Vous auriez voulu que Hitler passe en second ? (Cette idée l'horrifiait réellement.) Votre stupide Église a refusé d'embrasser l'ordre nouveau. Elle s'est rendue l'ennemie de tout progrès. Le parti nous instruit. Il nous dit : « Le christianisme est le dernier

ennemi qui reste à détruire pour le national-socialisme. »

— Vous êtes au pouvoir depuis quatre ans. Vous
n'allez pas vite lorsqu'il s'agit de le faire disparaître.

— Donnez-nous du temps. Ce n'est pas si facile ! Si
seulement la police secrète pouvait voir à l'intérieur
des têtes et savoir ce que pensent les gens ! Alors nous
pourrions nous en débarrasser en vitesse. Mais les
chrétiens n'ont aucun sens de l'honneur. Comment
découvrir qui ils sont ? Comment savoir, à sa figure, ce
que croit un homme ? L'ennui, avec le christianisme,
c'est qu'il est insaisissable.

— Vous ne pouvez pas mettre une foi en prison,
c'est vrai.

— Si seulement c'était possible ! (Et il faisait le
geste d'étrangler un ennemi intangible.)

Au camp, les journées étaient pour Vogler et moi
une longue série d'épreuves, face auxquelles chacun
essayait de soutenir le courage de l'autre. Comme nous
étions étudiants en théologie, les officiers et les autres
enrôlés se moquaient de nous sans pitié. On nous bom-
bardait de propagande, en attaquant l'Église comme
une « force corrompue et démoralisante ». Évidemment, les nazis concentraient leurs efforts sur l'élimination de ce « dernier ennemi ». Ils se déchaînaient
contre les pasteurs, ces « traîtres », ces « renégats »,
dont ils insultaient les mœurs et le patriotisme.

Chaque jour, nous étions en butte à des plaisanteries
brutales. Quand nous travaillions dans les marécages,
nos compagnons prenaient un plaisir particulier à nous
faire trébucher, puis, quand nous étions étendus dans la
boue, ils nous criaient avec une sollicitude feinte :
« Où est votre dignité, Herr Pastor ? »

Les tâches les plus pénibles et les plus dégradantes
nous étaient réservées, et nous étions châtiés à la
moindre provocation.

Au bout de trois mois environ, je découvris une nouvelle cause de crainte. La lettre hebdomadaire de ma mère m'apportait des nouvelles inquiétantes.

Le Dr Braun a été arrêté lundi dernier. Aucune accusation n'a été formulée, mais c'est évidemment à cause de son travail parmi la population. Ton père a immédiatement adressé une protestation au parti pour essayer d'obtenir sa libération. Mais il n'a réussi qu'à s'attirer de sérieux ennuis. Il a subi trois interrogatoires et ils l'ont prévenu qu'il serait arrêté s'il tentait le moindre effort supplémentaire pour sauver un juif. La nuit dernière, quelqu'un a peint sur notre maison « ami des juifs » en grandes lettres jaunes. J'ai essayé de persuader ton père d'être plus prudent, mais il affirme qu'il y a des situations où c'est être lâche que de penser à sa propre sécurité. Il a raison en ce qui concerne le Dr Braun et je ne peux pas discuter sur ce point, mais je tremble pour lui...

Je me sentais impuissant, prisonnier. À quoi me servirait un diplôme alors que mon père était en danger ? Je ne pouvais pas même quitter le camp. Tout ce que je pouvais faire était de lui écrire en lui conseillant la prudence, mais je n'arrivais pas à rédiger cette lettre. Je savais qu'il aurait défendu le Dr Braun quelles qu'aient pu être les conséquences, et je sentais comme ma mère qu'il avait raison. Plus que toute autre chose, les nazis craignaient la force spirituelle. Le Dr Braun était devenu un exemple éclatant de dévouement discret, de ce pouvoir qui réside dans le cœur des hommes. Il avait conforté les hommes dans leur foi et c'était là ce qui l'avait perdu. C'étaient aussi son courage et son dévouement qui mettaient mon père en danger.

Ces six mois parurent interminables. Ces longues journées de travail durcirent mes muscles et me firent maigrir, et j'appris à supporter en silence les moqueries et la haine, au prix d'un effort plus épuisant que les travaux de terrassement.

Vers la fin de ma période de travail forcé, von Rauth me prit un soir à l'écart. Il était embarrassé, ce qui ne lui ressemblait guère. Il cherchait ses mots, il alluma une cigarette puis la jeta à terre et l'écrasa sous sa botte.

— Écoutez, finit-il par bafouiller. Cela ne me regarde pas, mais nos deux familles étaient amies, et je crois que vous devez être mis au courant.

Il regarda autour de nous et baissa la voix.

— Les activités de votre père ne passent pas inaperçues. Je suis en position de savoir ce qui se dit. Vous feriez bien de le persuader d'abandonner. Nous ne nous laisserons pas barrer le passage si facilement.

Avant que j'aie pu lui répondre, il avait tourné les talons.

J'écrivis à mon père pour lui faire part de l'avertissement que j'avais reçu, sans mentionner le nom du baron. Je voulais absolument rentrer à Magdebourg plutôt qu'à Berlin. Mais il refusa : je *devais* regagner l'université et commencer à me préparer pour mes examens. Je dus accepter à contrecœur.

À peine avions-nous quitté le camp, après des mois de service forcé, que ceux d'entre nous qui repartaient pour Berlin sentirent dans l'air une menace nouvelle. Le monde extérieur avait changé. L'atmosphère avait quelque chose de curieux, de sinistre et de prophétique : l'odeur de la guerre.

Alors qu'un train de nuit nous emmenait vers Berlin, nous entendîmes des sirènes retentir dans la campagne. Les officiers présents parmi les passagers prirent aussitôt le contrôle du train. Toutes les lumières furent éteintes, de même que toutes les cigarettes, et le train se mit à foncer dans une obscurité totale.

— Que se passe-t-il ? demanda l'un d'entre nous.

— C'est le black-out, répondit une voix dans le couloir obscur. C'est un moyen de lutter contre les raids aériens.

— Quels raids aériens ? demandai-je.

— Aucune idée, répondit la même voix. C'est pour

nous protéger. Le Führer a ordonné trois nuits d'entraînement à Berlin. Il y a trois mois, ça a duré pendant
deux semaines entières.

Aux environs de Berlin, un bruit de fusillade se fit
entendre, accompagné par le vrombissement des
moteurs d'avion. C'était si réaliste que je fus moi-
même pris de peur. Nous descendîmes du train dans
une ville entièrement noire. Le premier élan était de
tendre les mains comme un aveugle, de chercher son
chemin à tâtons. Les voitures et les grands autobus à
deux étages roulaient très lentement et ne laissaient
voir que de minces fentes de lumière à travers les
feuilles de papier noir qui couvraient leurs phares. Berlin était méconnaissable. Des murs se dressaient devant
nous dans cette inquiétante ville fantôme, et les seuls
objets familiers étaient les étoiles qui brillaient au ciel
avec leur éclat habituel.

J'entendis une passante émerveillée s'exclamer :

— Je n'avais jamais vu que le ciel pouvait être si
beau et les étoiles si lumineuses.

L'un de nous alluma une cigarette, qu'un policier lui
confisqua aussitôt.

— Rappelez-vous que le feu d'une cigarette se voit
à trois kilomètres, glapit-il.

Les sirènes retentirent à nouveau et tout le monde se
mit à courir vers les abris. Les tirs antiaériens crépi-
taient, les avions bourdonnaient dans le lointain tandis
que nous suivions la foule vers un énorme abri souter-
rain.

— À quoi servent ces tirs et ces avions ? demandai-je à l'un de mes voisins. C'est mon premier black-
out. Je reviens tout juste de voyage.

— L'armée est en manœuvres pendant certains
entraînements. C'est pour habituer les gens à la vraie
guerre, pour qu'on soit prêt en cas d'urgence.

Quand les sirènes se remirent à sonner, nous pûmes
émerger de l'abri, mais les ténèbres régnaient encore.

Après avoir tâtonné pendant une dizaine de minutes, je parvins à trouver le bus que je voulais et je fus emporté vers mon logis.

Le lendemain, je sentis ce changement de manière plus vive encore. Les innovations étaient arrivées peu à peu et les gens en avaient à peine conscience, mais je voyais Berlin d'un œil neuf et la menace d'hostilités imminentes m'oppressait à tous les coins de rue. La ville avait adopté un rythme quasi militaire. J'appris que chaque maison avait désormais un responsable en cas de raid aérien. On avait agrandi les usines électriques de Siemens et Halske, les plus vastes bâtiments industriels de Berlin. Dans les ailes nouvellement ajoutées, on fabriquait des bombardiers et des mitrailleuses ; cent cinquante mille ouvriers y travaillaient. D'immenses abris modernes avaient été construits pour les protéger, et les gens parlaient fièrement de ces locaux hermétiques, où l'air qu'on leur envoyait était filtré pour éviter l'entrée de gaz toxiques. Les ventilateurs étaient remplacés tous les mois, de même que le matériel médical fourni à tous les abris de la ville, afin d'en garantir la qualité. Malgré ses cinq millions d'habitants, Berlin se vantait de pouvoir mettre aux abris toute sa population en sept minutes après la première alerte.

Cela se passait en 1937.

La marche des événements était inéluctable. Il n'était pas même possible de protester, on ne pouvait qu'observer et se laisser emporter. Les impôts augmentés et les demandes incessantes de « dons » au parti pesaient lourdement sur ma maigre bourse.

Le Secours d'hiver était le fonds au nom duquel les nazis prélevaient les plus fortes sommes. L'argent était censé servir à aider les pauvres durant les rigueurs hivernales, mais les gens étaient sceptiques sur cette utilisation. Les SS et les SA vendaient dans la rue des badges que tous les passants devaient acheter et porter. Des dons hebdomadaires étaient exigés, de même que le « don d'une livre » : tant de livres de chou, de pommes de terre et d'autres aliments pour les grandes soupes populaires. À Berlin, toutes les portes étaient placardées d'affiches indiquant les sommes versées au Secours d'hiver. Le premier dimanche de chaque mois d'hiver était le « dimanche du ragoût » : tous les hommes, les femmes et les enfants d'Allemagne mangeaient du ragoût, même dans les meilleurs restaurants. Le lendemain, le parti collectait pour le Secours d'hiver les fonds censément économisés grâce à ce repas, mais les comptes n'étaient jamais publiés. L'hiver précédent, une plaisanterie courait dans tout Berlin : chaque fois qu'une escadrille de bombardiers passait dans le ciel, quelqu'un disait : « Voilà le Secours d'hiver qui passe. »

Cet hiver, l'humeur générale avait changé. On lisait la fierté et la satisfaction dans les regards tournés vers le ciel. Un jour, nous nous promenions dans les jardins de l'université lorsque toute une flottille d'avions passa au-dessus de nous. Je ne pus m'empêcher de dire :

— Les pauvres devront avoir de bonnes dents pour mâcher ça, cet hiver.

Je reçus une gifle en travers de la bouche et je vis autour de moi un cercle de visages furieux. Rudolph Beck me prit le bras et se mit à me chapitrer sur mon manque de patriotisme. Je fus si choqué que je le laissai m'emmener à l'écart, complètement abasourdi par sa colère bruyante. Quand nous fûmes loin du groupe, il poussa un profond soupir de soulagement et je lus la sollicitude dans ses yeux.

— Karl, imbécile, tu ne sais donc pas qu'on n'a plus le droit de parler comme cela ?

— Ils sont tous devenus fous ? lui demandai-je, pris d'une colère noire.

La bouche me brûlait encore de la gifle que j'avais reçue et ma fierté était piquée au vif.

— Tu ne peux plus rien dire. Après ça, tu vas être surveillé, maintenant. Tu devras être deux fois plus prudent.

Je pouvais à peine me contenir. Il m'était impossible d'assister au cours, et je rentrai chez moi sans rien voir, sentant que toutes les issues se fermaient devant moi. Ma patrie ne pouvait m'offrir que moqueries et menaces, et j'étais retenu par une mission à laquelle je devais plus que ma vie et pour laquelle un seul dénouement m'attendait. Chez moi, je trouvai une lettre de mon père.

La situation de tous ceux qui s'engagent dans la lutte pour l'Église s'aggrave de jour en jour. Comme un vieux soldat, je flaire l'approche de la guerre et je sais que nous serons alors des victimes faciles. Je ne veux pas que tu sois l'une d'elles. Je serai rassuré si tu m'écoutes et si tu te prépares à aller vivre dans un autre pays. Le christianisme n'est pas limité par la géographie. Je te conseille de partir pour l'Amérique. Tu pourras servir ta foi plus efficacement dans un pays de paix que derrière les barbelés d'un camp de concentration.

Je restai une heure allongé sur mon lit, à jouer avec cette idée tentante. Mais je savais que je ne pouvais partir. Mon père demandait pour moi une protection qu'il refusait pour lui-même. J'étais enchaîné à l'Allemagne par une sorte de code d'honneur. Tant que le combat durerait, je ne pourrais pas déserter. Mais je sentais que mon père avait assez de soucis en tête sans que j'y ajoute des craintes pour ma propre sécurité.

Je me levai et je lui écrivis une longue lettre, en lui promettant de réfléchir à ses conseils, et en lui disant que j'irais à l'Église luthérienne américaine de Berlin afin d'améliorer mon anglais.

Pendant deux mois, j'assistai aux services américains. J'entendis lire la déclaration du président des États-Unis pour Thanksgiving et, lors des discussions qui suivaient chaque service, j'écoutais avec stupéfaction la lecture d'extraits des discours de sénateurs américains ou des éditoriaux de grands journaux. Une telle liberté de langage était presque choquante. En Allemagne, la crainte nous tenaillait depuis si longtemps, nous avions tellement appris à surveiller nos propos que la franchise de paroles non censurées avait quelque chose d'effrayant.

À l'université, je n'avais presque personne à qui parler. Wolfgang avait quitté Berlin et, au début du printemps, une fois titulaire de son doctorat en droit, Rudolph partit pour Magdebourg. J'eus à peine le temps de le voir avant son départ. Afin d'entrer dans une profession dominée par les nazis, il avait été obligé de s'inscrire au parti, même si je savais combien il avait peu de sympathie pour la doctrine officielle. Dans sa situation, il n'aurait pas été prudent de cultiver mon amitié, et je me retrouvai bien seul après avoir décidé de ne pas chercher à le revoir.

Mes compatriotes tenaient autour de moi des propos qui me semblaient bien étranges, à mesure que le culte hitlérien devenait plus fanatique. En mars, quand l'Autriche fut absorbée par le Reich sans qu'une goutte de sang soit versée, je me sentis exclu au milieu du concert de louanges adressé à l'homme qui avait détruit mon pays.

« Le Führer est né avec la réussite dans le sang ! », entendait-on dire de tous côtés.

« Il a des pouvoirs divins. Il ne peut pas échouer. »

Le matin de l'anniversaire de Hitler, en avril, ma logeuse frappa à ma porte et me dit qu'Erika m'attendait dans le petit salon, au rez-de-chaussée. Je descendis l'escalier quatre à quatre, transporté d'une joie nouvelle. Erika me tendit chaleureusement les deux mains, mais son visage était sombre.

— Karl, dit-elle, je suis venue te persuader de revenir à Magdebourg.

— Qu'y a-t-il? Mon père...?

— Il n'a pas voulu que nous t'écrivions, mais ta mère et moi nous pensons qu'il *faut* que tu sois avec lui. Il a reçu toute une série de lettres anonymes, des lettres de menaces, qui disent que s'il s'acharne dans son travail, on l'empêchera par la force.

— Je n'aurais jamais dû revenir à Berlin, dis-je en m'accablant intérieurement de reproches.

— C'est ce qu'il voulait pour toi. Nous voulions tous que tu termines tes études. Mais ces dernières semaines... (Ses lèvres tremblaient et je vis une crainte trop familière dans ses yeux gris.) Une chose terrible est arrivée dimanche.

— À mon père?

— Au sacristain. Au vieil Emil. Environ une heure avant le service, des nazis se sont approchés de l'église. Ils venaient clouer des planches sur les portes et le vieil Emil a voulu les en empêcher. Il leur a résisté. Ils l'ont abattu, Karl. Il est mort sur les marches de l'église. Et les nazis ont enjambé son corps pour clouer les portes de l'église. Ils sont partis et ils l'ont laissé là.

— Comment ont-ils pu! Personne n'a donc réagi?

— Que veux-tu faire contre les nazis? Ton père est arrivé aussitôt avec d'autres hommes, ils ont arraché les planches avec des outils et ont emmené le vieil Emil à l'intérieur de l'église. Les gens ont vu son corps et ils ont prié pour lui.

— Et maintenant on menace mon père! (J'étais plein d'une froide détermination.) Attends une minute, Erika, veux-tu? Je fais ma valise et nous allons prendre le premier train.

Je courus dans ma chambre, je jetai quelques vêtements dans une valise, et dix minutes après nous étions en route. Mais en arrivant sur Unter den Linden, nous trouvâmes les trottoirs noirs de monde. J'avais oublié les immenses fêtes organisées en l'honneur de l'anniversaire de Hitler. La parade n'avait pas encore commencé et nous pûmes traverser la rue en jouant des coudes, avant le début du spectacle.

Tout à coup, un cordon de motards arriva sur l'avenue et passa devant nous. Les SA alignés le long du trottoir formèrent aussitôt une chaîne infranchissable, alternativement face à la foule et face à la rue. Deux autres rangées de chemises brunes s'interposèrent avec des fusils. Je me résignai à poser ma valise et j'enfonçai mes mains dans mes poches. Le Führer s'approchait de l'estrade d'où il passerait les troupes en revue. Ce triple rempart humain était destiné à le protéger, à le couper de la populace. Je regardai Erika et je haussai les épaules.

Quand la voiture du Führer arriva, un rugissement monta de la foule et toutes les mains se dressèrent pour le salut nazi. Je fus obligé de me joindre au salut en sentant que l'on m'enfonçait dans les côtes un objet froid et dur. Un homme de la Gestapo se tenait derrière moi, son revolver à la main.

— Pas un geste ! murmura-t-il.

Et il resta immobile en attendant que la voiture ait disparu. Puis il se mit à me fouiller, en quête d'armes cachées. Ne trouvant rien, il me lança un regard plein de méfiance.

— Ouvrez cette valise, ordonna-t-il.

Je m'exécutai.

— Videz-la sur le trottoir.

J'étais furieux.

— Vous pouvez fouiller mes affaires sans les jeter à terre, lui fis-je remarquer.

En guise de réponse, il donna un coup de pied dans ma valise, de sorte que mes mouchoirs et mes chaussettes se répandirent sous les pieds de la foule. Il inspecta tous mes vêtements, désormais maculés de boue.

— Très bien. Ramassez, ordonna-t-il, et je dus remettre mes vêtements souillés dans ma valise.

Puis je l'entendis s'adresser à Erika.

— Vous accompagnez cet homme ?

— Oui, répondit-elle calmement.

Je me redressai et je vis qu'il lui avait pris son sac à main pour le fouiller. Je l'aurais volontiers frappé si un éclair de prudence ne m'avait fait comprendre que cela n'aurait pu valoir à Erika que des ennuis. Elle me suppliait du regard de tenir ma langue et de contrôler ma colère. Écœuré, je gardai le silence, incapable de lui épargner cette humiliation publique. L'homme de la Gestapo me jeta un regard mauvais.

— C'est bon pour cette fois. Mais à l'avenir, quand le Führer passe, ne laissez pas vos mains dans vos poches.

— Je m'en souviendrai.

La parade militaire venait de commencer et il était maintenant trop tard pour espérer traverser Unter den Linden afin d'atteindre la gare. Un piéton qui aurait voulu quitter le trottoir aurait été abattu immédiatement, sans hésitation. Nous étions bloqués pour plusieurs heures. Il était impossible de contourner la parade car la grande avenue coupait toute la ville en deux. Unter den Linden avait été prolongée sur l'ordre de Hitler pour former une artère destinée aux défilés en plein cœur de Berlin. Cette nouvelle rue, allant du nord au sud, s'appelait l'Axe (d'où le nom des « forces de l'Axe », puisque l'extrémité sud pointait vers Rome).

— Nous sommes piégés pour une demi-journée, dis-je à Erika. Allons prendre un café dans un endroit où nous pourrons causer.

— Nous ne pouvons pas partir maintenant, chuchota-t-elle. Cet homme de la Gestapo nous surveille. Si nous partons, il nous arrêtera, c'est sûr.

L'homme de la police secrète ne s'était éloigné que de quelques pas et il nous avait à l'œil. Nous étions condamnés à subir toute la parade, avec sa fanfare en uniformes brillants. Ne guidant leurs chevaux qu'avec les genoux, les hommes passaient au galop en jouant une marche tonitruante ; les trompettes levaient leurs instruments ornés de fanions pour émettre un vacarme qui perçait les tympans comme avec un couteau et pénétrait dans tous les nerfs du corps. Les maréchaux et les généraux menaient la parade à pied, avec Göring à leur tête, silhouette massive en uniforme d'un blanc éclatant. L'infanterie suivait, cent cinquante mille hommes alignés en douze colonnes. Venaient ensuite les troupes motorisées, des kilomètres de tanks bruyants, de camions militaires, de voitures blindées. Je croyais que nous n'en verrions jamais le bout. Au-dessus des têtes, les bombardiers tournaient en rond en vrombissant. Les gens s'enrouaient à force de crier des bravos.

Quand tout fut enfin terminé, nous repartîmes vers la gare. Erika était très calme, mais j'étais curieusement perturbé.

— Ils n'ont pas mis sur pied toute cette armée pour rien, conclus-je. Et tu as vu ce qu'en pense la foule. Les gens sont prêts à suivre Hitler jusque dans les pires folies.

Notre compartiment était plein, ce qui nous empêcha de parler librement. De toute façon, nous n'étions guère d'humeur à bavarder.

En arrivant, j'eus peine à croire que ce vieillard que je voyais était mon père. Je le vis se lever lentement et péniblement de son fauteuil et me sourire en me tendant la main. J'étais si choqué que je pus à peine m'avancer pour la lui serrer. Ses cheveux étaient presque blancs, son visage était parcouru de rides profondes, causées par les chagrins et la souffrance. Ses épaules, jadis si fières et droites, étaient voûtées et il se déplaçait avec difficulté.

— Je suis content que tu sois venu, dit-il. Je ne voulais pas qu'on envoie quelqu'un te chercher, mais je suis content que tu sois venu.

— Erika m'a dit que tu as été menacé. (Je ne parvenais pas à admettre qu'il ait pu vieillir à ce point.)

— Oh! ce n'est pas ça qui me tourmente. Peu importe ce qu'ils me font à moi. Mais maintenant que tu es là, il y a beaucoup de choses que je dois t'expliquer tant qu'il en est encore temps. Je veux que tu connaisses tous les détails du travail que j'accomplis au cas où je serais mis sous les verrous.

— Il faut que tu t'arrêtes. Je suis là pour prendre la relève.

Je me promis de ne plus lui laisser prendre de risques. Je ne supportais pas de penser aux conséquences qu'aurait pour lui une seconde arrestation, un second emprisonnement.

— Ils ne m'ont pas intimidé, dit-il calmement, comme pour contredire mes craintes. Tant que je suis en vie, je continuerai à travailler. Cela serait pire que la mort, Karl, si je devais renoncer à cette lutte tant que je suis capable d'agir.

— Tu as donné assez de tes forces, m'écriai-je. Pourquoi devrais-tu risquer ta liberté, et même ta vie? Je suis jeune, je peux faire le travail.

— Pour *quoi* veux-tu que je reste en vie, si j'abandonne la bataille? Non, Karl. Nous œuvrons pour une mission qui dépasse nos simples vies. Dans l'univers entier, une seule chose peut donner un sens à notre existence : servir et aimer la Source d'où jaillit notre vie. Je perdrais plus que ma vie si j'abandonnais ce besoin dans les cœurs de notre peuple au nom de ma sécurité personnelle.

— Ils vont t'arrêter et nous ne pourrons rien faire pour te protéger!

— Nous ne sommes pas abandonnés. (Son visage exprimait une satisfaction et une paix profondes.) Personne ne peut mieux utiliser sa vie qu'en la consacrant à quelque chose de plus grand que soi. Les fruits de ce que nous semons ne mûriront peut-être pas de notre vivant. Mais nous pouvons avoir confiance en l'avenir. La vérité n'est jamais vaincue. Quoi qu'il puisse m'arriver, cela ne doit pas te rendre amer. Je suis content. Ma vie n'aura pas été inutile.

J'avais les larmes aux yeux tandis que je serrais ses mains maigres et veinées. Je ne pouvais pas le contredire.

Durant les jours suivants, mon père passa de longues heures à m'expliquer son travail secret. J'appris les noms de ceux à qui il fallait confier la préparation et la répartition de nos brochures. J'appris comment entrer en contact avec les chrétiens emprisonnés et ce qui pouvait être fait pour améliorer leur sort. J'appris comment des fonds secrets étaient collectés pour les familles rendues orphelines par les persécutions, je découvris le travail accompli pour les écoles confessionnelles, et tout le réseau interne du *Bruderrat*.

Il m'apprit comment travaillaient les chrétiens allemands, qui avaient depuis longtemps constaté que leurs églises restaient vides lorsqu'ils prêchaient leur doctrine. Ils avaient adopté un ton plus suave, et enveloppaient dans les paroles des psaumes leur projet de convertir la population au culte de l'État. Les âmes les plus simples ne savaient plus les identifier. Il me dit que ces hommes devaient être désignés aux croyants afin de perdre toute audience.

J'en appris plus qu'il ne m'en dit. Je voyais sur le visage de tous les visiteurs à quel point il était aimé des hommes et des femmes qui travaillaient avec lui.

— Sa seule protection est l'amour de tous ceux qui l'admirent, me dit Erika. Je pense que le gouvernement l'aurait fait arrêter depuis longtemps s'il n'était pas aussi populaire. Je crois qu'ils craignent une réaction violente de la population.

— Erika, il refuse d'arrêter de travailler. Et je ne peux même pas le lui demander.

— Je sais. Peut-être est-il plus sage que nous, Karl. Mais chaque jour, quand je viens dans cette maison, j'ai peur de ne plus le trouver.

Près d'une semaine après mon retour, Johann fit irruption un soir, accompagné de trois ou quatre jeunes hommes. Erika et son oncle, Werner Menz, passaient la soirée avec nous.

— Une rumeur dit que les nazis ont mis une bombe dans l'église ! cria-t-il.

Tout le monde se leva aussitôt et mon père se mit à lancer des ordres.

— Tous les hommes à l'église ! En route ! Hedwig, téléphone tout de suite aux hommes de la paroisse. Erika, reste ici avec ma femme.

Nous partîmes tous en courant jusqu'à la place où nous attendait l'édifice de pierre grise. Johann, le plus rapide, arriva le premier sur les marches et il courut éteindre toutes les lumières de l'église. Une fois dispersés, nous nous mîmes à fouiller tous les recoins de la nef, en quête d'objets inaccoutumés. La panique me rendait malade. Il y avait tant d'endroits où un paquet meurtrier aurait pu être caché. Après avoir fouillé derrière les bancs, il fallut regarder dans l'ombre, derrière les statues de marbre, puis explorer l'autel, les armoires où étaient renfermés les objets du culte. Dix minutes plus tard, d'autres hommes vinrent nous rejoindre, le colonel Beck et son fils Rudolph, Herr Schenk et une vingtaine d'autres. L'inspection se poursuivit dans la crypte, dans la salle du conseil de la paroisse, dans la sacristie, dans la tour et sous les escaliers.

Je montai dans la grande chaire, où je vis un vieux sac de voyage que je n'avais jamais vu auparavant.

— Je crois que j'ai trouvé !

Tout le monde s'arrêta pour regarder dans ma direction.

— Allez chercher un seau d'eau, rugit le colonel Beck.

— C'est trop grand pour un seau d'eau, criai-je.

Rudolph et Johann arrivèrent alors en courant dans l'escalier. Sans un mot, nous nous penchâmes tous les trois pour glisser les mains sous le sac car la poignée ne nous inspirait nulle confiance.

— Ne le penchez pas, dit Rudolph.

Le sac était d'un poids inouï. Il fallut un effort considérable pour le hisser à la hauteur de nos genoux, puis pour entreprendre la descente précautionneuse des marches. On n'entendait pas un bruit dans le vaste édifice tandis que nous nous dirigions vers la nef en balançant entre nous l'objet menaçant. Il était trop lourd pour que nous puissions aller vite, et nous avions peur de trébucher. Je crus entendre un léger cliquetis métallique à l'intérieur du sac, mais ma respiration était trop bruyante pour que je puisse en être sûr. Le colonel Beck bondit pour nous ouvrir les portes. Une fois sur les marches, j'eus l'impression que mes bras étaient prêts à se rompre ; je n'entendais plus que les battements furieux de mon cœur.

— Et maintenant, où le poser ? murmura Johann.

Intérieurement, je me posais une autre question : « Et si nous le posons trop tard ? Combien de temps nous reste-t-il ? »

— Sur la place, dit Rudolph, et nous traversâmes la rue avec notre fardeau.

— Nous sommes assez loin. Doucement. Surtout pas le moindre choc.

Nous posâmes en douceur le sac sur l'herbe.

— Et maintenant, courez aussi vite que possible, ordonna Rudolph.

Je me sentis tout à coup en nage. Jusque-là, je n'avais pas eu le temps d'avoir peur.

Une fois arrivés à l'église, nous regardâmes en arrière, hors d'haleine. Le sac reposait sur l'herbe, il semblait tout petit et étrangement inoffensif. Les autres hommes étaient sortis et étaient rassemblés sur les marches.

— Herr Schenk, dit le colonel, auriez-vous la bonté d'aller de l'autre côté de la place pour demander aux passants de s'éloigner! Restez à distance vous-même.

Il se tourna vers nous tandis que le maître d'école trottinait vers la place.

— Il y en a peut-être une deuxième. Au travail, tout le monde.

Nos recherches se poursuivirent pendant plusieurs heures; nous repassions à maintes reprises aux mêmes endroits, de peur que nos yeux fatigués n'aient manqué quelque chose lors d'une fouille précédente. Il y avait à présent des hommes à toutes les portes de l'église pour empêcher les gens d'entrer. Vers deux heures du matin, alors que j'explorais la galerie pour la troisième fois, tandis que quelques hommes plus âgés se trouvaient avec mon père au centre de la nef, nous entendîmes une explosion venant de la place. Toute l'église trembla. Les gros lustres dorés se balancèrent en grinçant et des ombres s'agitèrent le long des murs. J'en oubliai de respirer tellement je tendais l'oreille pour distinguer une éventuelle détonation venant de l'intérieur de l'église. Mais rien ne se produisit. Le bâtiment était sauvé.

Un sentiment de soulagement et de triomphe délia toutes les langues. Tout le monde accourut des quatre coins de l'église en parlant et en criant à la fois. Malgré les poignées de main et les embrassades, les visages paraissaient sombres et épuisés.

Herr Schenk revint en courant de la place où il avait monté la garde. Il avait été renversé par le souffle de l'explosion, mais il n'avait pas été blessé.

— Nous devons surveiller l'église jusqu'au matin, dit le colonel. En fait, il faudra désormais monter constamment la garde.

Dix hommes se déclarèrent aussitôt volontaires, et mon père décida de rester avec eux.

— Non. Nous ne pouvons pas l'accepter, insista le colonel Beck. Vous devez économiser vos forces, mon ami, pour les choses où personne ne peut vous remplacer. Rentrez, à présent, et dormez un peu.

Le colonel commençait à attribuer à chacun son poste de guet, lorsque les portes de l'église s'ouvrirent pour laisser entrer ma mère et Erika, le visage bouleversé. Quand ma mère aperçut mon père, fatigué mais sain et sauf, elle éclata en sanglots.

Erika s'était arrêtée dans le vestibule et paraissait tituber, un sourire de soulagement aux lèvres, mais le visage d'une pâleur mortelle. Je courus vers elle pour la soutenir, et elle semblait si près de s'évanouir que je la fis sortir en tenant contre moi son petit corps tremblant et en lui tapotant les épaules comme à une enfant.

— Nous avons entendu l'explosion, murmura-t-elle contre ma poitrine (et je compris qu'elle et ma mère avaient dû passer toute la nuit à attendre ce bruit terrible qui leur était enfin parvenu). J'aurais tant voulu être ici, ajouta-t-elle en me regardant.

J'étais fier de son courage, et j'éprouvais aussi autre chose, un sentiment qui montait en moi malgré les luttes et les peines de toutes ces années. Je compris tout ce qu'Erika représentait dans ma vie, qu'elle m'était plus que chère, que tout ce que j'avais fait ou tout ce que je pourrais faire ne signifierait rien sans elle, et avec tout le désir réprimé par ces années de tristesse, je me penchai pour l'embrasser.

— À partir de maintenant, tu ne me quitteras plus.

— Plus jamais, répondit-elle.

Nos yeux se rencontrèrent, par ce miracle qui tire deux êtres de leur solitude pour leur donner la force grisante de ne plus faire qu'un. Par cette nuit froide et étoilée, je fis le vœu de la protéger aussi longtemps que je vivrais.

Il n'y eut pas une ligne dans les journaux pour évoquer l'explosion ou la fouille entreprise pour sauver l'église, mais toute la ville savait que les nazis avaient tenté de détruire la Domkirche. Dans l'agitation générale, cinq services successifs eurent lieu à l'église le dimanche suivant, tant les fidèles étaient nombreux à vouloir entrer. Mon père fit en chaire le récit tranquille et littéral de ce qui s'était produit, sans chercher à alimenter la colère de la population.

— Des menaces physiques, voilà tout ce que le gouvernement peut nous opposer. Elles ne font courir aucun danger à notre foi. Et il cita les mots de l'Évangile selon saint Matthieu : « Ne craignez point ceux qui tuent le corps et qui ne peuvent tuer l'âme. »

Le vendredi suivant, je partis de bonne heure accomplir une course pour mon père : je devais porter quelques paquets de brochures là où elles resteraient cachées jusqu'au dimanche. À neuf heures, ma tâche était accomplie et je revenais (je n'étais plus qu'à quelques mètres de la maison) lorsque je vis notre porte s'ouvrir et cinq hommes sortir. Ils foncèrent dans une voiture et partirent.

La peur s'empara de moi. Des inconnus au presbytère, c'était de mauvais augure, et je me mis à courir. La vieille Anna était dans le vestibule.

— Où est mon père ? demandai-je, hors d'haleine.

— Il est dans son bureau, Herr Karl. Ses visiteurs viennent de partir.

— Papa ! criai-je, en me dirigeant à grands pas vers la porte qui menait à son bureau. Papa !

Il n'y eut aucune réponse.

J'ouvris la porte sans attendre. Il était étendu inconscient sur le tapis, les bras en croix, les cheveux ensanglantés, avec une petite mare de sang sous le menton. Des marques sombres s'étaient imprimées sur son visage et, à deux endroits, le cuir chevelu était ouvert jusqu'à l'os.

À l'hôpital, nous passâmes trois heures à attendre, ma mère et moi, entre les murs blancs, dans une forte odeur de médicaments. Un chirurgien finit par sortir de la salle d'opération.

— Je ne peux vous donner que très peu d'espoir. Il faut ajouter à la double fracture du crâne cette vieille blessure à la tête.

— Il l'a reçue durant la guerre, répondit ma mère.

Elle resta très calme pendant toute la journée, alors que mon père était dans le coma.

— Je me prépare depuis des années, Karl, en sachant que c'est inévitable. S'il guérit, je me remettrai à attendre que cela lui arrive, que cela t'arrive à toi.

En la regardant, je découvris ce qu'était l'amer courage des femmes.

CHAPITRE XVI

Mon père mourut le dimanche suivant, à cinq heures du matin, sans avoir repris connaissance. Nous avions passé la nuit dans sa chambre à l'hôpital, et alors que l'aube grisâtre se levait derrière la fenêtre, sa respiration devint plus rauque et plus irrégulière, jusqu'au moment où elle cessa tout à fait. Quand le médecin reposa sur les couvertures le poignet sans pouls, ma mère resta immobile, debout à côté du lit, en contemplant cette tête bandée sur l'oreiller. Avec un petit geste d'incrédulité, elle tendit la main pour toucher le front de son mari.

— Vous êtes sûr? dit-elle en levant les yeux vers le docteur, comme un enfant qui ne comprend pas. Il est encore chaud.

Je m'avançai pour placer mon bras autour de ses épaules. Comme elle, je me révoltais à l'idée que le corps de mon père perdrait bientôt sa chaleur. Je m'attendais à cette mort, mais je n'avais pas vraiment cru que mon père pourrait mourir. Je m'étais si longtemps appuyé sur son courage que je ne savais comment aller de l'avant et continuer à vivre sans lui.

En regagnant notre maison vide, je trouvai dans son bureau les notes qu'il avait préparées au début de la semaine pour le sermon d'aujourd'hui. Je les apportai dans le salon, où Anna essayait de persuader ma mère de boire une tasse de café.

— J'ai trouvé ses notes pour le sermon, maman. Je ne peux pas les laisser dans un tiroir. Je suis sûr que j'obtiendrai la permission... Je veux prêcher à sa place ce matin.

Elle me regarda et son visage refléta une sorte de contentement.

— Je n'aurais pas osé te le demander, Karl. Si ton père avait su, il ne te l'aurait pas demandé non plus. Mais je sais que c'est ce qu'il aurait espéré.

Je voulus aussitôt téléphoner au plus proche membre du *Bruderrat* afin de m'assurer son consentement pour occuper la chaire de mon père ce matin-là. Je passai dans son bureau les heures brumeuses de la matinée, à relire ses notes pleines d'espoir et de tolérance. Je n'en sentais que mieux mon manque de sagesse, mon incapacité à le remplacer, et j'entendis soudain, aussi clairement que s'il me les avait adressées, les paroles que je devrais dire pour son requiem. Je trouvai alors une certaine assurance, une sorte de paix, comme si sa vie et sa mort avaient pris sous mes yeux une forme tangible pour m'indiquer leur signification.

Dans la sacristie, quand je revêtis sa soutane noire, je constatai que j'avais acquis une stature physique proche de la sienne, et ce détail me parut lourd de sens, comme si chaque instant de cette matinée avait été préparé de longue date. Ce fut avec la même sérénité que je montai en chaire et que je regardai les visages troublés des nombreux fidèles rassemblés.

« Comment chanterons-nous un cantique au Seigneur sur une terre étrangère? »

Je lançai les mots du Psaume des exilés, et je vis des regards familiers se tourner vers moi avec appréhension.

— Notre Allemagne est devenue une terre étrangère, et cette vérité est amère. (Je prononçai ces paroles d'une voix claire et passionnée.) L'exilé qui pense à sa patrie bien-aimée a un sort plus enviable que le nôtre. La patrie que nous aimons a changé, elle est devenue méconnaissable, c'est une terre désolée que nous habitons encore. Nous sommes exilés alors que nous vivons dans des lieux familiers. « Comment chanterons-nous un cantique au Seigneur sur cette terre étrangère? »

Au fond de l'église, je vis un SS se tourner vers son voisin pour lui murmurer quelques mots à l'oreille et je compris que j'aurais à répondre de mes propos, mais cela ne m'inspira aucune crainte.

— Je ne suis pas celui que vous vous attendiez à trouver devant vous aujourd'hui. Je ne suis pas assez mûr, je ne suis pas assez sage pour remplacer celui que vous attendiez, mais je parle à sa place parce que je suis son fils... et parce qu'il est mort.

Les fidèles, choqués, poussèrent un gémissement; je vis le visage du colonel Beck se durcir, les lèvres bleues de Herr Schenk se tordre de douleur, et les yeux chassieux de la vieille Frau Reinsburg se remplir de larmes soudaines.

— Il est mort ce matin à l'aube. Certains d'entre vous ont appris qu'il avait eu un accident. Mais ce n'est pas vrai. Il est mort parce qu'il avait continué à prêcher la parole de Dieu, à chanter un cantique au Seigneur dans ce pays de persécutions. Il a été assassiné. Cinq hommes sont entrés dans son bureau vendredi matin et l'ont roué de coups. Il est mort sans avoir repris connaissance. Il savait que la mort ou la prison l'attendaient s'il continuait son travail. Il avait été menacé, mais il ne s'en souciait guère. Il y a deux semaines, conscient des risques qu'il courait, il m'avait dit en confidence : « Quoi qu'il m'arrive, ma vie n'aura pas été inutile. La vérité n'est jamais vaincue. »

Je baissai la voix.

— Pourtant, lequel d'entre nous peut aujourd'hui

contempler notre nation sans croire que la vérité a été vaincue? Être chrétien en Allemagne, c'est désormais être exclu; parler, c'est devenir une victime. Partout, les blessures et les persécutions se multiplient. On fait taire peu à peu toutes les lèvres qui disent la parole de Dieu. Quel est notre espoir? Qui serait assez fou pour dire que nous n'avons pas perdu la bataille?

Des centaines d'hommes et de femmes levèrent les yeux vers moi, avec une intensité tragique. À l'arrière de la nef, je vis les deux SS quitter leur siège pour se diriger vers l'aile la plus proche de la sacristie. Je savais pertinemment que c'était la première et la dernière fois que je serais libre de m'exprimer en chaire en Allemagne, et je me tournai vers les fidèles pour crier :

— Quand cette parole d'amour fut prononcée pour la première fois, un homme en est mort. Un homme jeune, dont les lèvres étaient les seules à parler d'espoir. Il fut crucifié et Il mourut. Des sarcasmes étaient inscrits au-dessus de Sa tête, et Son corps fut marqué par le fouet, les clous déchirèrent Ses mains et la vie quitta Son corps. Et les maîtres du peuple rirent, satisfaits d'avoir détruit l'homme et son enseignement. Et ceux qui L'aimaient baissèrent la tête sous le coup du désespoir, croyant que la Parole et l'espoir étaient morts avec Lui. Mais la Parole n'est pas morte. Elle s'est épanouie d'un siècle à l'autre, illuminant d'un espoir éternel le regard des hommes. C'est devenu une flamme bondissante, qui se répand dans les cœurs et qui ranime la vie là où n'existait que la peur de la mort. Aujourd'hui, un vieil homme est mort. À lui comme à beaucoup d'autres le silence a été imposé pour que nul n'entende plus la Parole. Aujourd'hui, les maîtres du peuple sourient de contentement, croyant que le meurtre et le silence forcé peuvent détruire une foi. Et aujourd'hui, nous qui aimons l'homme qui nous disait la vérité, nous gémissons en croyant que l'espoir est mort avec lui, que les ténèbres chassent la lumière, que les étincelles que nous tenons dans nos mains seront brutalement éteintes et que l'espoir chrétien meurt sous la botte nazie. Mais ce n'est pas vrai.

Les deux membres de la police secrète me lançaient des regards noirs du fond de leur cachette.

— La parole du Christ ne disparaît pas tant qu'il reste une voix pour la prononcer. De la douleur et de la mort elle tire sa force jusqu'à devenir la lumière du vaste monde. Aujourd'hui elle vit dans nos cœurs, et nos oppresseurs n'ont pas d'outils assez forts pour l'arracher. Notre foi tire sa force de notre faiblesse, elle renaît d'être torturée. Nous autres chrétiens, nous ne sommes pas les perdants dans ce combat. En vérité, je vous le dis, « nous sommes les vainqueurs ». Le gouvernement qui s'est fait l'ennemi de Dieu n'a que des armes physiques à utiliser contre notre foi. La foi est insaisissable. Ils ne peuvent écraser que nos bras, nos jambes et notre crâne, pas notre esprit.

Je laissai ma voix retentir de toute sa force dans la vaste nef.

— Aussi sûrement que l'amour et la foi sont plus forts que les bâtons et les pierres, aussi sûrement que l'amour de Dieu est plus fort que les desseins des hommes, les nazis ont affaire à une force plus puissante qu'eux. Notre force n'est pas seulement celle des hommes, et notre exil n'est pas éternel.

Puis je dis calmement :

— Un homme que vous aimez est mort pour vous montrer la lumière. Maintenant, cette lumière est entre vos mains. C'est la seule qui brille dans ce pays de ténèbres, dans cette terre étrangère. Portez-la en haut d'une colline, où nul ne pourra la cacher.

En voyant la flamme briller dans tous ces yeux levés vers moi, je sus que je n'avais pas parlé en vain à la place du défunt. J'éprouvai un curieux sentiment de complétude, l'impression d'avoir mis fin à une période de ma vie. Je ne tremblais pas à la perspective de mon incarcération imminente, même si j'étais certain que mes propos téméraires m'avaient condamné aux horreurs d'un camp de concentration pour plusieurs années, peut-être même pour la vie, puisque ce ne serait pas ma première arrestation liée à la lutte pour l'Église. J'avais atteint un sommet et j'avais accompli l'inévitable, ce que je savais devoir faire, et j'étais plein de satisfaction, de bien-être, comme le promeneur qui arrive en haut d'une montagne et remplit ses poumons d'air vivifiant. J'avais exprimé cette foi qui s'accumulait en moi depuis le début de cette époque de torture. J'avais dit tout ce que j'avais sur le cœur, et j'en tirais un étrange contentement. Je savais que mon père n'aurait pas été déçu.

À la pensée de mon père, je pris subitement conscience de la gravité de la perte que je venais de subir. Mon esprit, fatigué par la nuit passée à l'hôpital et par la ferveur de mon prêche, s'éveilla soudain. Il nous avait quittés. Il n'entendrait pas. Il ne saurait pas. Je me sentais vide et froid. L'exaltation m'abandonna et je tremblais de désarroi. Ce que je venais de faire semblait dépourvu de sens. La seule réalité était que mon père était mort.

Par automatisme, je me mis à lire la prière d'une voix tremblante, mais les mots sonnaient creux. Les réponses des fidèles n'étaient plus qu'un pêle-mêle incompréhensible alors qu'une seule pensée occupait mon esprit : « Il est mort. »

Quand les premières mesures de l'hymne résonnèrent à l'orgue, les fidèles se levèrent tous ensemble. La partie calme de ma conscience me permit de sentir la volonté farouche qui les rassemblait. Cette communion était bien plus profonde que l'hystérie collective qui poussait les foules à hurler « *Heil* » dans les rues. C'était une force libre, volontaire, un pouvoir indomptable. Dans un cri plein de force, des milliers de voix répétaient les paroles de la vieille hymne combattante et les projetaient vers la voûte. Chaque mot claquait comme un coup de tonnerre, comme un triste défi :

Notre Seigneur est une forteresse,
Il est notre arme et notre bouclier.

La coutume veut que le pasteur se retire alors dans la sacristie, vers laquelle je me dirigeai, incapable de la moindre émotion, le cœur froid. Le chant triomphant retentissait comme un cri de guerre.

Rien ne nous fera plus trembler,
Rien ne pourra nous écraser.

Et je savais que la lutte ne cesserait jamais tant que ces mots feraient vibrer les cœurs allemands. Mais j'étais trop engourdi pour me joindre aux fidèles. J'étais trop glacé pour ressentir la peur lorsque je vis les uniformes noirs de la Gestapo s'avancer vers moi. J'ouvris lentement la porte de la sacristie et je m'y glissai.

Le colonel Beck m'y attendait, alors que je ne l'avais pas vu quitter son banc pendant le service. Dès que j'entrai, il me prit par le bras et me tira vivement d'un côté tandis qu'il verrouillait la porte.

— Enlève ta soutane. Vite ! ordonna-t-il d'une voix sèche, tout en dégrafant lui-même les habits sacerdotaux.

— Mais le service n'est pas terminé, protestai-je, encore abasourdi de le trouver là.

— Tu ne peux pas y retourner. Dépêche-toi ! Une victime dans la famille, ça suffit pour aujourd'hui. (Il m'avait ôté ma soutane et me passait mon manteau.) Les fidèles diront eux-mêmes la bénédiction. Et avec d'autant plus de force s'ils peuvent espérer que tu es en sécurité.

Il ouvrit l'autre porte de la sacristie, et jeta un coup d'œil à l'extérieur.

— *Gott sei Dank,* murmura-t-il. Ils n'ont pas encore placé leurs hommes de ce côté-ci. Nous avons une minute, peut-être deux. Viens. Cours ! Passe par la salle du conseil et descends jusqu'à la crypte.

Sa brusquerie décidée m'entraîna. Mon esprit ne fonctionnait plus. Je sentais vaguement que mon devoir était de terminer le service, et je ne comprenais pas vraiment que le colonel était en train de m'imposer la liberté et courait un réel danger en m'arrachant aux griffes de la Gestapo. Mais il avait l'habitude qu'on lui obéisse et même son murmure était si empreint d'autorité que je ne pouvais qu'accomplir sa volonté. Nous courûmes sur la pointe des pieds jusqu'au sous-sol, où la musique de l'hymne nous suivit, de moins en moins sonore à mesure que nous passions d'une pièce à l'autre, avant de s'éteindre totalement.

Nous arrivâmes dans une salle rarement utilisée qui donnait dans la ruelle située derrière l'église. Le colonel tourna la clef qui se trouvait dans la serrure rouillée et la petite porte s'ouvrit en grinçant. Nous étions dans la rue, et il n'y avait personne en vue. Le colonel referma derrière nous la porte qui avait permis mon évasion et il glissa la clef dans sa poche. Nous nous enfonçâmes dans la ville sans regarder en arrière.

— Les SS voudront ouvrir la porte de la sacristie dès qu'ils verront que tu ne reviens pas après l'hymne, dit-il. Nous n'avons que deux minutes d'avance, et ils nous poursuivront comme des enragés. Marche vite, mais n'essaie pas de courir, ou nous les attirerons tous à nos trousses.

Je commençais à m'éveiller, à comprendre quelle poursuite s'engageait derrière nous ; pour la première fois je perçus quelle liberté m'était promise. La ruelle semblait s'étendre interminablement, nos pieds paraissaient fixés au sol. Mon cœur battait la chamade lorsque nous parvînmes à une rue transversale où nous tournâmes sans presser le pas.

À une quinzaine de mètres, la voiture du colonel nous attendait, avec Rudolph au volant. Il sourit en nous voyant arriver et il démarra dès que nous fûmes montés. Au même instant, nous entendîmes un cri venant de l'église. Rudolph prit un virage rapide et nous suivîmes un parcours tortueux sur quelques kilomètres afin de déjouer d'éventuels poursuivants. Le colonel finit par se retourner pour regarder par la vitre arrière.

— Je ne crois pas que nous soyons suivis, dit-il d'un air satisfait.

— C'était bien calculé, répondit Rudolph avec enthousiasme. Nous sommes libres.

— Pour le moment, acquiesça son père. Qu'est-ce que tu dis de ça, Rudolph ? Ce jeune homme voulait retourner terminer le service.

— Assez de folies pour aujourd'hui, Karl, conclut Rudolph, mais je savais qu'il ne m'en voulait nullement d'avoir parlé si énergiquement à l'église.

— Et maintenant, nous devons décider où t'emmener, reprit le colonel. Les SS et tous les sympathisants nazis nous ont vus quitter l'église, Rudolph et moi, ce qui veut dire que notre maison n'est pas sûre, sinon nous t'y aurions emmené. Mais nous avons improvisé ce plan en voyant les gestapistes quitter leur siège, et nous n'avons pas eu le temps de prévoir la suite, une fois hors de l'église.

— Je ne comprends pas comment vous y êtes arrivés.

Malgré ma torpeur, je commençais à reconnaître le courage et la vivacité d'esprit grâce auxquels le colonel m'avait sauvé.

— J'ai vu la porte de la ruelle et je l'ai vérifiée, l'autre soir, quand nous cherchions la bombe dans la crypte, ton père et moi. (La rudesse de son visage de

vieux soldat fut attendrie par une tristesse soudaine.)
C'est l'homme que nous aurions dû protéger, au lieu
de monter la garde devant le bâtiment. Je ne pardonne-
rai jamais cette mort aux nazis. Jamais.

Je vis sa mâchoire se durcir et ses yeux s'assombrir,
puis il revint à nos préoccupations immédiates.

— À présent, nous pouvons du moins essayer de te
sauver, toi. Il faut d'abord te trouver une cachette, mon
garçon.

— Mais il faut que je voie ma mère. Je ne peux pas
la laisser seule, surtout aujourd'hui.

— Je n'ai jamais vu un jeune homme avoir si peu
d'esprit pratique ! hurla le colonel en sursautant lourdement sur la banquette. Évidemment que tu ne peux pas
rentrer chez toi ! La maison sera pleine d'agents de la
Gestapo, après ton petit sermon. Veux-tu que ta mère
soit arrêtée alors que tu as réussi à leur échapper ? Elle
sera entourée de tous ses amis, ne t'en fais pas. Et dès
que je t'aurai mis à l'abri quelque part, j'irai la voir
pour lui donner de tes nouvelles. Mais plus vite nous te
ferons disparaître, mieux cela vaudra, et pour nous
tous.

Je me trouvais dans une situation extrême. Je ne
pouvais pas rentrer chez moi, et j'aurais été aussitôt
arrêté si j'étais descendu dans un hôtel. Le colonel ne
pouvait pas non plus me faire quitter Magdebourg. La
Gestapo allait fouiller la ville, et les Beck père et fils
seraient en danger tant que je resterais avec eux.

— Et les membres du conseil de la paroisse ? suggéra Rudolph. Ils ont déjà caché une douzaine de pasteurs en fuite. Ils seraient trop heureux d'offrir un
refuge à Karl. Nous ne sommes pas loin de chez les
Keller. Johann et sa mère n'ont jamais été inquiétés et
je suis sûr qu'il serait en sécurité chez eux.

— Allons chez les Keller, lança le colonel d'un ton
décidé.

Cinq minutes plus tard, j'étais installé dans une

petite chambre, tout en haut de cette maison à tourelles. Le colonel et Rudolph partirent aussitôt, en me disant que j'aurais des nouvelles de ma mère avant la nuit, et Johann m'aida à m'installer dans la chambre.

Je mis plusieurs heures à tâcher de m'habituer à tous les bouleversements survenus dans ma position et dans mes projets d'avenir; en début de soirée, Johann vint m'annoncer du nouveau. La Gestapo avait fouillé le presbytère moins d'une heure après ma fuite, en laissant des hommes en faction pour m'arrêter si je tentais d'y revenir. Ma mère savait que j'étais sain et sauf, des amis étaient venus la soutenir, et elle me faisait dire que son seul espoir était de me voir fuir l'Allemagne. Le colonel Beck et Rudolph avaient conçu un plan pour me faire quitter le pays. Le *Bruderrat* savait où je me trouvais, et, dans un jour ou deux, quand la situation serait un peu décantée, on ferait en sorte de me mettre en lieu sûr.

Je n'avais donc qu'une journée ou deux pour régler mes affaires à Magdebourg car, quoi qu'il arrive, je ne pourrais jamais revenir dans cette ville où j'étais connu. Mais je ne souhaitais pas quitter l'Allemagne. Je ne pouvais pas abandonner ma mère, et je ne voulais pas laisser Erika derrière moi. Tant que j'étais libre, je devais consacrer tous mes efforts à défendre ma foi menacée.

Johann eut avec moi une discussion animée, mais je ne voyais pas pourquoi l'idée de sauver ma peau justifiait que je laisse derrière moi d'aussi lourdes responsabilités.

— Ton avenir dans ce pays ne vaut pas un pfennig. Même ta vie est en danger. Tu leur as échappé cette fois-ci, mais c'était moins une. Pourquoi veux-tu te jeter à nouveau dans la gueule du loup?

— Mon père a toujours mené son travail jusqu'au bout et tu voudrais que je parte avant d'avoir accompli ma mission?

— Ton père voyait assez loin pour te conseiller de quitter l'Allemagne. Je te le dis, Karl, tu ferais aussi bien de téléphoner à la Gestapo pour leur dire où tu te caches, si tu as l'intention de rester dans ce pays. Veux-tu vraiment être arrêté encore une fois ? Le camp de concentration te manque ?

— Écoute-moi, j'ai toujours aussi peur des prisons nazies. C'est encore trop beau de me dire que je suis ici, libre, au lieu de me retrouver entre quatre murs. Mais il y a des choses auxquelles personne ne peut renoncer. Tant que je peux être utile ici, je n'ai pas le droit de m'enfuir. C'est aussi simple que ça.

— Tu n'es qu'un triple idiot, et nous t'avons sauvé la vie pour rien, grogna Johann. Mais c'est ta vie, mon ami. Tu as le droit de la détruire à ta guise.

Je ne pus m'endormir, et je passai une partie de la nuit à écouter la pluie clapoter sur le toit, en buvant la coupe amère du fugitif. Je savais que je ne dormirais plus jamais sous le toit qui m'avait abrité depuis mon enfance. Tous les lieux où j'aurais pu résider dans ma patrie m'étaient fermés, par ma propre faute. Je n'aspirais pas au martyre. Les brutalités des camps m'inspiraient une saine terreur. Et pourtant, je n'étais pas libre de fuir.

Le lendemain, dans l'après-midi, j'eus de la visite. Je bondis, étonné, en voyant quelqu'un entrer dans la pièce, car le visiteur m'était bien connu. C'était un membre du *Bruderrat* de l'Église confessante. Il avait reçu un message de ma mère, il avait parlé au colonel Beck, et il était venu me conseiller de quitter l'Allemagne.

— Je ne crois pas pouvoir partir s'il reste quelque chose que je puisse faire, lui dis-je.

— C'est tout le problème. Je ne dis pas que vous n'auriez pas dû prononcer ce prêche. Votre père m'était très cher, et sa perte sera irréparable pour l'Église. Peut-être les gens ont-ils besoin qu'on leur dise franchement les vérités cruelles. Mais il est impossible de parler comme vous l'avez fait et de rester libre. En ce qui concerne la lutte pour l'Église, vous ne pouvez plus nous être d'aucun secours.

— Croyez-vous que j'aurais dû me montrer doux et obéissant, comme le désirent les nazis, alors qu'ils venaient d'assassiner mon père?

— Je ne vous juge pas, répondit-il. Je vous dis simplement que vous avez fait tout ce que vous pouviez faire pour nous. Vous n'avez plus aucun moyen de nous être utile, et je vous recommande de sauver votre vie tant que vous en avez la possibilité.

— Vous voulez dire que je ne peux plus servir à rien? nulle part en Allemagne?

— Nous ne pouvons vous employer nulle part. Je ne crois pas que vous ayez compris à quel point vous êtes recherché. Dès que vous vous montreriez, vous seriez arrêté. Tout ce que nous pouvons faire, c'est de vous protéger et de vous aider à quitter le pays.

— Mais cela voudrait dire abandonner ma foi! J'aurais l'impression d'être un déserteur qui s'enfuit au beau milieu de la bataille.

— Mon jeune ami, vous n'avancerez pas la cause de votre foi en choisissant la prison. Vous êtes entré au service de Dieu. Et ce service ne s'arrête pas aux frontières de l'Allemagne. Votre mère espère que vous partirez pour l'Amérique. Vous pourrez y devenir pasteur et y dire la vérité d'autant plus clairement que vous avez lutté ici en son nom. La vérité de Dieu n'est pas anéantie. Elle résiste à la violence et aux assauts du temps. Un jour viendra peut-être où vous pourrez revenir en Allemagne et prononcer sans crainte la parole du Christ, quand le peuple aura rejeté les doctrines abjectes et sera revenu à l'antique source dont l'eau claire attend que les hommes viennent y boire.

Je fus ébranlé. Mes supérieurs me congédiaient. Je

ne participerais plus à la lutte qui faisait l'essentiel de ma vie depuis que j'étais devenu un homme. Je souffrais à l'idée de m'être rendu inutile, et j'avais du mal à l'admettre. Je restai pendant cinq minutes la tête entre les mains. En un jour, tous les liens qui me rattachaient à mon pays avaient été rompus. J'étais depuis longtemps étranger aux nouvelles orientations prises par mes compatriotes; j'avais lutté contre la nouvelle foi qui attirait tant de disciples. À présent, les dernières attaches étaient irrémédiablement tranchées. Tout à coup, l'idée de l'Amérique cessait d'être un vague rêve pour devenir une possibilité très envisageable. Je me sentis attiré par la promesse de l'évasion, par ce goût de liberté qui m'était offert, à moi, Karl Hoffmann, qui avais renoncé à tout espoir d'être libre. Mais tous les obstacles n'étaient pas levés.

— Et ma mère? Elle est seule, et je ne puis l'abandonner.

— Pourquoi ne pas l'emmener avec vous? Vous avez des amis influents qui pourront obtenir pour elle les documents nécessaires, passeport, visa, etc. Dès que vous aurez franchi la frontière, vous pourrez la revoir, et l'emmener en Amérique avec vous.

Cette idée ne m'avait jamais effleuré. Pourtant, ma mère pourrait effectivement s'arranger pour quitter l'Allemagne. Pour moi, la chose serait plus difficile.

— Si elle accepte de partir, finis-je par dire, sentant que je rompais le lien qui me rattachait à la terre où je puisais ma subsistance, je serais stupide de ne pas tenter de m'enfuir.

Dès lors, les événements s'emballèrent. Il était impossible pour ma mère de venir me voir car elle était constamment espionnée, mais Erika put s'introduire chez les Keller pour m'apporter un message d'elle et tout mettre au point pour nos retrouvailles, une fois que nous serions sortis du pays.

Quand cette aimable jeune fille, qui m'était devenue

si chère, arriva dans la bibliothèque des Keller et s'avança en souriant, je pus à peine parler, tant j'étais persuadé que je la voyais pour la dernière fois.

— Ta mère t'envoie tout son amour. Elle résiste merveilleusement, Karl. Je pense que c'est ta décision de quitter l'Allemagne qui lui a donné du courage. Elle se prépare à partir pour l'Amérique aussi sereinement que s'il s'agissait d'emménager dans la ville voisine.

— Erika, ma chérie, balbutiai-je, comment puis-je te quitter? Si seulement je pouvais t'emmener avec moi, toi aussi! Mais c'est un bien triste mariage que je pourrais t'offrir, avec un exclu, un homme traqué en guise d'époux, et toutes les épreuves de la pauvreté dans un pays inconnu.

— Crois-tu que j'aie envie de rester ici, Karl? me demanda-t-elle avec une tendresse timide. J'ai parlé à ta mère, et nous partons ensemble. Je fais peut-être partie de ta vie, mais tu es tout pour moi. Tu auras besoin de moi dans ton nouveau pays, et l'Allemagne ne me sera plus rien si tu pars. Cette nation n'est plus ma patrie. Et je n'ai pas peur de la pauvreté.

La conversation dura une heure; nous ne voulions plus nous séparer, sachant que nous ne nous verrions plus pendant les quelques semaines qui s'écouleraient avant que nous puissions nous retrouver libres et en sécurité. Nous parlâmes de mon père, et je découvris qu'Erika était la seule personne à qui je puisse parler sans réserve de tout ce que cette perte représentait pour moi. En évoquant l'amour que nous lui vouions tous deux, il semblait que nous emportions dans la nouvelle vie qui nous attendait un peu de son esprit intrépide. Les risques encourus n'étaient rien à nos yeux, pas plus que la difficulté de s'adapter à un environnement inconnu, si grisant était l'espoir d'être ensemble, hors d'atteinte des nazis dont l'ombre avait jusqu'alors plané partout.

Avant le départ d'Erika, toutes nos dispositions étaient prises. Avec ma mère, elle irait m'attendre à Paris, et je les rejoindrais dès qu'il me serait possible de fuir l'Allemagne. Je ne voulus pas laisser entendre que cette fuite serait peut-être irréalisable, mais je savais que je risquais fort d'être arrêté ou abattu ; lorsqu'elle partit, pleine d'espoir, je sentis que je ne reverrais peut-être jamais son visage.

Puisque nous n'avions pas le droit d'emporter assez d'argent, Rudolph devait écrire à Erich Döhr à Chicago pour lui demander de m'envoyer de l'argent à Paris, par American Express. Pour le reste, nous ne pouvions que nous fier à notre courage et à notre intelligence, et compter sur la Providence.

Le lendemain, les obsèques de mon père eurent lieu à la Domkirche. À l'heure du service, j'étais seul dans la maison silencieuse, séparé de ma mère et de mes amis, et je me répétais sans cesse les mots du service des morts. Par la fenêtre ouverte, j'entendais vaguement les cloches sonner le glas, et dans mon cœur je lui fis mes adieux. Je savais que durant leur lente lamentation la terre tombait sur son cercueil scellé. Ces cloches sonnaient aussi la fin d'une époque. La terre qui le recouvrait tombait aussi sur l'Allemagne. Je pouvais encore m'accrocher à cette foi éclatante qui l'avait soutenu, mais c'était mon pays natal que l'on enterrait alors. Je voyais l'Allemagne sombrer dans des ténèbres que seuls le sang et les larmes pourraient expier, et je tâchais d'oublier ce qui avait été mon pays.

Cette nuit-là, je quittai Magdebourg et je me réfugiai dans une ville voisine, où d'autres membres de l'Église confessante m'offraient une cachette. Commença alors un long parcours tortueux, d'un abri à un autre. Je me cachais dans des granges, dans des greniers, parfois dans des châteaux. J'échappai à un raid de la Gestapo à quelques minutes près. Une nuit, je perdis mon chemin et je dus rester allongé dans un champ de blé. Il se mit à pleuvoir, et j'étais transi, trempé jusqu'aux os, quand à l'aube je découvris un poteau indicateur qui me sauva.

Je finis par atteindre une maison obscure, dans un village frontalier que je n'ai pas le droit de nommer ; au bout de trois jours, la vieille femme joufflue qui m'hébergeait ouvrit la porte du grenier en souriant et je vis entrer Rudolph. Son père et lui avaient choisi cet endroit comme le meilleur point de départ vers la frontière. Il m'apportait mes papiers d'identité et toutes les informations qu'ils avaient pu rassembler, une carte des alentours d'un vieux moulin, avec les postes de sentinelles auxquels je devrais échapper, et les divers obstacles que j'aurais à surmonter.

Il me répéta plusieurs fois toutes ses explications, dans le moindre détail, puis il se leva et me prit la main.

— Il faut que je parte. Rester trop longtemps ici pourrait être dangereux pour moi.

Nous nous serrions les mains sans arriver à nous dire adieu. Nous avions trop de souvenirs en commun, et la barrière qui s'étendrait désormais entre nous serait très haute.

— Surtout, choisis une nuit bien noire, marmonna Rudolph pour la troisième fois. Et ne te montre pas tant que tu n'es pas à au moins cinq kilomètres de la frontière.

Nos adieux durent passer par nos regards. Je finis par surmonter mon émotion pour prononcer quelques mots :

— Je voudrais pouvoir te remercier. Mais tu sais ce dont je me souviendrai.

— Bonne chance, dit-il en serrant les dents. Malgré tout ce qui t'attend, je voudrais être à ta place.

Il me serra la main jusqu'à me briser les os et répéta sèchement :

— Bonne chance.

Puis il tourna les talons et sortit brusquement.

Je passai la journée suivante à étudier la petite carte jusqu'à la connaître par cœur, puis, quand le soir tomba, je la brûlai et je commençai à me préparer. Une pluie fine tombait. J'espérais que l'humidité découragerait les sentinelles de faire preuve d'un trop grand zèle, et puisque la nuit était très noire, je ne serais pas trop visible.

À minuit, je cherchais mon chemin en m'aidant de points de repère presque méconnaissables. L'obscurité était telle que j'avais peine à m'orienter. Mais il n'y avait personne en vue et je bénis la pluie. Puis je trébuchai et m'étalai de tout mon long dans la boue ; je retins ma respiration et tendis l'oreille, et je finis par entendre le pas d'une sentinelle dans le lointain. Ma main rencontra les branches d'un petit buisson derrière lequel je décidai de me blottir car les pas s'approchaient dangereusement. Je me tapis au sol, immobile, et la sentinelle passa tout près de moi sans s'arrêter. Je vis la lumière d'une torche balayer le sol et les gouttes de pluie tomber dans ce petit cercle de clarté, mais le faisceau m'épargna et j'attendis que les pas soient devenus inaudibles avant de reprendre mon chemin en rampant. Je reconnus un petit tertre et un ruisseau que la carte indiquait, et je m'y traînai avec reconnaissance, car j'étais déjà trempé et j'étais sûr d'être sur la bonne voie. Quelques minutes plus tard, je pus me redresser et cheminer à quatre pattes, plus vite mais toujours en silence. Après un long moment, j'osai me relever et marcher, les yeux fixés sur une fenêtre éclairée, loin devant moi. J'étais sûr d'avoir échappé aux sentinelles des deux côtés de la frontière, et je me mis à traverser l'obscurité d'un pas rapide, le cœur allègre, car je savais que l'Allemagne et ses années de crainte étaient derrière moi.

Le vacarme et l'agitation de Paris me semblèrent

d'une beauté extraordinaire quand j'y arrivai par un beau matin de printemps, et je pris un taxi jusqu'à l'hôtel où je devais retrouver ma mère et Erika. À la réception, je demandai ma mère, et je vis avec appréhension l'employé froncer les sourcils et agiter la tête en promenant un doigt le long de la liste des clients.

— Nous n'avons aucune Mme Hoffmann de Magdebourg ici, dit-il. Il y a bien une demoiselle de Magdebourg, mais c'est un autre nom.

— Mlle Menz? demandai-je, sans trop savoir que penser, craignant soudain que leur plan n'ait pu être mené à bien.

— Mlle Menz est ici, confirma-t-il en souriant et en hochant la tête comme si la découverte de son nom était une réussite dont il se félicitait personnellement.

Quelques minutes après, je vis Erika sortir de l'ascenseur en jetant autour d'elle des regards interrogateurs. Je courus vers elle et elle s'arrêta net, le visage blême, en me voyant.

— Où est ma mère? lui demandai-je précipitamment. Son nom n'est pas sur le registre.

Les larmes vinrent aux yeux d'Erika.

— Karl, elle n'est pas venue.

— Tu veux dire que les nazis l'en ont empêchée? Il est arrivé quelque chose?

Elle fit signe que non.

— Elle a changé d'avis à la dernière minute. Elle m'a donné une lettre pour toi. (Erika me regarda d'un air suppliant.) Je n'ai pas pu la persuader, Karl. J'ai tout essayé, mais elle a exigé que je vienne seule.

Erika avait dans son sac à main la lettre de ma mère, et je la lus dans le vestibule de l'hôtel.

Mon cher fils,
Je suis une vieille femme, et les vieux arbres ne sont pas faciles à déraciner. J'ai besoin de voir autour de moi le décor et les objets familiers qui me rappellent ton père et qui le rendent plus proche. Je passerai tranquillement le

restant de mes jours ici, et je ne suis pas assez courageuse pour me lancer dans une nouvelle vie. J'aime mieux rester ici. Tu sais combien d'amis j'ai autour de moi, tu sais que je ne serai pas seule.

Si Erika et toi vous étiez ici et en danger, je serais malheureuse en Allemagne. Mais je me suis permis ce petit stratagème pour vous convaincre de partir tous les deux pour l'Amérique ; vous êtes jeunes et vous vivrez dans un pays jeune, en sécurité. Pardonne-moi de t'avoir fait croire que je te suivrais. Mon bonheur consistera désormais à savoir que tu es hors de danger...

Je remis la lettre à Erika et elle la lut après moi.

— Elle n'a jamais eu l'intention de partir ! murmura-t-elle, stupéfaite. Voilà pourquoi je n'ai pas pu la persuader.

J'eus un moment l'idée de repartir en Allemagne pour la supplier, pour l'emmener malgré ses craintes, mais je compris qu'elle avait fait son choix. Si elle voulait rester auprès de mon père, il serait cruel de la pousser à me suivre. Quand Erika et moi serions établis en Amérique, peut-être viendrait-elle nous rendre visite, et notre nouvelle patrie lui paraîtrait peut-être moins étrange qu'elle ne l'avait craint. Je regardai Erika. Elle avait dû penser la même chose, car elle dit :

— Si nous lui demandons de venir passer un moment chez nous, quand nous aurons une maison, peut-être changera-t-elle d'avis. Pour le moment, c'est trop difficile. Sa douleur est si récente.

Je lui pressai les mains, et nous prîmes simultanément conscience de la réalité : nous étions ensemble et nous étions libres. De l'autre côté de l'Atlantique, l'avenir nous attendait, radieux, et nous laissions derrière nous les ténèbres et la mort.

Nous fûmes mariés à Paris dès que les formalités furent accomplies, puis nous dûmes attendre notre tour sur la liste des quotas d'immigration en Amérique. L'évêque de Chichester nous aida, tout comme l'Église luthérienne américaine. Erich nous envoya de Chicago des lettres enthousiastes (il nous avait fourni tous les fonds nécessaires à nos premiers mois à Paris). Il nous fallut longtemps pour nous habituer à parler à haute voix sans crainte, pour apprendre à faire confiance à nos voisins. Même aujourd'hui, alors que nous habitons les États-Unis depuis trois ans, alors que nous sommes sur le point d'obtenir la nationalité américaine, même dans la paroisse campagnarde dont je suis le pasteur, au milieu de mes ouailles généreuses et sincères, cette prudence et ce sentiment de terreur nous reviennent parfois. On ne se débarrasse pas si aisément de l'ombre des nazis.

Mais nous n'avons jamais cédé à cette force maléfique. Nous avons vécu sous sa menace immédiate et nous savons que les forces de Dieu l'ont emporté. Nous avons vu le poison se répandre, nous avons vu la puissance de la foi des cœurs simples résister et détruire le poison. Incontestablement, il y avait en Allemagne beaucoup de gens pour qui le service de Dieu n'était plus guère qu'une affaire de mots, et pour qui le désir de conserver leur argenterie passait avant tout. Mais quand les forces du Mal vinrent menacer d'anéantir l'amour de Dieu, l'argenterie n'offrit plus qu'un piètre soutien. Toutes leurs libertés leur furent arrachées une par une, mais ils ne voulurent pas renoncer à la liberté d'aimer et de servir le Seigneur. Cette cause était la seule pour laquelle ils étaient prêts à renoncer à leur sécurité, à leur vie même. C'est pourquoi ils étaient invincibles.

Le royaume de Dieu devint pour eux une citadelle inexpugnable. C'est encore vrai aujourd'hui, dans une guerre qui les met rudement à l'épreuve. Au milieu de toute cette hystérie, ils répudient encore les dieux païens, les dieux de l'orgueil racial qui voudraient limiter leur humanité pour satisfaire une ambition perverse. Dans leur cœur, ils connaissent le Dieu qui a créé toutes les races d'une main impartiale et ils se rappellent l'amour et la fraternité prônés par le Christ.

Je sais que la puissance païenne ne les a pas conquis. Je sais que la puissance païenne ne triomphera jamais, car Dieu attend Son heure, quand les cœurs généreux des grandes nations chrétiennes se tourneront vers Sa force pour remporter Sa victoire.

Les nazis parlent souvent de « la force dans la joie », mais je n'ai jamais lu ce message sur le visage des nazis. Je me rappelle la force joyeuse des visages dans la Domkirche, en ce dernier dimanche où retentit la vieille hymne guerrière de Luther. Il n'y avait aucune crainte chez les fidèles, après des années de persécution et de cette menace quotidienne qui inspire la crainte à ceux qui doutent. J'ai vu la même expression sur des milliers de visages, une endurance illuminée par l'espoir. Je sais que, durant cette guerre, dans une petite ville d'Allemagne, un service de l'Avent fut célébré dans l'une des églises confessionnistes. Le gouvernement avait annoncé qu'assister à ce service qui plaçait la fidélité à Dieu au-dessus de la fidélité à l'État était une forme de trahison, mais trente mille personnes y furent présentes.

La lutte ne fait que commencer. Pour avoir vécu en Allemagne, je sais que la bataille n'est pas perdue. Pour avoir combattu sans armes, je sais que la victoire finale est certaine. Mais je sais aussi que la victoire sera celle de Dieu et non la nôtre. Entrer en guerre contre les forces païennes n'est une vertu que si nos cœurs sont fidèles et accordent à Dieu la première et la seule place. Lutter par instinct de conservation n'est qu'une cruelle nécessité humaine. Lutter pour le droit d'aimer Dieu et notre prochain, c'est être porté par le grand mouvement de vie qu'Il a mis en marche.

Et de cet amour provient la seule force qui ne puisse être vaincue. Si, dans un pays opprimé et sans espoir, de l'autre côté de l'Atlantique, des millions d'hommes et de femmes ont pu s'opposer aux puissances du Mal, c'est parce que leur force n'était pas simplement humaine. Leur foi était leur armure, et les rendait invincibles face à un gouvernement armé et impitoyable. Pour de tels croyants, la force naît de la faiblesse et le Bien surgit du Mal. C'est ce pouvoir qui brillait sur le visage de Niemöller et qui fit marcher courageusement mon père par-delà les portes de la mort. Quelles ressources nous attendent dans ce beau pays où les hommes sont libres de tirer leur force de leur foi! Quel espoir, quelle responsabilité pour tous ceux qui aiment Dieu!

Je ne ressens plus ce désespoir qui m'a assailli lorsque j'ai dû abandonner le combat car le service de Dieu continue pour moi en Amérique. Peut-être me permettra-t-on de dire à ceux qui n'ont jamais vu leur foi menacée que leur foi les rend invincibles. La victoire de Dieu est certaine pour le cœur fidèle.

Ma femme m'a raconté sa dernière visite à l'église, à Berlin, pendant que je tentais de fuir l'Allemagne. Ma mère l'avait accompagnée avant son départ, et elles avaient décidé d'assister au service du soir dans une église où mon père s'était souvent rendu, un vieil édifice de pierre, au milieu d'un beau parc. En arrivant, elles trouvèrent les grilles du parc fermées et gardées par la police, face à une foule surexcitée. Il faillit y avoir une émeute avant que la foule soit détournée, mais quand des renforts de police arrivèrent, les milliers de personnes rassemblées virent que leurs efforts pour entrer dans l'église étaient inutiles.

Les fidèles déçus se détournèrent des grilles et formèrent aussitôt une procession en bon ordre. Les cris se turent et les visages cessèrent d'exprimer la colère ou le désespoir. Tous marchèrent dans la rue comme une armée qui défile. Une voix se mit à chanter, puis une autre, puis soudain des milliers de voix entonnèrent le vieux chant triomphant qui résonna dans les

rues ornées d'immenses croix gammées, ce chant
d'espoir qui montait dans le crépuscule :

Notre Seigneur est une forteresse.

Ils chantent encore ce chant, et ils le chanteront
jusqu'au jour de la délivrance, jusqu'au jour où le sang
et les peines auront montré à tous que, pour vivre
comme des hommes, ils doivent aimer comme des
hommes, jusqu'au jour où les fragiles rênes du pouvoir
tomberont des mains des puissants, jusqu'au jour où
les hommes de bonne volonté chercheront l'espoir
auprès de Dieu, jusqu'au jour où ils verront leurs
enfants nés dans la joie labourer leurs champs et tailler
leurs arbres, jusqu'au jour où la Puissance qui tient
dans la balance les luttes humaines sourira sur Ses
enfants, jusqu'au jour sans retour.

LE VÉRITABLE « KARL HOFFMANN »
par Charles Douglas Taylor [1]

La véritable identité de « Karl Hoffmann » est restée secrète pendant soixante ans, d'abord pour protéger sa famille restée en Allemagne, et ensuite parce que, avec la défaite de Hitler, son histoire avait cessé de susciter l'intérêt. Ni « Hoffmann » lui-même ni Kressmann Taylor n'ont jamais révélé son identité. En 1996, peu avant sa mort, ma mère m'a confié qu'elle regrettait beaucoup d'avoir perdu contact avec « Leopold Bernhard ». Ce nom ne me disait rien, et elle m'a expliqué que c'était l'homme dont elle avait raconté l'histoire dans le roman *Jour sans retour*. J'ai pris note de ce nom et je l'ai rangé dans mes archives. Quelques années plus tard, quand son best-seller *Inconnu à cette adresse* a été traduit en français et publié par les éditions Autrement, Henry Dougier a manifesté son intérêt pour le second livre de ma mère et m'a demandé ce que je savais de l'histoire vraie dont elle s'était inspirée. Je me suis alors tourné vers l'Église luthérienne américaine, qui m'a renseigné sur la carrière de « Karl Hoffmann » aux États-Unis, et qui m'a surtout donné le nom de trois de ses amis encore en vie, ainsi que celui de sa belle-fille, qui m'ont tous énormément aidé

---

1. Charles Douglas Taylor est l'un des fils de Kressmann Taylor.

pour la rédaction de cette courte biographie du révérend Leopold Bernhard. Comme on le verra, ma mère
a dû beaucoup s'éloigner de la réalité en ce qui
concerne la famille du héros, afin de protéger la
famille Bernhard qui vivait encore sous le régime nazi
en 1942, quand le roman fut publié.

Leopold Wilhelm Bernhard est né le 15 juin 1915 à
Berlin. Il était issu de deux vieilles familles aristocra-
tiques allemandes. Sa mère, Franziska, descendait des
Bokelmann de Lubeck (Thomas Mann raconte leur
histoire dans *Les Buddenbrook*). Son père, Alexander,
colonel dans l'armée prussienne, était revenu de
France à pied après l'armistice du 11 novembre 1918 ;
par admiration pour cet homme imposant, les Français
lui avaient permis de conserver son sabre (dans le
roman, le personnage du père s'inspire d'un pasteur
berlinois que Leopold admirait profondément).
Comme tant d'autres dans l'Allemagne de l'entre-
deux-guerres, Leopold Bernhard fut un enfant chétif, de
santé fragile. Ses parents étaient aisés, mais l'inflation
des prix était alors telle qu'il leur était difficile de se
procurer de quoi manger à leur faim. Leopold souffrit
longtemps des effets de la malnutrition. Sa belle-fille se
souvient que, des années après, il avait encore en horreur la bouillie d'avoine. Très jeune, il perdit ses dents,
il souffrit de rhumatismes articulaires et d'une déforma-
tion de la colonne vertébrale, sans parler d'une ménin-
gite contractée à New York dans les années 1940. Un
de ses collègues américains se rappelle pourtant un
homme vif et plein d'énergie : « À l'époque où nous
l'avons connu, Leopold était malade, mais il n'avait
rien de maladif ; il n'était pas même voûté. »
Leopold fit sa scolarité au Bismarck Gymnasium
de Berlin, puis entra en mars 1933 à l'université de
Zurich. Il suivit les cours des éminents théologiens

Carl Barth et Emit Brunner, avant d'obtenir son diplôme en octobre 1936. Parce que Hitler avait suspendu toutes les ordinations, et parce que sa résistance active à la mainmise des nazis sur l'Église avait mis sa vie en danger, Leopold reçut d'Otto DeBelius, évêque de Berlin/Brandebourg, cet ordre sans réplique : « Allez-vous-en ! » S'étant procuré un visa d'étudiant, il arriva aux États-Unis en 1938 et entra au séminaire de New York. Son père et sa mère vinrent ensuite lui rendre visite et il tenta de les convaincre de rester. Mais ils regagnèrent Berlin ; quand la guerre éclata, ils s'installèrent à Dresde, où son père croyait être « à l'abri, puisqu'il n'y a rien à bombarder ». Ils périrent, ainsi que la sœur de Leopold, dans le bombardement du 13 février 1945.

C'est à Philadelphie que Leopold rencontra sa future épouse, Thelma Kaufmann (Erika est une pure invention). Thelma était cantatrice, spécialisée dans la musique d'église ; elle s'intéressait aux lieder allemands, mais comme elle avait besoin d'améliorer sa prononciation, elle s'adressa au séminaire luthérien de New York. On lui répondit : « Nous avons quelqu'un, et il a réellement besoin d'argent. » Le coup de foudre fut réciproque et ils se marièrent en janvier 1940 à Philadelphie. Ils n'eurent pas d'enfants, mais elle avait une fille d'un premier lit, également prénommée Thelma ; Leopold l'adopta et l'aima comme sa propre fille.

Leopold fut finalement ordonné pasteur le 22 mai 1940 à Pittsburgh par le synode de la United Lutheran Church in America, mais il eut du mal à trouver une paroisse ; dans la hiérarchie luthérienne, beaucoup avaient des sympathies pour l'Allemagne et considéraient tout exilé comme un renégat. Il finit par s'installer une cure à Gary (Indiana), dans une paroisse bilingue où vivaient beaucoup de Saxons favorables à Hitler : quand l'invasion de la Tchécoslovaquie fut annoncée, il y eut des cris de joie. Un soir, Leopold découvrit dans l'église un groupe de paroissiens qui projetaient un film sur l'invasion de la Pologne par les nazis afin de récolter des fonds pour soutenir l'Allemagne. Il éteignit le projecteur, ordonna aux participants de se disperser, confisqua l'argent, puis blâma les coupables du haut de sa chaire. Peu après, un paroissien agonisant le mit en garde sur son lit de mort : « Vous êtes en grand danger d'être tué. » Leopold apprit que, grâce aux groupes de sympathisants, l'ambassade d'Allemagne arrêtait les fugitifs réfugiés aux États-Unis et les rapatriait de force. Il contacta le FBI, qui l'envoya dans une obscure paroisse au fin fond de l'État de New York.

Par l'intermédiaire du FBI, Leopold rencontra dans le plus grand secret la romancière Kressmann Taylor (qui avait fait sensation dans tout le pays avec *Inconnu à cette adresse*) pour lui raconter son histoire, qui, avec les adaptations nécessaires, deviendrait le roman *Jour sans retour*. La fille de l'auteur, Helen Kressmann Taylor, avait alors onze ans :

> Je me rappelle que maman est allée plusieurs fois à New York pour voir l'homme dont elle écrivait l'histoire ; je n'ai jamais su son nom. Leurs entretiens étaient arrangés par le FBI. Elle disait qu'il avait très peur. Il insistait pour changer à chaque fois de lieu de rendez-vous, pour qu'ils arrivent à des heures différentes et pour qu'ils repartent séparément. Il refusait même de prendre l'ascenseur avec elle.

Avec l'appui officieux du gouvernement et le soutien de fonds privés, *Jour sans retour* devait être inscrit sur la liste des best-sellers, au catalogue du Book-of-the-Month Club, et une adaptation cinématographique était prévue, mais tout fut annulé après l'attaque japonaise sur Pearl Harbor : il n'était désormais plus nécessaire de renforcer les sentiments antifascistes des Américains.

Durant la guerre, et même après, Leopold jurait que rien ne le ferait retourner en Allemagne. Il disait à ses amis : « Il faudra cent cinquante ans pour que l'Allemagne retrouve son âme. » Il devint citoyen américain, mais non sans peine, comme en témoigne sa belle-fille, Thelma junior :

> Papa a prêté le serment de citoyen américain à Jersey City, avec un groupe de réfugiés anglais. Mais comme il ne recevait pas ses papiers d'identité, il a dû engager un avocat. Les documents officiels avaient été retardés par le juge devant lequel avait eu lieu la cérémonie : « Si j'avais su qu'il était allemand, je ne l'aurais pas laissé prêter serment. »

Au sein de l'Église luthérienne américaine, Leopold ne tarda pas à se distinguer. Après Gary de 1939 à 1940, il fut pasteur à Cohocton (New York) de 1940 à 1942, à Jersey City (New Jersey) de 1943 à 1945, à Brooklyn de 1945 à 1951, à Baltimore de 1951 à 1954, à New York de 1954 à 1960, à Chicago (à la mission du centre médical) en 1960, puis à Columbus (Ohio), où il collabora avec Milton Kotler pour établir une structure associative dans les quartiers défavorisés, de 1960 à 1969. Il fut envoyé à Buffalo de 1969 à 1971, puis dans deux églises de Washington : St Peter, de 1971 à 1976, puis Reformation, où il fut nommé assistant aux « affaires publiques » pour la Lutheran Church's Division of Mission in North America (qui assurait la liaison entre l'Église et le gouvernement américain), de 1976 à 1985. Il participa à quantité de comités, tant pour l'Église luthérienne que pour des organismes œcuméniques ; dans le cadre de son activité paroissiale, il se concentra particulièrement sur les problèmes liés à la pauvreté.

Un de ses amis, Robert Jenson, aujourd'hui professeur à l'université de Princeton, se souvient :

Ce qui me plaisait chez Leopold, c'est qu'il considérait l'Église, en tant que communauté riche et influente, comme un acteur de la vie politique, qu'elle le veuille ou non ; d'un autre côté, la manière dont l'Église utilise son pouvoir est l'objet de décisions théologiques et non simplement éthiques ou pragmatiques. Il me semble évident que ces convictions s'enracinaient dans la lutte de l'Église allemande.

J'ai fait la connaissance de Leopold lorsqu'il était pasteur à Washington. Avec Milton Kotler, il avait fondé un mouvement associatif paroissial à Columbus (Ohio). Ils se retrouvèrent quand Milton vint à Washington pour prendre la tête d'un département de l'Institute of Policy Studies créé pour étudier les organisations de quartier. Leopold y était également impliqué. Avec Milton et lui, nous avons dirigé un séminaire pendant plusieurs années sur les relations entre la foi et la société civile.

Leopold était pasteur associé de l'église luthérienne Reformation, juste derrière le Capitole. Dans le cadre du Public Affairs Sector Program, il était en contact direct avec des membres du gouvernement, qu'il conseillait sur les questions liées à l'Église et à l'État. Il animait une série de conférences/séminaires, sur des sujets comme « Existe-t-il un équivalent moral à la guerre ? », le rôle de la foi dans la prise de décisions politiques, etc. J'y prenais fréquemment la parole.

Mon épouse Blanche et moi-même éprouvions une sorte de respect mêlé de crainte pour cet homme, pour son caractère, son attitude toujours irréprochable, ses convictions.

Le révérend Leopold Bernhard est mort d'une maladie des reins le 2 mars 1985. Robert et Blanche Jenson ont passé plusieurs années à classer la masse d'écrits et autres documents retrouvés dans son bureau, à présent déposés aux archives du séminaire luthérien de Gettysburg (Pennsylvanie). On y étudie encore ses sermons et son influence se prolonge de mille manières.

Si intéressants qu'ils soient, les détails de la vie de cet homme ne pourront jamais révéler l'impact qu'il eut sur son époque et sur les générations suivantes. Les individus informés engendrent d'autres individus mieux informés, les pasteurs sages et courageux inspirent d'autres pasteurs plus compétents. Une influence se répand dans une multitude de directions inconnues; il est impossible de mesurer celle d'un homme comme Leopold Bernhard, dont le courage et la foi face à la tyrannie ont modelé la résistance au nazisme et la vie aux États-Unis, où son influence, peut-être aussi cachée que son ancienne identité, pourrait bien s'exercer encore sur beaucoup de générations à venir.

POSTFACE
par Brigitte Krulic

C'est grâce au récit *Inconnu à cette adresse* (1938) publié par Autrement en 1999 que l'Américaine Kressmann Taylor a été découverte par le public français. Il ne s'agit pas, dans le cas de *Jour sans retour,* d'une fiction littéraire, mais de la transcription d'un récit autobiographique, d'un témoignage vécu, celui de Karl Hoffmann, né en 1912, étudiant en théologie à l'université de Berlin, qui, du fait des persécutions nazies et de l'assassinat, début mai 1938, de son père Franz, pasteur de la Domkirche de Magdebourg et membre de l'Église confessante (*Bekenntniskirche*), fut contraint d'émigrer aux États-Unis à la veille de la guerre.

Pour l'essentiel, le récit embrasse les dernières années de la république de Weimar, ainsi que l'avènement puis la consolidation du pouvoir nazi jusqu'en mai 1938, dont les multiples péripéties sont éclairées par le regard du narrateur, tout à la fois témoin, exégète et victime. Il ressuscite l'atmosphère d'une époque au sein d'un milieu social précisément identifié, où s'entrecroisent les réseaux de relations entre la bourgeoisie cultivée d'obédience conservatrice, les cercles universitaires, les membres et responsables de l'Église évangélique allemande. Ainsi s'éclaire un pan mal connu du régime hitlérien : ses relations avec l'Église

331

évangélique [1], déchirée entre la résistance, regroupée dans l'Église confessante, la passivité forcée de nombreux fidèles, et l'allégeance au Führer proclamée par les chrétiens allemands.

D'après les succinctes indications livrées par le texte, le narrateur a dû rédiger ses souvenirs à la fin de l'année 1941 ou au début de 1942, trois ans environ après son installation aux États-Unis. Dans le ton, le style, la thématique, *Jour sans retour* développe un plaidoyer passionné, à visée tout à la fois pédagogique et politique : éclairer le public américain, peu familiarisé avec l'actualité européenne et allemande, sur la nature réelle du régime hitlérien. À cet égard, le récit de Kressmann Taylor prend place parmi la floraison d'articles, d'essais, d'œuvres littéraires et cinématographiques conçus pour légitimer l'entrée en guerre des États-Unis aux côtés de tous ceux qui combattaient l'Allemagne nazie. Dans la perspective engagée qui inspire tous ces travaux, l'enjeu du conflit mondial dépasse de très loin les traditionnels intérêts et considérations stratégiques et géopolitiques présidant à la paix ou à la guerre entre les nations : affronter Hitler, c'est s'engager dans une lutte totale, sans compromis possible, contre un régime qui incarne la négation de toutes les valeurs humaines et morales, c'est, en fin de compte, accepter, en toute lucidité, de sacrifier des millions de vies pour la seule cause qui puisse justifier ce sacrifice, le refus de l'ordre international voulu par les nazis, fondé sur la loi de la jungle érigée en absolu.

1. L'adjectif « évangélique » s'est imposé à partir du terme allemand *evangelisch,* terme technique utilisé pour désigner l'union entre luthériens et réformés imposée en 1817, en Prusse, par le roi Frédéric-Guillaume III. En dehors des pays de langue allemande, les Églises issues de la Réforme se qualifient d'évangéliques ; les luthériens en particulier appellent souvent leur confession « Église évangélique ». (Source : Grand Dictionnaire encyclopédique Larousse 1983.)

Le narrateur adopte un ordre chronologique; le lecteur, toutefois, ne peut manquer d'être frappé par le nombre réduit de dates précises. Il paraît donc préférable, pour une reconstitution aisée des événements, de confronter les faits relatés avec la chronologie historique. Les indications en italique renvoient à des éléments de chronologie qui ne figurent pas explicitement dans le récit, mais que j'ai choisi de mentionner pour faciliter la lecture et la mise en perspective du texte.

Automne 1931

Le narrateur effectue sa première inscription à la faculté de théologie de l'université de Berlin.

Avril 1932

Le pasteur Hossenfelder devient dirigeant du Mouvement confessionnel des chrétiens allemands (Glaubensbewegung Deutsche Christen), *regroupement ultranationaliste issu de la fusion de trois groupes de chrétiens allemands fondés au début des années 1920. Son mot d'ordre : la justification théologique des aspirations nationales et la restauration de la gloire allemande, l'occultation du « fond juif » du christianisme et la valorisation des traditions germaniques dans l'élaboration d'une « religion nationale ».*

Début 1933

Dès février 1933, le conflit se noue entre le régime, qui met en œuvre sans délai sa politique de « mise au pas » (*Gleichschaltung*) au sein de l'Université, et les récalcitrants (remplacement arbitraire des représentants étudiants par des nazis, démantèlement des franchises et libertés universitaires). Les autorités de l'Église évangélique, ici représentées par le père du narrateur, se méprennent tragiquement sur les enjeux de ce conflit et les intentions réelles du nouveau pouvoir.

28 mars 1933

Les évêques allemands réunis à la conférence épis-copale de Fulda lèvent l'interdiction faite aux catho-liques d'adhérer au parti nazi. Ils exhortent les fidèles à la loyauté envers le nouveau régime.

Avril 1933

Le gouvernement ordonne aux 28 Églises luthé-riennes de s'unir pour former une *Reichskirche,* Église unifiée et centralisée du Reich, qui sera dirigée par un « évêque d'Empire » *(Reichsbischof).* Le système fédé-ral et parlementaire jusqu'alors en vigueur est condamné ; le conflit se noue autour de la nomination du *Reichsbischof.* Les autorités religieuses soutiennent, dans leur majorité, la candidature de Friedrich von Bodelschwingh, qui se voit désigné, le 27 mai, par les chefs des 28 Églises évangéliques, selon l'ancienne Constitution ecclésiastique encore en vigueur. Or les chrétiens allemands contestent ce choix et en appellent au « vote du peuple protestant » ; ils veulent imposer la candidature de l'aumônier militaire Ludwig Müller par des manœuvres d'intimidation, en particulier au sein des universités.

Le 28 juin, Ludwig Müller fait occuper par des SA les locaux du *Kirchenbund* (Fédération des Églises) ; les chrétiens allemands s'emparent de tous les consis-toires de l'Union de l'ancienne Prusse, qui regroupe environ 20 millions de fidèles. Ce coup de force a été organisé avec l'appui des autorités nazies. Mais le pré-sident Hindenburg intervient personnellement auprès de Hitler pour soutenir von Bodelschwingh, qui a démissionné. Hitler, engagé dans les négociations pour la signature du concordat, veut éviter le conflit ouvert : il ordonne la suspension des membres des chrétiens allemands qui se sont emparés des consistoires et fait accélérer la rédaction de la nouvelle Constitution ecclésiastique qui permettra au « peuple protestant » d'élire les dirigeants des nouvelles institutions.

La Constitution est promulguée le 14 juillet et les élections fixées au 23 juillet, ce qui empêche les adversaires des chrétiens allemands d'organiser leur campagne, tandis que Ludwig Müller reçoit le soutien officiel de Hitler et de la presse nazie, au mépris de la « neutralité d'État ». Les résultats sont concluants : Ludwig Müller obtient 75 % des voix. Les chrétiens allemands peuvent réoccuper légalement les postes conquis lors du coup de force de juin.

20 juillet 1933

Signature du concordat avec le Vatican : l'Église catholique se voit garantir de larges libertés et privilèges ; en contrepartie, les groupements religieux qui se réclament du catholicisme doivent renoncer à l'exercice de toute activité politique, ce qui met brutalement fin à une riche et ancienne tradition de catholicisme politique en Allemagne.

Septembre 1933

Création de la Ligue de détresse des pasteurs (Pfarrernotbund), *dirigée par un Conseil des frères* (Bruderrat) *et inspirée, sur le plan théologique, par Martin Niemöller* [1]*, pasteur de Berlin-Dahlem, et Dietrich*

1. Fils de pasteur, entré comme cadet dans la marine impériale, commandant de sous-marin et titulaire de la croix de fer de première classe, Martin Niemöller (1892-1984) avait, après la Pre-

Bonhoeffer. La croissance de la Ligue, qui forme le noyau de l'Église confessante, est rapide : en janvier 1934, elle compte environ 7 000 pasteurs.

29-31 mai 1934

Synode confessant de Barmen et publication de la Déclaration de Barmen, *inspirée par Karl Barth :* charte de l'Église confessante (Bekenntniskirche, *par référence à la profession de foi évangélique exprimée dans la* Confession d'Augsbourg). *Le texte proclame la nécessité de défendre l'autonomie spirituelle de l'Église et l'intégrité de la foi.*

Octobre 1934

Synode de Berlin-Dahlem : l'Église confessante se proclame seule Église authentique ; contre la prétention totalitaire du régime, elle réaffirme solennellement le principe de séparation entre le politique et le religieux. Elle proclame la séparation avec les instances diri-

---

mière Guerre, démissionné de la marine pour protester contre l'introduction du service universel, incompatible, à ses yeux, avec sa conception des missions de l'armée, et s'était engagé, après le putsch de Kapp, dans un corps franc engagé contre les communistes avant d'opter pour des études de théologie. Il salua tout d'abord le « renouveau national » porté par le NSDAP, pour lequel il avait voté dès 1924, et exprima son admiration pour l'« action virile » de Hitler dans un télégramme envoyé après que l'Allemagne se fut retirée de la SDN (octobre 1933) : « Au nom de plus de 2 500 pasteurs allemands qui n'appartiennent pas au mouvement confessionnel des chrétiens allemands, nous promettons de vous suivre fidèlement et de penser à vous dans nos prières » (cité par Rita Thalmann, *Protestantisme et nationalisme en Allemagne de 1900 à 1945*). Ce fut la volonté de « mise au pas » de l'Église évangélique qui précipita la « conversion » du pasteur de Dahlem, figure emblématique de l'Église confessante et de la résistance à Hitler.

geantes dominées par les chrétiens allemands et incite les paroisses à mettre en place des structures ecclésiales parallèles. Des universités de théologie clandestines s'organisent, grâce auxquelles le narrateur poursuit sa formation.

Le régime réagit en interdisant tout débat autour des problèmes ecclésiaux (début 1935). Le conflit s'intensifie entre l'Église confessante et les chrétiens allemands : les principaux sujets de discorde portent sur l'instruction religieuse dans les écoles, la formation des théologiens et pasteurs, l'accès aux sacrements pour les chrétiens « non aryens ».

Juillet 1935

Hitler nomme le Dr Kerrl ministre des Affaires ecclésiastiques ; le contrôle sur l'Église s'intensifie : promulgation de la loi pour la sauvegarde de l'Église évangélique allemande (24 septembre 1935), constitution d'une Commission de l'Église du Reich qui s'aligne sur le gouvernement pour exprimer son soutien à la « transformation nationale-socialiste de la nation sur la base de la race, du sang et du sol ».

Mai 1936

Le pasteur Niemöller adresse à Hitler un mémorandum pour protester contre l'orientation antichrétienne et antisémite du régime.

14 mars 1937

Encyclique Mit brennender Sorge *(« C'est avec une vive inquiétude »).*

1er juillet 1937

Arrestation de Martin Niemöller (prétextes invoqués : « troubles de l'ordre public » par des attaques injustifiées contre les responsables du régime, incitation à la désobéissance aux lois). Le pasteur est conduit en détention préventive pour sept mois et son procès ne commence qu'en février 1938. Condamné à quatre mois de prison et à une forte amende, il aurait dû être libéré, mais le lendemain du verdict, il est conduit par la Gestapo à Sachsenhausen, puis à Dachau, où il demeure prisonnier jusqu'en 1945.

La répression se durcit au cours de cette année 1937, qui marque un tournant : des centaines de pasteurs sont arrêtés, l'Église confessante disparaît en tant qu'organisation. Certains de ses membres, comme Dietrich Bonhoeffer, poursuivent une résistance souterraine.

Début mai 1938

À Magdebourg, une tentative d'attentat à la Domkirche est déjouée *in extremis* ; le père du narrateur est battu à mort par un commando nazi et ce dernier, qui a ouvertement bravé le régime en prononçant le sermon dominical en mémoire de son père assassiné, doit prendre la fuite, grâce à l'aide des réseaux clandestins de l'Église confessante.

SITUATION DES ÉGLISES À LA VEILLE DE L'ARRIVÉE DE HITLER À LA CHANCELLERIE

Données chiffrées (fin des années 1920)

Sur 65 millions d'habitants, on dénombrait 21 millions de catholiques, soit 32 % de la population (encadrés par plus de 20 000 prêtres), et près de 41 millions de protestants, soit 62 % (16 000 pasteurs). Il convient d'ajouter à ces deux groupes environ 500 000 juifs (0,8 %) et 2,7 millions de personnes n'ayant déclaré aucune appartenance confessionnelle (4 %).

Comme le rappelle le narrateur dans le chapitre VI, l'appartenance à une Église, qui implique le paiement d'impôts spécifiques, constitue un fait très largement majoritaire en Allemagne : les « sorties d'Église », légalisées par une loi prussienne de 1873, ont certes connu des fluctuations entre 1900 et 1945, mais n'ont jamais concerné qu'une faible minorité.

Organisation et statut

La situation institutionnelle du protestantisme luthérien allemand est particulière : dans le contexte troublé de la Réforme, Luther avait mis en place une « structure théologique de détresse » *(theologische Notkonstruktion)*, qu'il dut adapter à l'absolutisme territorial de l'Allemagne du XVIe siècle. Cette structure donna naissance à un système d'Églises territoriales *(Landeskirchen)* soumises au pouvoir incarné par le prince, détenteur de l'autorité civile et de l'autorité religieuse, et donc d'un pouvoir de contrôle sur l'institution ecclésiale et sur ses fonctionnaires, les pasteurs. Ce système perdurera pendant quatre siècles.

L'avènement de la république de Weimar provoqua quelques changements : les princes furent écartés du pouvoir, le nouveau régime promulgua une Constitution fondée sur le principe de la séparation de l'Église et de l'État. Les Églises devenaient des corporations de droit public *(öffentlich rechtliche Körperschaften)*, auxquelles étaient garanties la conservation de leurs biens, la perception de leurs impôts spécifiques par le biais des services financiers de l'État, ainsi que la rémunération des fonctionnaires ecclésiastiques sur le budget général.

Or les Églises ne saisirent pas l'occasion qui leur était offerte de recouvrer leur indépendance : elles adoptèrent, entre 1919 et 1924, des Constitutions limitées au cadre des anciennes *Landeskirchen,* si l'on fait exception de quelques regroupements. Toutefois, la création en mai 1922 de la Fédération des 28 Églises évangéliques allemandes *(Evangelischer Kirchenbund),* composée d'une « assemblée » *(Kirchentag)* des délégués des Églises, d'un exécutif *(Kirchenausschuß)* et d'un « Parlement » *(Kirchenbundesrat)* reflétant l'importance respective des Églises territoriales, marqua une innovation, en dépit du maintien de la structure bureaucratique.

Il importe par ailleurs de se souvenir, afin de mieux comprendre le récit de Kressmann Taylor, que cette fédération était dominée par des pasteurs majoritairement issus de la bourgeoisie et très conservateurs, le plus souvent proches du DNVP, le Parti national-allemand.

ÉGLISES ET ÉTAT SOUS LE IIIe REICH : GENÈSE D'UN MALENTENDU

Le récit met l'accent sur les tragiques erreurs d'appréciation qui ont égaré l'opinion allemande, et en particulier les autorités religieuses. Le narrateur s'attache à souligner les racines politiques, intellectuelles et morales de cet aveuglement : il esquisse, en évoquant la figure paternelle, une véritable « histoire des mentalités » appliquée au milieu dont il est issu : la bourgeoisie cultivée *(Bildungsbürgertum)* de Magdebourg, proche du Parti national-allemand. Il décrit le conservatisme de notables élevés dans le *Zeitgeist* wilhelmien, attachés passionnément à l'Empire et aux structures impériales : c'est Guillaume II lui-même qui, entretenant avec lui une relation personnelle, a nommé le père au poste prestigieux de pasteur de la Domkirche. Dans cette société où le prestige de l'armée et des valeurs militaires reste intact — le père a été chapelain des armées pendant la première guerre —, la légende du « coup de poignard dans le dos » et l'indignité d'une République corrompue font figure de vérités établies. Le narrateur insiste sur l'étroitesse de vues que ne peuvent dissimuler la rectitude, la piété et la rigueur morale de ses aînés, confinés dans un espace mental rigide.

Par ailleurs, la doctrine luthérienne des « deux royaumes », fondée sur la distinction entre la liberté intérieure du chrétien et sa soumission extérieure à l'autorité établie, a accrédité l'idée que les Églises n'étaient en rien concernées par l'avènement de Hitler, évalué comme une simple péripétie de la vie politique. Jusqu'au printemps 1933 et aux manœuvres de la campagne électorale truquée pour l'élection du *Reichsbischof,* le père se retranche derrière la conviction, partagée par les milieux conservateurs, que l'Église, dépositaire de la parole de Dieu, ne saurait s'aventurer dans l'arène impure des joutes politiciennes. Il rappelle à son fils que la force de l'Église, depuis des siècles, c'est qu'« elle ne fait pas de politique » (chapitre IV)...

Enfin, le narrateur mentionne la traditionnelle propension des Allemands à la « passivité » et à l'« obéissance », qui n'a pas épargné les Églises ; le thème est régulièrement repris au fil du récit, mais sans explicitation ni mise en perspective critique. Le narrateur insiste plutôt sur la lâcheté des Alliés, qui constitue, selon lui, l'une des raisons fondamentales permettant de comprendre l'inimaginable ascension de Hitler, médiocre aventurier hissé sur la scène internationale et, comble de dérision, reconnu par les puissances européennes comme partenaire légitime.

La réoccupation militaire de la rive gauche du Rhin, en mars 1936, occupe, symboliquement, une place importante dans le récit : l'absence, inconcevable, de représailles immédiates proclame l'impunité assurée de fait à Hitler, coupable d'une violation éclatante du droit international. Le sort de l'Allemagne et de l'Europe est dès lors scellé : la population allemande se détourne des esprits chagrins qui dénonçaient l'aventurisme des nazis, elle salue l'audace de ses dirigeants, qui concrétisent les promesses de renouveau national.

À travers la dénonciation de la passivité des gouvernements européens, incapables de faire respecter les traités internationaux, c'est la critique du « non-interventionnisme » qui se profile en filigrane et, implicitement, l'appel à la résistance armée contre un régime sans foi ni loi.

L'apport le plus original du livre réside sans doute dans l'analyse circonstanciée, étayée par l'expérience personnelle, du malentendu entre l'État nazi et les Églises (on peut, me semble-t-il, élargir la perspective du récit, limitée à l'Église évangélique, à l'Église catholique, du moins sur ce point). Les autorités religieuses ont cru, dans les deux cas, pouvoir céder sur ce qu'elles croyaient être des « points de détail », l'organisation ecclésiale en particulier, afin de sauvegarder l'essentiel, la foi chrétienne en Allemagne. Elles se sont cruellement méprises sur la nature et les objectifs d'un régime et d'une idéologie dont le narrateur semble avoir décelé très vite, et sans hésitation, le caractère totalitaire, bien qu'il n'emploie pas le terme, qui se répandra après la guerre.

Karl Hoffmann perçoit en effet que la radicalité extrême du nazisme puise sa source dans une logique implacable, caractérisée par la suppression de l'autonomie de la société civile et des corps intermédiaires, dont les Églises, au profit d'un État tentaculaire fondé sur le culte du chef et du parti unique et sur le démantèlement de toutes les structures susceptibles d'entraver une volonté de puissance hégémonique et illimitée.

Le récit détaillé des persécutions subies dès 1933 par les étudiants et professeurs qui se refusent à l'allégeance immédiate et inconditionnelle préfigure l'engrenage totalitaire, tel que Hannah Arendt l'a magistralement théorisé dans *Les Origines du totalitarisme* (1951) : renversement des hiérarchies issues de la tradition, enregimentement du savoir et de la compétence universitaires au profit du *Führerprinzip,* exclusivement fondé sur la loyauté et de la soumission aux volontés du parti et du chef, constitution d'un discours idéologique hermétiquement clos et imperméable aux enseignements du réel, abolition de la distinction, fondatrice des États démocratiques libéraux, entre la sphère de la conscience individuelle et celle de l'espace public.

Le narrateur souligne le caractère inédit d'un phénomène qui défie les critères classiques de l'analyse des régimes politiques : il dénonce la dimension parareligieuse d'un mouvement érigé en religion séculière qui ne saurait tolérer de rivale. À plusieurs reprises, il insiste sur le caractère fidéiste et idolâtre que revêt l'engagement nazi, sur la ferveur inspirée par les « dogmes » de la pureté raciale et de la suprématie aryenne, sur l'adoration exigée par un chef paré de tous les attributs de la divinité, sur le mythe de l'« homme nouveau », gage d'un avenir radieux (voir l'épisode du portrait de Hitler suspendu dans les églises à la place du crucifix et les conflits liés à la présence d'étendards nazis dans les édifices religieux, ainsi que les références répétées à la « bible nazie », *Le Mythe du XXe siècle,* d'Alfred Rosenberg, parue en 1930) [1].

---

1. En 1937, le ministre des Affaires ecclésiastiques Kerrl déclarait : « Le Parti s'appuie sur le principe du christianisme positif, et le christianisme positif, c'est le national-socialisme. [...]. Le Führer est le héraut d'une nouvelle Révélation » (cité par S. Berstein et P. Milza, *Dictionnaire historique des fascismes et du nazisme,* p. 230).

Le nazisme perpètre donc un sacrilège : il profane la vraie foi, source des valeurs morales et sociales. Ferment délétère de décomposition de la société qui s'attaque aux instances susceptibles d'atténuer son emprise absolue, la famille et les Églises, il incarne le Mal absolu qui exclut toute velléité de compromis.

Au sein des Églises, bien peu partagèrent la lucidité de Karl Hoffmann ; mal préparés par leur éducation à l'exercice de la pensée critique, encore moins à la résistance face à l'autorité, nombre de dignitaires ecclésiastiques, catholiques ou protestants, se laissèrent aisément duper par les promesses que Hitler était bien décidé à ne pas tenir. Pour sauvegarder leur influence, leurs associations, leur presse, la plupart des évêques se félicitèrent de la signature du concordat, sans comprendre ou vouloir comprendre que, à la différence d'un Mussolini prêt à admettre, sous certaines conditions, que l'Église catholique conserve sa place et son influence dans la société italienne, Hitler, chef d'un État totalitaire, ne pouvait tolérer le moindre contre-pouvoir, la moindre parcelle d'autonomie au sein de la société civile. Dès les premières semaines de la prise du pouvoir, le marché de dupes était conclu...

MISE EN PERSPECTIVE DU RÉCIT

La lucidité du narrateur ne paraît prise en défaut que sur un point, pourtant capital : la surestimation, peut-être inévitable et en tout cas compréhensible, compte tenu de sa situation personnelle, des résistances à Hitler, y compris au sein des Églises. Les soutiens dont son père et lui bénéficièrent auprès des paroissiens de Magdebourg (la collecte organisée pour subvenir aux besoins de Franz Hoffmann et de sa femme après la suspension de salaire infligée pour « insubordination », la ferveur et l'affluence impressionnantes qui accompagnent les offices célébrés par le pasteur de la Dom-kirche et le discrédit de son pitoyable et éphémère remplaçant, membre des chrétiens allemands, enfin l'assistance apportée à Karl dans sa fuite) ont sans doute contribué à nourrir en lui le sentiment que dans leur immense majorité les chrétiens allemands se rangeaient, au moins en leur for intérieur, aux côtés de l'Église confessante persécutée, tout en cédant à la violence institutionnelle exercée à leur encontre.

La réalité semble malheureusement moins lénifiante aux yeux désenchantés de l'historien. Tout au long des années 1930, les Églises, catholique et évangélique, s'efforcèrent de ne pas placer leurs fidèles face à un dilemme entre la loyauté nationale et la loyauté confessionnelle. De là les atermoiements, hésitations et compromis que l'on peut juger bien timorés, face à l'ampleur des persécutions antisémites en particulier.

Il convient cependant de distinguer entre l'Église, catholique ou évangélique, comme institution, et ses membres : de très nombreux prêtres ou pasteurs furent arrêtés, exécutés, un certain nombre de chrétiens éminents, catholiques (le père jésuite Delp, le doyen Lichtenberg) ou protestants (M. Niemöller, O. Diebelius, D. Bonhoeffer...), s'engagèrent dans la résistance active au sacrifice de leur liberté ou de leur vie. Mais en ce qui concerne les relations des institutions ecclésiales avec l'État nazi, il paraît plus juste de parler de « non-alignement » que de « résistance » d'ensemble cohérente.

Beaucoup d'historiens s'accordent en effet à penser que les Églises furent, presque malgré elles, contraintes d'assumer le rôle et le statut de principal foyer de malaise, d'opposition larvée au régime. Car, dans l'Allemagne hitlérienne, le simple fait d'exister comme structure autonome, de revendiquer des valeurs distinctes de l'idéologie nazie, de persister dans la fidélité à la foi chrétienne, constituait un défi à la logique totalitaire.

À partir de 1937, la lutte contre les Églises, que le régime n'avait pas réellement réussi à « mettre au pas », s'intensifia : arrestation de 700 membres de l'Église confessante, dont Martin Niemöller, dissolution des organisations liées aux Églises, intensification de la surveillance. C'est dans ce contexte que Pie XI, préoccupé par la situation de plus en plus difficile de l'Église catholique, publia son encyclique *Mit brennender Sorge,* qui déplorait la violation du concordat et l'oppression exercée sur la conscience des fidèles.

Mais la déclaration de guerre contribua à exacerber le conflit de loyautés entre la foi et l'appartenance nationale : les Églises oscillèrent entre une attitude de neutralité et l'appel à l'obéissance envers le Führer pour la survie de la patrie, surtout après l'ouverture du front contre l'URSS, « patrie de l'athéisme ». Comme l'écrivait le nonce de Berlin, Orsenigo, en avril 1940 : « [...] Il n'y a que très peu de personnes qui comprennent que l'on puisse être contre Hitler sans être contre l'État, c'est-à-dire sans être un traître à son pays [1]. »

La « prudence » observée par les Églises face aux persécutions endurées par les juifs contraste par ailleurs avec la vigueur et l'efficacité dont elles firent preuve pour organiser la mobilisation contre certaines mesures — l'euthanasie (sermon du 3 août 1941 prononcé par Mgr von Galen, évêque de Münster), la fermeture des monastères, l'élimination projetée des crucifix dans les écoles de Bavière — ou contre les pouvoirs arbitraires de la Gestapo (sermons prononcés par Mgr von Galen en juillet et août 1941). Seule l'Église confessante diffusa des tracts pour protester contre l'obligation du port de l'étoile jaune...

La « fonctionnarisation » tout à la fois juridique et

---

1. Cité in *Briefe Pius XII an die deutschen Bischöfe. 1939-1944,* Mayence, M. Grünewald Verlag, 1966, t. II, p. 353.

culturelle des membres de l'Église évangélique alle-mande, institutionnellement unie par des liens étroits aux structures étatiques, peut paraître déconcertante aux yeux du catholique ou du calviniste, surtout fran-çais, élevés dans la tradition de la séparation de l'Église et de l'État. Elle n'en constitue pas moins un facteur explicatif majeur des relations entre l'Église luthérienne et le pouvoir nazi, placées, à première vue, sous le signe de l'ambiguïté et du paradoxe. Car ce sont précisément des individualités fortes, éduquées dans le respect de l'institution et de l'autorité, poli-tiquement et sociologiquement conservatrices, qui ont su redonner à la doctrine des deux royaumes, distinc-tion fondatrice du luthéranisme trop souvent inter-prétée, dans la tradition allemande, comme principe de soumission au pouvoir temporel de l'État, une dimen-sion protestataire au sens le plus fort : c'est au nom de l'autonomie du spirituel et de la liberté intérieure du chrétien qu'elles se sont dressées contre un pouvoir qui prétendait régenter les consciences et propager une foi nationale-socialiste.

C'est sur ce terreau culturel, où les références théo-logiques occupent une place centrale, que s'est déve-loppé le foyer de résistance de l'Église confessante, autour de Karl Barth, Otto Dibelius, Martin Niemöller et Dietrich Bonhoeffer, figure théologique majeure qui, jusqu'à son exécution en avril 1945, a participé à toutes les étapes du combat mené autour des valeurs chrétiennes. Ce sont ces mêmes valeurs, ancrées sur l'exaltation de la résistance individuelle à l'oppression, qui ont inspiré les conjurés malchanceux du 20 juillet 1944. À cet égard, le récit de Karl Hoffmann est doté d'une résonance prémonitoire : il énonce les termes du débat sur la résistance intérieure dans l'Allemagne de l'après-guerre, en esquissant les contours d'un des mythes fondateurs de la République fédérale, le combat contre l'anomie totalitaire livré par l'individu porté par des valeurs et des convictions inébranlables...

Références bibliographiques

Victoria Barnett, *For the Soul of the People Protestant Protest against Hitler,* Oxford, Oxford University Press, 1992.

Doris Bergen, *Twisted Crosses the German Christian Movement in the Third Reich,* The University of North Carolina Press, 1996.

S. Berstein et P. Milza, *Dictionnaire historique des fascismes et du nazisme,* Paris, Complexe, 1999.

Dietrich Bonhoeffer, *Résistance et soumission. Lettres et notes de captivité,* Genève, Labor et Fides, 1973.

P. Colonge et R. Lill, *Histoire religieuse de l'Allemagne,* Paris, Cerf, 2000.

Rita Thalmann, *Protestantisme et nationalisme en Allemagne de 1900 à 1945,* Klincksieck, 1976.

Brigitte Krulic, ancienne élève de l'École normale supérieure, agrégée d'allemand, est maître de conférences à l'université Paris-XII et à l'Institut d'études politiques de Paris.

Table